History

역사책을
읽는자가
승리한다

리더의 역사 공부

History

역사책을 읽는 자가 승리한다

리더의 역사 공부

한국사마천학회
김영수 지음

창해

각계각층의 리더들,
세상을 바른 쪽으로 바꾸고자 하는 사람들,
사마천과 《사기》의 정신을 추구하는 사람들,
우리 사회의 문제점들에 대한 해결책을 바로 찾고자 하는 사람들에게
이 책을 선물하고 싶다.
– 〈머리말〉 중에서

사마천(司馬遷), 우리에게 우리를 묻는다
- 과거 속에 미래가 있다

역사는 현재를 비추는 거울이고, 미래의 길을 제시하는 나침반이다. 위대한 역사가 사마천은 '술왕사(述往事), 지래자(知來者)'라고 했다. '지난 일을 기술하여 다가올 일을 안다'는 역사의 미래 예견력에 대한 통찰이다.

이런 점에서 정치를 하든 기업을 경영하든 각계각층의 리더는 반드시 역사 공부를 제대로 해야 한다. 더욱이 지식이 해방된 집단 지성의 시대에서 역사 공부는 특정한 사람의 전유물이 결코 아니기 때문에 리더들의 역사에 대한 관심과 공부는 한층 더 심화되어야 할 것이다.

사마천은 《사기》 130권 52만 6,500자 한 글자 한 글자마다에 온 마음을 기울였다. 곳곳에서 우리에게 '인간의 길', '인간답게 사는 길'을 묻고 있다. 어떤 대목은 마치 지금 우리의 모습을 떠올리게 한다. 이 책의 딸린 제목과 머리말의 제목으로 '사마천, 우리에게 우리를 묻는다'로 잡은 까닭이다.

사마천은 3천 년 역사를 깊게 통찰한 역사가다. 인간의 본질, 인성의 약점, 권력의 속성, 얕고 깊은 인간관계, 고귀한 봉사 정신, 죽음을 불사하는 의리, 개혁의 당위성, 부패한 권력의 종말, 타락한 공직자, 뜻을 굽히지 않고 공명을 이룬 수많은 보통 사람들……. 사마천의 이런 통찰력은 시간과 공간을 초월하여 지금 우리에게 바른길을 가고 있는지 무겁게 묻고 있다.

이 글들은 사마천의 이런 물음에 대한 필자의 실로 가볍디가벼운 응답일 뿐이다. 사마천의 질문이 의도하는 바를 제대로 짚기나 했는지 두렵다.

모두가 역사를 쓰는 시대다. 집단지성이 얄팍한 지식인을 압도하는 시대다. 학력(學歷)이 아닌 학력(學力), 실력(實力)으로 인정받는 시대다. 자격(資格)보다는 인격(人格)을, 권위(權威)보다는 품위(品位)를, 금전(金錢)보다는 명예(名譽)를 추구해야 하는 시대다.

그 어느 때보다 고귀한 만큼 의무와 책임을 다하는 '노블레스 오블리주'의 실천을 강하게 요구하는 시대다. 진보든 보수든 '노블레스 오블리주'를 실천하지 않으면 도태될 수밖에 없는 시대가 도래하고 있다.

따라서 이 정신으로 확실하게 무장한 쪽이 우리 사회를 주도할 것이다. 사마천은 이미 2천 년 전에 '노블레스 오블리주' 정신을 힘주어 강조한 바 있고, 이를 실천한 사람들을 깊게 아로새겨 놓았다. 필자는 사마천이 소개하고 있는 바로 그 사람들의 길, 그 길을 함께 가자고 권하고 싶다.

이 책은 지난 10년 동안 이런저런 매체에 기고했던 글과 이번 책을 위해 새로 쓴 글을 모은 것이다. 기존의 원고를 다듬고 현 상황에 맞게 일부 바꾸었다. 총 97꼭지의 글들이 모두 칼럼 형식이다. 주로 사마천과 《사기》의 정신과 내용을 많이 다루고 있다.

사마천의 생각을 빌려 우리 사회 각계각층을 향해 자성을 촉구하는 글들이 대부분이다. 길게는 10년, 짧게는 1년 전의 글인데도 시사성은 충분하다는 생각이 든다. 그럼에도 정말이지 역사의 진전은 참 더디다는 생각이 들어 씁쓸하다. 하지만 여기서 멈추거나 후진할 수는 없다. 몇 사람이 바뀌었을 뿐 적폐세력은 여전하기 때문이다. 준엄한 역사 평가와 심판은 아무리 시간이 걸리더라도 확실하게 수행하고 넘어가야 미래가 있기 때문이다.

각계각층의 리더들, 세상을 바른 쪽으로 바꾸고자 하는 사람들, 사마천과 《사기》의 정신을 추구하는 사람들, 우리 사회의 문제점들에 대한 해결책을 바로 찾고자 하는 사람들에게 이 책을 선물하고 싶다.

앞서 말한 대로 이 책에는 모두 97꼭지의 칼럼 형식의 글들이 들어 있다. 정치, 경제, 사회, 문화, 언론 등 사회 각 방면의 여러 문제들을 다루고 있기 때문에 통일성과 일관성이 없었다.

이번에 원고를 정리하면서 독자들을 위해 편의상 다음 일곱 개 큰 범주(주제)를 설정하여 그에 맞는 꼭지들을 배치했다. 이 일곱 개의 주제가 갖는 의미를 간략하게 소개해둔다.

1. 역사는 기록(記錄)이 아니라 기억(記憶)이다

이 범주에는 주로 역사의 기능과 역사가의 자세 등을 다룬 글들이 포함되어 있다. 역사는 이제 역사가의 전유물이 아니다. 모두가 역사를 쓰는 시대다. 특히 정치인, 지식인, 언론의 말과 글이 실시간으로 중계되는 시대라는 사실에 주목해야 한다. 그 말과 글을 수시로 소환하여 바로바로 판단하고 심판을 내린다.

집단지성 시대에 역사는 이제 더 이상 기록물이 아니라 다수의 기억이 되고 있다. 이 기억이 고스란히 보존되어 필요할 때 언제든 소환되어 증언하고 증명하고 판결한다. 이런 인식을 가지고 적폐의 주범으로 지목된 언론 문제도 함께 짚어 보았다.

2. 옳은 길은 한 번도 편한 적이 없었다

이 범주에는 역사에 큰 족적을 남긴 리더와 공직자들의 자세를 주로 다룬 글들이 포함되어 있다. 역사에 긍정적인 영향을 남긴 인물들에게서 무엇을 배워야 할 것인가? 백성들을 위해 혼신의 힘을 다했던 공직자들의 확고한 공사 분별의 자세와 멸사봉공의 정신을 확인할 수 있다.

혁명보다 어렵다는 개혁의 문제를 다룬 글도 몇 꼭지 실었다. 우리가 직면하고 있는 가장 큰 과제가 다름 아닌 개혁이기 때문이다.

3. 백성이 부유해야 나라도 부유해진다

이 주제는 춘추시대 제나라의 재상이자 경제 전문가였던 관중(管仲)의 기본 철학인 '부민부국(富民富國)'이란 네 글자를 풀이한 것이다.

우리 사회는 오랫동안 '부국강병(富國强兵)' 논리에 억눌려 왔다. 이 국가적 폭력논리에 기생하여 대기업과 재벌들이 정치와 결탁하여 성장을 거듭했고, 그 결과 '부익부빈익빈(富益富貧益貧)'이 심화되었다. 우리 사회의 가장 큰 화두 중 하나로 떠오른 최저임금, 기초 생활 등과 같은 어젠다를 역사 속 사례들과 비교해 보았다. 성장과 분배의 문제 등 예민한 주제들이 적지 않다.

4. 권력(權力)은 힘을 나누는 것이다

권력이란 단어에서 '권(權)'은 저울추다. 물건의 무게를 달 때는 그 무게에 맞는 저울추를 사용한다. 따라서 권력의 정확한 뜻은 '힘을 고르게 나눈다'는 것이다. 권력과 거기에서 파생되는 여러 문제들을 다양한 사례로 살펴보았고, 아울러 리더십 문제도 다루었다. 아무래도 이 부분의 비중이 가장 클 수밖에 없었다.

5. 언격(言格)이 인격(人格)이다

2020년 4.15 총선거의 승부를 가른 여러 요인들 중 하나를 꼽으라면 필자는 맨 먼저 '말'을 꼽겠다. 말은 그 사람의 내면의 세계, 정신세계를 비추는 거울과 같다. 이런 점에서 말은 글보다 그 사람을 더 잘 나타낸다. 따라서 모든 말실수는 실수가 아니라 평소 소신의 표출이다. 실수로 포장하고 변명할 뿐이다.

지난 몇 년 동안 우리 사회는 이 '말의 격', 즉 '언격(言格)'이 곧 '인격(人格)'이라는 사실을 뼈저리게 목격하고 체험했다. '언격'은 인문학 소양에서 나온다. 인문학의 기본은 문사철(文史哲)이며, 역사는 인문학의 핵심이다.

역사 공부를 하지 않는다는 말이다. 또 하나, 자신보다 지적으로 도덕적으로 뛰어난 사람에 대한 막말과 비난의 본질도 새삼 확인하게 되었는데, 그것은 다름 아닌 시기와 질투였고, 그 뒤에는 탐욕이 웅크리고 있었다.

시기와 질투는 인간의 본성에 가깝지만 그것이 지나치면 남을 해치게 된다. 시기와 질투를 극복하는 길은 끊임없는 자기수양과 자아성찰, 그리고 공부다. 삐뚤어진 지식인들과 갈 데까지 간 언론들을 염두에 둔 글들이 있다.

6. 좀 알자, 중국

여기에는 주로 중국 지도자들의 언행과 인문학적 소양 및 리더십을 다룬 글들이 포함되어 있다. 바람직한 한중관계를 정립하고, 한 단계 더 진전된 관계를 이루기 위해서는 중국 지도자들에 대한 공부가 필요하다는 생각에서 몇 꼭지 다루어 보았다.

이와 함께 중국의 우주 프로젝트에 대한 글도 있다. 우주굴기, 우주강국으로 떠오른 중국 우주 프로젝트에서 잘 다루어지지 않는 부분을 짚어 보았다. 진시황을 다른 측면에서 조명한 글도 한 편 있다.

7. 지식이 해방된 시대

마지막 범주와 주제는 지식이 해방된 집단지성의 시대를 과거 역사 속의 번득이는 지혜들과 견주어 보기 위해 마련했다. 인간과 사물의 관계를 옛사람들은 어떻게 보고 통찰했는지, 또 그런 통찰력을 가능하게 하는 힘은 무엇인지를 생각해 보았다. 이밖에 흥미로운 사회적 주제들이 함께 마련되었다.

한 가지 더 보탤 말은 모든 꼭지마다에 명언명구가 하나씩 딸려 있다. 필자는 여기에다 '일침견혈(一針見血)'이란 네 글자를 달았다. '침 한 번 찔러 피를 보다'는 뜻으로 흔히 '정곡을 찌르다'는 말과 통한다. 단번에 핵심을 움켜쥔다고 풀어도 될 것 같다. 《후한서(後漢書)》〈곽옥전(郭玉傳)〉이 그 출전이다. 해당 글의 핵심을 짤막한 명언명구로 정리한 것으로 보면 된다.

끝으로 책 제목이다. 당초 필자는 별생각 없이 《사마천 칼럼》으로 제목을 정했다. 그러다 원고를 다시 읽고 정리하면서 《사마천, 우리에게 우리를 묻는다》로 바꾸었다. 그러나 출판사와 협의를 거쳐 다시 《리더의 역사공부》로 바꾸면서 '사마천, 우리에게 우리를 묻는다'는 딸린 부제목으로 돌렸다.

어느 쪽이든 필자의 의중은 역사가 사마천이 다양하면서 의미심장한 역사적 사례를 통해 지금 우리에게 대체 너희들은 누구며, 어디로 가고 있는가를 묻고 있다는 판단 때문이다.

가볍고 얕게 들어가 무겁고 깊게 나오려고 애를 썼다. 비판은 독자들의 몫이다. 모쪼록 사마천이 던지는 질문이 우리에게 작은 울림이 되었으면 하는 바람이다.

끝으로 이 글의 주제와 일치하는 동영상이 제법 많은 편이다. 참고하실 독자들을 위해 유튜브 채널 〈김영수의 '좀 알자, 중국'〉을 소개해 둔다.

2020년 9월

위대한 선택의 결실을 갈망하며

| 차례 |

머리말 - 사마천(司馬遷), 우리에게 우리를 묻는다 ～ **6**

|01| 역사는 기록(記錄)이 아니라 기억(記憶)이다

적폐청산 - 우리 안의 탐욕 현상 ～ **23**

위장과 위선의 아이콘 왕망(王莽) ～ **26**

왕후장상영유종호(王侯將相寧有種乎) ～ **29**

과거는 미래를 비추는 거울 ～ **32**

사마천의 '삼립(三立)' ～ **35**

동호직필(董狐直筆) ～ **38**

직필의 기본 ～ **43**

무측천(武則天)의 '무자비(無字碑)' ～ **47**

'사필소세(史筆昭世)'의 정신 ～ **50**

역사는 그 자체로 뒤끝이다 ～ **54**

|02| 옳은 길은 한 번도 편한 적이 없었다

2,600년 전 한 사법관의 자결,
그리고 우리 검찰과 사법부의 민낯 ～ **61**

부끄러움을 모르면 못할 짓이 없다 〜 **64**

참군인에 대한 갈망 〜 **67**

리더의 진정(眞情)과 고독(孤獨) 〜 **70**

개혁(改革)이 관건이다(1) - 닥치고 개혁 〜 **73**

개혁이 관건이다(2) - 개혁의 조건, 기득권을 놓아라 〜 **76**

개혁이 관건이다(3)
- 개혁의 조건, 진정성과 신뢰의 함수관계 〜 **79**

개혁이 관건이다(4) - 성공의 요건, 인재 정책 〜 **83**

개혁이 관건이다(5) - 개혁의 조건, 설득과 타협 〜 **86**

득국오난(得國五難) 〜 **89**

|03| **백성이 부유해야 나라도 부유해진다**

보수주의자 공자(孔子), 분배와 공평의 문제를 말하다 〜 **95**

관중(管仲), 부민부국(富民富國)을 말하다 〜 **98**

재부(財富)는 아래로 흩어져야 한다 〜 **102**

일류 기업은 문화를 중시한다 - 고이호유(賈而好儒) ⌒ **106**

강태공이 말하는 치부와 통치의 큰 원칙 ⌒ **109**

'식화(食貨)'가 우선이다 ⌒ **113**

국무상강무상약(國無常强無常弱) ⌒ **116**

삼치천금(三致千金), 삼취삼산(三聚三散) ⌒ **119**

견리사의(見利思義) ⌒ **122**

강대국 영빈관의 담장을 허문 정자산(鄭子産) ⌒ **125**

현고호사(弦高犒師)와 상인의 자유 ⌒ **128**

등석(鄧析), 역사상 최초의 경제 전문 변호사 ⌒ **131**

'천금지자(千金之子)'에 대한 씁쓸한 판결 ⌒ **134**

통치의 차원과 경지 ⌒ **137**

지도자의 언행과 사회 기풍 ⌒ **140**

스승과 제자의 윈-윈 ⌒ **143**

|04| 권력(權力)은 힘을 나누는 것이다

가정맹어호(苛政猛於虎)

- 가혹한 정치가 호랑이보다 사납다 ⌒ **149**

법을 농단하고 악용하는 적폐 검찰과 법관들 ⌒ **153**

인재가 리더를 결정한다 ⌒ **156**

배 한 척을 뱃속에 넣고도 남아야 할 재상 ⌒ **159**

권력의 본질은 나눌 줄 아는 힘의 균형이다 ⌒ **162**

장일인(獎一人), 팽일인(烹一人) ⟍ 165

권세와 교만은 절로 찾아든다 ⟍ 168

과연지상(瓜衍之賞)과 포양(襃揚) ⟍ 171

사람을 죽이는 정치 ⟍ 174

쉽고 가까운 정치 - 평이근인(平易近人) ⟍ 177

'종선여류(從善如流)'할 수 있는 리더 ⟍ 180

공(公)과 사(私)의 구분이 흥망을 좌우한다 ⟍ 183

홍문연(鴻門宴), 인간관계의 중요성을 보여주다 ⟍ 186

누란지위(累卵之危) ⟍ 189

도둑 잡기와 통치의 본질 ⟍ 193

이해관계와 이합집산 ⟍ 196

비밀 유지와 상호 존중 ⟍ 199

중용(重用)의 의미 ⟍ 202

'정명(正名)'과 통치의 기본 ⟍ 205

사마천이 그리는 이상적 리더의 모습 ⟍ 208

|05| **언격**(言格)**이 인격**(人格)**이다**

풍자와 유머가 뒤틀리는 정치와 언론 ⟍ 215

'천금매소(千金買笑)'와 수구 언론의 봉화 놀이 ⟍ 218

간신이란 역사 현상과 한국 '언간(言奸)'들의 민낯 ⟍ 221

단장취의(斷章取義)가 안 통하는 세상 ⟍ 224

만절필동(萬折必東) 해프닝과 삐딱한 지식인 ～ **227**

봉건적 마녀사냥의 고리를 끊어라 ～ **231**

리더의 유머 감각 ～ **235**

말과 글은 강력한 소프트파워 ～ **238**

미남자 추기(鄒忌)의 군주 설득 ～ **241**

명분을 뒷받침하는 실질 ～ **244**

과도한 명분과 명분의 상대성 ～ **247**

옛사람들의 언격(言格) ～ **250**

언격(言格)이 인격(人格) ～ **253**

|06| 좀 알자, 중국

중국 지도자들과 인문학 소양 - 인문 정신과 중국 정치 ～ **259**

중국 지도자들과 인문학 소양

- 역사서를 손에서 놓치 않았던 모택동 ～ **263**

중국 지도자들과 인문학 소양

- 시인을 방불케 한 원자바오 ～ **266**

중국 지도자들과 인문학 소양 - 시진핑 주석과 고전 ～ **269**

시진핑 주석과 사마천의 《사기》 ～ **273**

진시황의 다른 모습 ～ **276**

중국의 우주탐사 프로젝트와 항아(嫦娥) 신화 ～ **279**

왜 '묵자호(墨子號)'일까? ～ **283**

|07| 지식이 해방된 시대

떠오른 금기어, 성 소수자 〜 **291**

한비자(韓非子)의 경고 〜 **294**

이해관계에 대한 묵자(墨子)의 통찰 〜 **297**

'양지(良知)'와 도덕의 자율 〜 **300**

보복과 복수의 경계선에서 〜 **303**

지인논세(知人論世),
과거를 알아야 사람과 세상을 논할 수 있다 〜 **306**

호학심사(好學深思) 〜 **309**

어린 봉황이 우는 소리가
늙은 봉황의 소리보다 한결 맑다 〜 **312**

'격장술(激將術)'의 경지 〜 **315**

어리지만 날카로웠던 공융(孔融) 〜 **318**

38자의 자서전에 담긴 인생의 철리(哲理) 〜 **321**

노반(魯班)의 작은 쐐기들 〜 **324**

노욕을 조롱한 시골 처녀 〜 **327**

누구를 태울 것인가? 〜 **330**

일등을 가려야 할 때 〜 **333**

하무(何武)의 판결 〜 **336**

중국판 CSI 〜 **339**

맹자의 물고기와 곰발바닥 〜 **342**

사물을 보는 눈 〜 **345**

적반하장(賊反荷杖)이 난무하는 세상 〜 **348**

역사는 기록記錄이 아니라
기억記憶이다

이 범주에는 주로 역사의 기능과
역사가의 자세 등을 다룬 글들이 포함되어 있다.
역사는 이제 역사가의 전유물이 아니다.
모두가 역사를 쓰는 시대다.
특히 정치인, 지식인, 언론의 말과 글이
실시간으로 중계되는 시대라는 사실에 주목해야 한다.
그 말과 글을 수시로 소환하여 바로바로 판단하고 심판을 내린다.
집단지성 시대에 역사는 이제 더 이상 기록물이 아니라
다수의 기억이 되고 있다.
이 기억이 고스란히 보존되어 필요할 때
언제든 소환되어 증언하고 증명하고 판결한다.
이런 인식을 가지고 적폐의 주범으로 지목된
언론 문제도 함께 짚어 보았다.

적폐청산
- 우리 안의 탐욕 현상

수없이 터져 나왔고, 또 터지길 기다리는 과거 정권들의 적폐 현상의 본질을 한 걸음 더 들어가 살펴보면 그것과 밀접하게 관련되어 있는 탐욕(貪欲)과 탐관(貪官)의 다양한 수단을 발견한다.

정치권력과 탐관들의 탐욕에는 재물을 탐하는 '탐재(貪財)', 권력을 탐하는 '탐권(貪權)', 색을 탐하는 '탐색(貪色)', 자리를 탐하는 '탐위(貪位)'라는 네 가지 본질적 특징과 다양한 수단과 방법들을 아래와 같이 간결하게 정리해 낼 수 있다. 우리 현실 상황과 대비시켜 보면 깜짝 놀랄 정도다.

1. 보편적인 수단이자 방법으로 관직을 파는 '매관(賣官)'이다. 인사권이 있는 큰 자리일수록 값은 천정부지로 뛴다.
2. 법을 악용하는 수단이다. 법을 제멋대로 적용하거나, 위협하거나, 왜곡하여 주로 재물을 갈취한다.

3. 감옥에 갇혀 있는 자를 갖은 방법과 수단으로 협박하거나 회유하여 재물을 뜯어내는 것이다. 사면권을 이용하여 돈을 갈취하는 것은 기본이다.

4. 관직과 법, 그리고 사면권 등을 이용하여 정적이나 곤경에 처한 사람을 크게 위협하여 이권을 갈취한다.

5. 상대의 약점을 꼬투리 잡아 교묘하게 법 조항이나 문서 따위를 조작하여 재산이나 재물을 빼앗는다.

6. 재정이나 이권을 담당하고 있는 탐관이 아예 대놓고 훔치는 경우도 있다.

7. 문서 조작이나 권력자의 명령을 빙자하여 이권과 재물을 갈취한다.

8. 상하 관계를 이용하여 아랫사람들을 공갈 협박함으로써 사사로이 이익을 취한다.

9. 나라와 백성을 위한다는 거짓 명분을 내세워 갖은 사이비 정책을 수립하고 여기에 필요한 재정을 빼낸다.

10. 군대의 경우, 군수품을 빼내거나 무기 구입 등에 개입하여 사사로이 이익을 취한다.

11. 청탁을 받고 그에 따른 뇌물을 챙기거나 사업 추진에 따른 이익을 나눠 갖는다.

12. 기밀을 파는 경우도 적지 않았다. 심지어 적국에 기밀을 파는 매국노급 탐관도 꽤 있었다.

13. 자리와 명성을 이용하여 뇌물을 챙기는 수단은 보편적이었다.

14. 부하를 자신이나 자기 집, 또는 자신과 가까운 자를 위해 사사로이 부리는 수단이다. 군대에서 이런 일이 많았고, 지금도 버젓이 자행되고 있다.

15. 자신이 나서지 않고 친인척들을 내세워 뇌물을 받고 관직을 파는 등 온갖 비리를 저지른다.

중국 역사상 전형적인 지식인 간신이자 최악 간신으로 꼽히는 엄숭

16. 자리와 권력을 이용하여 남의 물건이나 땅을 싸게 사들이고, 자기 땅은 비싸게 강매하는 수단인데 지금도 여전하다.

17. 기타 수하들을 내세워 절도, 사기, 협박 등 동원할 수 있는 모든 수단과 방법으로 사리사욕을 채운다.

이런 탐욕 현상을 청산하지 않으면 그 피해 때문에 몇 년, 몇십 년, 심하면 몇 백 년에 걸쳐 악영향이 남는다. 적폐청산이 너무나 중요하고 중대한 까닭이다. 혹 우리 안에는 이런 탐욕이 도사리고 있지는 않은지 맹렬히 성찰해야 할 것이다.

一針見血 : 미미한 것을 보고 장차 드러날 일을 안다.

:: **소과무징**(小過無懲) **필위대환**(必爲大患).
작은 잘못을 징계하지 않으면 반드시 큰 우환이 생긴다.
– 장양호(張養浩, 중국 원나라 때 산곡散曲작가, 1270~1329), 《삼사충고(三事忠告)》

위장과 위선의 아이콘 왕망(王莽)

중국 역사상 최고의 위선자이가 위장 전문가라면 많은 사람들이 왕망(기원전 45~기원후 23)을 첫손가락에 꼽는다. 왕망은 서한 왕조로부터 황제 자리를 빼앗아 신(新) 왕조(8~24년)의 첫 황제이자 마지막 황제로 행세했다. 그는 철저하게 자신의 정체를 숨기면서 성인군자를 행세를 한 천하에 둘도 없는 위장과 위선의 역대급 간신(奸臣)이자 간군(奸君)이었다. 그가 본색과 정체를 드러내기까지 세상 사람들 모두가 수십 년 동안 그를 군자로 칭송했을 정도였으니, 그의 위장과 위선은 정말이지 타의추종을 불허한다 하겠다.

왕망은 본색을 숨긴 채 숙부 왕봉(王鳳)과 황후 왕정군(王政君)의 추천과 특별한 배려로 중앙 정계에 등장했다. 조정에 들어와서도 왕망은 근검절약하며 청렴하게 살았다. 재산을 털어 가난한 서생들을 돕는 등 선행을 베풀었다. 세상 사람들은 그를 칭찬했고, 이런 각계각층의 여론을 등에 업고 숙부 왕봉에 이어 대사마(大司馬)

라는 최고 자리에 올랐다.

한 번은 아들 왕획(王獲)이 노
비를 죽이는 사건이 발생했다. 왕
씨 집안의 위세로 보나 왕망의
명망으로 보나 충분히 무마될 수
있는 사건이었지만 왕망은 아들
에게 자살을 강요하여 아들을 죽
음으로 내몰았다. 사람들은 왕망
의 공평무사(?)함에 탄복했고, 수
많은 사람들이 들고일어나 왕망

| 위장과 위선의 달인 왕망은 우리 주위의
적지 않은 정치인들을 떠올리게 한다. |

을 다시 대사마로 삼아야 한다고 아우성을 쳤다. 이런 여론을 등에
업고 왕망은 대사마에 화려하게 복귀했다.

어린 황제 평제(平帝)가 황후를 간택할 때의 일이다. 왕망의 딸
도 당연히 황후 후보 명단에 올랐다. 그런데 왕망은 태황태후 왕씨
를 찾아가 딸의 이름을 빼 달라고 요구했다. 이 사실을 안 대신들
과 유생들은 볼 것도 없이 왕망의 딸을 황후로 삼아야 한다고 우
르르 들고일어났다. 왕망은 못 이기는 척 황후 간택을 받아들였다.

이랬던 왕망이 권력을 장악하자 하루아침에 돌변했다. 권력 중
독의 문제를 충고하던 큰아들 왕우(王宇)를 별것 아닌 귀신 소동의
주범으로 몰아 사형시키고, 수많은 종친을 이 사건에 연루시켜 죽
였다. 나아가 이에 불만을 품은 어린 황제마저 독살시켜 버렸다.
세상 사람들은 왕망의 정체에 경악했지만 때는 늦었다.

위장과 위선의 아이콘 왕망의 행적이 지금 우리를 몹시 씁쓸하게 만든다. 지금 정치시사를 표방한 유튜버나 사이비 언론의 행태에서 왕망 같은 자들의 정체가 속속 드러나고 있기 때문이다. 극우 유튜버는 말할 것 없고, 진보를 가장하여 진영을 분열시키려는 이들의 추악한 면면에서 적폐 청산의 또 다른 대상이 나타난 것은 아닌가 하는 생각에 더욱 착잡하다. 정치권력은 짧으면 5년, 길어야 10년이면 바뀌지만, 문화는 최소한 한 세대가 걸린다. 지금 우리 사회는 문화 풍토를 바꾸는 진통기에 들어섰다. 이참에 철저하게 체질을 완전히 바꾸어야 한다.

정치계의 배신과 배반도 줄을 잇는다. 정치적 소신은커녕 인간으로 지켜야 할 최소한의 신의조차 내팽개친다. 그러고는 간사하게 위장한 채 위선을 떤다. 왕망은 천하를 속였다지만, 이제 이들은 철새조차 속이지 못한다. 그 언행이 낱낱이 고스란히 거의 실시간으로 백성들에게 생중계되고 있기 때문이다. 그럼에도 불구하고 이들이 이런 짓을 서슴지 않는 가장 큰 이유는 백성들을 깔보고 우습게 보기 때문이다. 철저하게 심판하는 수밖에 없다.

一針見血 : 위장한 얼굴 뒤에는 추악한 의도가 도사리고 있다.

:: **교언영색**(巧言令色) **선의인**(鮮矣仁).
교묘하게 말 잘하고 표정을 좋게 꾸미는 자치고 어진 사람이 드물다.
－《논어(論語)》〈학이(學而)〉 편

왕후장상영유종호(王侯將相寧有種乎)

고려 무인 집권 시기 권력자 최충헌의 사노비였던 만적은 노비 해방을 기치로 봉기했다. 당시 만적(萬積, 고려 신종 때 최충헌의 사노, ?~1198)은 노비들의 의지를 격발하기 위해 "왕후장상의 씨가 따로 있다더냐!"라는 웅변을 토했다. 신분 해방을 외친 뜻 깊은 사건이었다. 그런데 만적의 이 구호는 다름 아닌 사마천의 《사기》 〈진섭세가(陳涉世家)〉에 나오는 2천 년 넘게 인구에 회자되어 온 명언이다.

사마천은 주로 제후나 공신들의 기록인 세가에다 특별한 두 사람을 편입시켰다. 춘추시대 유가 사상가로서 고대 문화를 집대성한 공자(孔子, 기원전 551~기원전 479)와 농민 봉기군의 수령 진섭(陳涉, ?~기원전 208)이란 인물이었다. 이는 상상하기 힘든 파격적이고 진보적인 사관의 표출이 아닐 수 없었다. 이 때문에 사마천은 2천여 년 동안 숱한 오해와 비방에 시달렸다.

한 무제(武帝, 재위 기원전 141~기원전 87) 때 유가(儒家)가 국가 지배

이데올로기로서 유교(儒敎)로 국교가 된 이후 제왕의 하수인이 된 수구 보수적이고 완고한 유가 학자들에게는 유연하고 열려 있는 사고방식을 갖고 역사서를 썼던 사마천이 눈엣가시였다. 조선시대 지배세력들이 자신들과 조금만 생각이 다르면 '사문난적(斯文亂賊)'으로 몰아 가차 없이 제거했던 것과 별반 다를 것이 없었다.

진섭은 더더욱 문제였다. 진섭은 신분상으로는 평민보다 못한 고용 노동자였고, 정치적으로는 최초의 통일 왕조 진(秦)나라의 폭정에 반기를 들고 농민 봉기군을 일으켰던, 진 왕조의 입장에서 보자면 역적이었다. 이 때문에 수구 보수 세력들이 쌍심지를 켜고 사마천을 비난하고 나섰다. 금나라 때의 학자 왕약허(王若虛, 1174~1243)는 심지어 사마천을 죽여도 시원찮다고 악담을 퍼부었다. 사마천은 진섭의 농민 봉기를 대단히 심각하게 평가했다. 사마천은 〈진섭세가〉를 지은 동기에 대해 이렇게 말했다.

"걸(桀)과 주(紂)가 왕도를 잃자 탕(湯)과 무왕(武王)이 일어났고, 주(周) 왕실이 왕도를 잃자 《춘추(春秋)》가 지어졌다. 진(秦)이 바른 정치를 잃자 진섭이 들고일어났다. 제후들도 따라서 난을 일으키니 바람과 구름이 몰아치듯 마침내 진을 멸망시켰다. 천하의 봉기는 진섭의 난으로부터 발단되었으므로 제18 〈진섭세가〉를 지었다."

사마천은 진섭의 봉기를 상나라를 세운 탕(湯)과 주나라를 건국한 무왕(武王)의 '역성혁명(易姓革命)'에 비유할 정도로 높이 평가했다. 백성들을 위하지 못하는 정권이나 왕조는 무너져야 한다는 논리에 다름 아니다. 그래서 사마천은 "왕과 제후, 장수와 재상의 씨가 따로 있단 말이냐!"는 진섭의 외침을 그대로 전했다. 누가 되었건 부당한 권력에 대한 견제와 항거는 정당하다는 의미이다.

| 중국사 최초의 농민 봉기군 지도자 진섭 |

촛불혁명은 숭고한 시대정신이다. 그 의미와 정신을 거부하거나 부정하는 자는 역사의 뒤안길로 도태될 것이다. 역사가 이를 생생히 증언하고 있다.

一針見血 : 학력(學歷)이 신분을 결정하는 시대는 끝났다.

:: 연작안지홍곡지지(燕雀安知鴻鵠之志)!
   제비나 참새가 기러기나 백조(고니)의 뜻을 어찌 알리오!
   -《사기》〈진섭세가(陳涉世家)〉

과거는 미래를 비추는 거울

동양에서는 역사를 흔히 거울에 비유하여 '사감(史鑑)'이라 한다. 이 이름에는 과거 역사를 통해 현재 통치자의 행태를 비춰보고 반성하라는 뜻이 함축되어 있다. 송나라 때의 학자 사마광(司馬光, 1019~1086) 등이 편찬한 《자치통감(資治通鑑)》은 이러한 의도가 강하게 반영된 역대 최고 역사서로서 통치자가 반드시 읽어야 할 필독서로 꼽힌다.

중국 역사상 최고의 명군이라는 평가를 받는 당 태종(太宗) 이세민(李世民, 599~649)은 "동으로 거울을 만들면 의관을 단정히 할 수 있고, 역사를 거울로 삼으면 천하의 흥망과 왕조 교체의 원인을 알 수 있고, 사람을 거울로 삼으면 자신의 득실을 분명히 알 수 있다."고 했다. 이것이 이른바 당 태종의 '세 개의 거울' '삼감(三鑑)'이다. 이런 당 태종 곁에는 언제 어디서든 쓴소리를 아끼지 않았던 명재상 위징(魏徵)이 있었는데, 그가 먼저 세상을 떠나자 태종은 소중한 거울 하나를 잃었다며 통곡했다고 한다.

역사상 올바른 위정자, 제대로 된 통치자는 늘 역사를 거울삼아 자신의 행동을 단속할 줄 알았다. 반면, 역사를 무시하거나 왜곡한 통치자는 예외 없이 반드시 준엄한 심판을 면치 못했다. 역사의 법정은 공소시효가 없기 때문이다.

송나라가 금나라로부터 극심한 공세에 시달리고 있을 때 악비(岳飛) 장군은 민중의 전폭적인 지원을 받으며 악가군(岳家軍)을 이끌고 금나라 군대를 괴롭혔다. 꺼져가던 송나라의 국운이 소생하는 듯했다. 그런데 이 절체절명의 순간 못난 황제 고종(高宗)과 간신 진회(秦檜)는 자신들의 사리사욕을 위해 악비에게 억울한 죄를 씌워 처형했다(1142). 역사와 민중들이 통곡하는 순간이었다.

청나라 건륭 연간(1736~1795), 과거에 장원급제한 항주(杭州) 사람 진간천(秦澗泉)은 항주(杭州) 서호(西湖) 가에 위치한 악비의 사당과 무덤을 찾았다. 그러고는 악비의 무덤 앞에 무릎을 꿇고는 "사

| 악비의 무덤 앞에 영원히 무릎을 꿇고 있는 간신 진회의 철상(鐵像)은 역사의 평가와 심판이 얼마나 무서운가를 잘 보여준다. |

람들은 송나라 이후부터 회(檜)라는 이름을 부끄러워했고, 나는 지금 이 무덤 앞에서 진(秦)이라는 성에 참담해하는구나!"라는 시를 읊었다. 진간천, 그는 다름 아닌 간신 진회의 후손이었다. 악비 사후 600여 년이 지난 뒤였다.

역사의 평가가 정말 무서운 것도 역사에 한 번 오명을 남기면 두고두고 씻을 길이 없기 때문이다. 그래서 사마천은 최초의 통일제국 진나라가 통일 후 불과 10여 년 만에 멸망한 원인으로 '막힌 언로'를 꼽으면서 "지난 일을 잊지 않는 것이 나중 일의 스승이 될 수 있다(전사지불망前事之不忘, 후사지사야後事之師也)."라고 하여 과거사의 중요성을 강조했던 것이다.

친일 문제, 성 노예 문제 등을 놓고 '역사의 판단에 맡기자', '과거를 덮자'라는 말을 자주 입에 올리는 사람들에게 묻고 싶다. 그 말 속에 성찰과 반성이 들어 있는지? 그것이 없다면 역사는 판단이 아닌 심판을 할 수밖에 없다.

一針見血 : 역사의 법정에는 공소시효가 없다.

:: **수능재주**(水能載舟), **역능복주**(亦能覆舟).
물은 배를 띄우지만 엎기도 한다.
 - 이세민(李世民, 당 태종, 재위 626~649).

사마천의 '삼립(三立)'

위대한 역사가 사마천은 지준(摯峻)이라는 고매한 인품의 친구에게 보낸 편지에서 "군자가 귀하게 여기는 인생의 바른길에는 다음 세 가지가 있다고 들었습니다. 사람으로서 최고의 가치 기준은 덕행을 수립하는 입덕(立德)이요, 그다음은 책을 써서 자기주장을 세우는 입언(立言)이며, 그다음은 공업을 세우는 입공(立功)입니다."라고 했다. 이것이 사마천의 '삼립'이다.

대부분의 사람들은 이 셋 중 하나라도 이루기 위해 평생을 노력한다. 사회에서 자신의 영역을 지켜내며 나름대로 업적을 쌓게 되면 입신 내지 입공했다 할 것이며, 어느 한 분야를 전문적으로 연구하여 자기주장으로 일가를 이루었다면 입언했다 할 것이다. 사마천은 덕행을 수립하는 입덕을 최고의 가치 기준으로 보면서 자신은 감히 이 경지에 이르렀다 할 수 없고, 그저 입언할 수 있다면 뜻한 바를 이룬 것이라며 자신을 낮추었다.

그러나 그가 《사기》를 완성하기 위해 치른 대가를 생각하노라면 그의 입언은 입덕의 경지를 뛰어넘고도 남는다. 그는 억울하게 반역죄를 쓰고 사형선고를 받은 극한상황에서 시대가 자신에게 지운 역사적 책임, 즉 역사서 저술을 위해 자신의 성기를 자르는 궁형을 자청하고 살아남아 《사기》를 완성했다.

그런데 사마천이 말하는 입신(공)이든, 입언이든 그 결과를 뒷받침하는 가장 중요한 가치 기준은 자신과 남을 기만하지 않는 도덕의 수립과 강화임은 말할 것도 없다. 이것이 안 되면 입공한 자는 권세와 돈으로 세상을 해치고, 입언한 자는 글과 말로 혹세무민하여 사회를 부도덕하고 부정한 쪽으로 이끌게 된다.

사마천은 입덕은 언감생심이니 입언을 인생의 목표로 삼고 혼신의 힘을 기울였다. 그 결과물이 지금 우리가 보고 있는 《사기》라는 절대 역사서이다. 하지만 입언도 입공도 입덕으로 가는 과정임을 분명히 했다. 말하자면 입공과 입언은 선택이지만 입덕은 필수라는 것이다. 그래야 입공도 입언도 세상에 유익할 수 있기 때문이다.

입언의 중요한 과정 내지 그 결과라 할 수 있는 학문적 성과나 연구를 표절로 도배를 하고도 당당한 자들을 보노라면 '덕'이 실종된 입신출세가 얼마나 위험한지 절감하게 된다. 입언은 자기주장을 세우는 일이다. 그것을 표절한다는 것은 단순히 남의 것을 훔치는 절도행위의 단계를 벗어나 자신의 정체성과 영혼을 파는 행위에 다름 아니다. 그리고 이런 자들은 못할 짓이 없다.

| 《사기》를 완성하기 위해 혼신의 힘을 다하는 사마천의 모습을 그린 일생화의 한 부분이다. |

"지식 없는 열정은 무모하며, 열정 없는 지식은 무미하다. 과장된 지식은 허망하며, 거짓된 지식은 사악하다. 그리고 분별없는 지식은 위험하다."

지금 우리 지식사회와 지식인이 총체적 위기를 맞이하고 있다. 그럼에도 어찌할 바를 모르고 우왕좌왕하고 있다. 어쩌면 이런 병폐가 벌써 골수에까지 사무쳐 도저히 손쓸 수가 없는 것은 아닌지 안타까울 따름이다.

一針見血 : 불치병의 첫째는 교만하여 도리를 무시하는 불치병이다.
-편작(扁鵲, 중국 전국시대의 의사, ?~?)

:: 편작불능치불수침약지질(扁鵲不能治不受針藥之疾).
편작이라도 침과 약을 거부하는 환자는 치료할 수 없다.
-《염철론(鹽鐵論)》〈상자(相刺)〉

동호직필(董狐直筆)

춘추시대 산서성 지역에 위치했던 진(晉)나라의 문공(文公)은 19년 망명 생활 끝에 최고 통치자 자리에 오른 입지전적인 인물이었다. 19년 동안 그의 망명 생활을 수행했던 수행 공신들 중 조최(趙衰)는 이후 진나라의 군대를 이끌며 조씨 집안을 명문가로 키웠다.

조최의 아들 조돈(趙盾)도 진나라 공실의 실력자로 성장하여 영공(靈公)의 즉위를 실질적으로 주도했다. 그러나 영공은 통치자로서의 자질이 떨어졌다. 기원전 607년을 전후로 자신의 사치스러운 생활을 위해 백성에게 세금을 무겁게 물리기 시작했다. 궁궐 담장을 화려한 그림으로 장식했다. 게다가 궁궐 성 위에 올라가 성 아래를 오가는 사람들에게 탄환을 쏘아대는 놀이를 즐겼다. 영공은 사람들이 놀라서 탄환을 피하려고 이리저리 우왕좌왕하는 모습을 보며 즐거워 어쩔 줄 몰라 했다.

한번은 궁중 요리사가 곰발바닥을 덜 익혀서 내오자 화가 난 영공은 요리사를 죽이고, 그 부인에게 시체를 들고 궁궐 뜰 앞을 지나 내다 버리게 했다. 조돈과 사회(士會) 등 중신들이 전부터 몇 차례 충고했으나 영공은 듣지 않았다. 오히려 조돈의 충고를 잔소리로 받아들여 자객 서예(鉏麑)를 시켜 조돈을 죽이게 했다. 서예는 충성스러운 조돈의 모습을 보고는 "충신을 죽이는 것과 국군의 명을 어기는 것, 모두 같은 죄로구나!"라고 탄식하며 나무에 머리를 부딪쳐 자결했다.

그래도 영공은 조돈을 죽이려는 시도를 멈추지 않았다. 심지어는 사자보다 사납다는 '아오'라는 개를 궁중에 매복시켰다가 조돈을 물어 죽이려고까지 했다. 조돈은 자신이 은혜를 베풀었던 시미명(示眯明)의 도움으로 간신히 목숨을 건졌지만 영공은 군사들을 시켜 조돈을 잡아들이게 했다. 조돈은 하는 수 없이 망명길에 올랐다. 지난날 아버지 조최에 이어 2대에 걸친 망명이었다.

그런데 조돈이 진나라 국경을 벗어날 즈음 조돈의 동생인 조천(趙穿)이 복숭아밭에서 영공을 습격하여 죽이고 조돈을 다시 불러들였다. 조돈이 평소 존경을 받고 민심을 얻은 반면 영공은 젊은 나이에 포악하여 백성이 따르지 않았기 때문에 시해하기 수월했다. 조돈은 자리에 복귀했다.

그런데 진나라의 기록을 담당하고 있는 태사(太史) 동호(董狐)는 서슴없이 "조돈이 그 국군을 시해했다."라고 기록하고는 조정에서 이를 대놓고 조돈에게 보여주었다. 조돈은 "시해한 사람은 조천이고, 나는 죄가 없다."라고 항변하자, 태사는 "그대는 조정에서 가장 높은 정경(正卿)의 신분으로 도망쳤으나 국경을 벗어나지 않았고, 돌아와서도 나라를 어지럽힌 자를 죽이지 않았으니 그대가 아니면 누구란 말이오!"라고 반박했다.

사관 동호는 임금을 죽인 주범으로 조천이 아닌 조돈을 지목했다. 국경을 넘지 않은 상황에서 동생 조천이 영공을 시해했으니 이에 대한 책임은 국정을 실질적으로 이끌고 있던 조돈에게 있다고 본 것이다. 그리고 조정으로 돌아와 권력을 다시 장악한 다음에도 임금 시해에 대한 책임자를 처벌하지 않았으니 스스로 시해의 주범임을 인정한 것 아니냐는 날카로운 추궁이었다. 조돈은 아무 반박도 하지 못했다.

훗날 공자(孔子)는 이 일을 두고 "동호는 옛날의 훌륭한 사관으로 죄를 숨기지 않는다는 기록의 원칙을 지켰고, 조선자(趙宣子, 조돈)는 훌륭한 대부로서 원칙을 지키다가 오명을 썼다. 안타깝구나, 국경을 벗어났더라면 오명을 면했을 터인데!"라고 했다.

공자는 권력자의 행적을 있는 그대로 기록했을 뿐만 아니라 그 행적의 주체를 정확하게 지목하여 그 죄를 숨기지 않았던 사관 동호의 자세를 칭찬했다. 또 송나라 때의 애국충신 문천상(文天祥)은 "제나라에는 태사의 죽간이 있고, 진나라에는 동호의 붓이 있구나!"라는 시를 남겨 사관의 직필 정신을 높이 평가했다.

사실 춘추 후기로 넘어가는 당시는 나라의 실권을 장악하고 있는 권신들이 임금을 죽이는 일이 빈번했고, 동호처럼 엄격한 예

| 사관 동호의 붓은 단순히 사실 관계에 머무르지 않고 사실 이면을 통찰하고 있다. 직필은 단순히 팩트만을 기계적으로 전달한다는 뜻의 단어가 결코 아니기 때문이다. '동호직필'을 나타낸 《동주 열국지》의 삽화(아래) |

법에 따라 있는 그대로를 기록하는 서사(書史)의 원칙은 일찌감치 붕괴된 상태였다. 그렇기 때문에 동호의 용기는 더욱 빛을 발했다. 여기서 이른바 정직한 사관의 붓이란 뜻을 가진 '동호필(董狐筆)'이란 단어와 '동호의 곧은 붓' 또는 '동호가 정직하게 기록하다'는 뜻의 '동호직필(董狐直筆)'이라는 유명한 고사성어가 탄생하기에 이르렀다.

동호의 직필 정신은 그 뒤 중국 역사가의 역사 기술의 모범으로 전해졌다. 그리하여 정직한 사관이라면 반드시 갖추어야 할 사덕(史德) 전통 중에서도 가장 고상한 도덕적 정조로 자리 잡았다. 지금으로부터 약 2,600년 전 '동호의 직필'은 아무렇지 않게 곡필(曲筆)을 마구 휘두르는 지금 우리 언론을 정면으로 겨냥하고 있다.

一針見血 : 삐뚤어진 마음으로 잡은 굽은 붓으로는 진실은커녕 사실도 바로 쓸 수 없다.

:: **곡학아세**(曲學阿世)
　배운 것을 왜곡하여 세상(권세)에 아부하다.
　－《사기》〈유림열전(儒林列傳)〉

직필의 기본

기원전 6세기 초반에서 중반에 이르기까지 제(齊)나라의 영공(靈公)과 장공(莊公) 때 제나라 조정의 실세였던 최저(崔杼)는 자신의 손으로 옹립한 장공이 자신의 후처인 당강(棠姜)과 간통을 일삼자 기원전 548년 난을 일으켜 장공을 시해했다. 최저는 장공의 측근들까지 대거 제거한 다음 공자 저구(杵臼)를 모셔와 옹립하니 이가 경공(景公)이다.

경공이 즉위하면서 최저는 스스로 우상(右相)이 되고, 공모자인 경봉(慶封)을 좌상에 앉혀 경공 초기 제나라 공실의 실권을 농락했다.

그런데 제나라의 기록을 담당하고 있는 사관 태사(太史) 백(伯, 태사 가문의 장남)은 "5월 을해일에 최저가 주군 광(光, 장공)을 시해했다."라고 직필했다. 최저는 '불문곡직(不問曲直)' 태사 백을 죽였다. 그러자 그 동생 중(仲)이 형을 이어 똑같이 최저가 장공을 시해했다고 썼다. 최저는 중도 죽였다. 이어 그 동생 숙(叔)도 두 형을 이어 최저가 장공을 시해했다고 직필했고, 최저는 숙도 죽였다. 그랬더니 막내 동생인 계(季)까지 나서 죽음을 불사하면서 형들처럼 직필했다.

당시 최저는 태사 집안에 장공이 갑작스러운 병으로 죽었다고 기록할 것을 요구했다. 최저는 태사를 협박하기도 하고 달래기도 했지만 태사는 "사실에 근거하여 정직하게 기록하는 것은 사관의 직책이오. 목숨 때문에 사관의 일을 저버리는 것은 죽는 것만 못하오. 당신이 저지른 일은 이르건 늦건 언젠가는 다들 알게 될 것이니 설사 내가 쓰지 않는다 해도 당신의 죄와 책임은 덮을 수 없는 일이오. 이를 덮으려 하는 것은 천하의 웃음거리만 될 뿐이오."라는 말로 통렬하게 쏘아붙였다.

최저는 사관들의 붓이 이토록 날카롭고 무서운 것이냐며 차마 계까지는 죽이지 못했다. 이렇게 해서 역사서에는 최저가 장공을 시해했다는 사실이 남게 되었다.

한편 태사 형제들이 최저의 죄상을 직필하다가 죽었다는 소식을 들은 남사씨(南史氏, 이 사람도 사관이었을 것으로 추정한다)는 죽간을 들고 제나라 도성으로 달려왔다. 그러다 태사 집안의 막내가 죽지 않았다는 소식을 듣고는 발걸음을 돌렸다고 한다. 남사씨는 만약 태사 집안의 형제들이 모두 죽었다면 자기가 나서 직필할 생각으로 죽간을 들고 제나라 도성으로 달려오던 길이었다.

그로부터 불과 2년 뒤인 기원전 546년에 최저 집안에서는 전

| 제나라의 실력자 최저가 장공을 시해하자 태사 백은 이를 직필했다 하여 죽임을 당했다. 그 동생들도 태사 백을 따랐고 모두 세 사람이 죽임을 당했다. 군주를 시해하는 사건이 빈번했던 시대에도 사관의 직필 정신은 꿋꿋하게 살아 있었다. 그림은 최저의 장공 시해와 경봉을 축출한 사건을 나타낸 《동주 열국지》 삽화이다.(위) |

처 아들들인 성(成), 강(彊)과 당강(棠姜) 소생의 명(明) 사이에 종주권과 봉지를 놓고 분란이 일어났다. 이 틈에 최저와 함께 장공을 시해하는 데 가담했던 경봉이 최저 가문을 멸문시켰다. 최저는 자신의 운명을 한탄하면서 스스로 목숨을 끊었다.

최저는 정변을 통해 임금을 시해하고 권력을 장악한 역신이었다. 그러나 그의 권력이 공실의 권력을 압도하고 있던 상황이었기 때문에 그에게 맞설 세력이나 사람은 없었다. 그런데 사관 집안의 형제들이 이에 맞서 단호히 최저가 장공을 시해했다고 기록함으로써 최저의 죄상이 역사에 길이 남게 되었다.

제나라 태사 백은 직필의 기본이 어떤 것인가를 자신의 목숨을 바쳐 보여주었다. 역사가와 언론인의 가장 기본이 되는 자세는 사실을 사실대로 기록하는 것이다. 이런 점에서 동호의 직필과 태사 백의 직필은 기록을 남기는 모든 사람이 갖추어야 할 기본 자질인 사재(史才)와, 나아가 진실을 추구하는 사덕(史德)의 자세와 정신을 잘 보여주고 있다.

一針見血 : 역사가의 붓이 세상을 드러낸다.

:: **무의**(毋意), **무필**(毋必), **무고**(毋固), **무아**(毋我).
억측하지 말고, 절대 긍정하지 말고, 고집부리지 말고, 자신만 옳다고 여기지 말라.
– 《논어(論語)》〈자한(子罕)〉 편

무측천(武則天)의 '무자비(無字碑)'

중국 역사상 최초이자 유일무이한 여성 황제였던 무측천(우리에게는 측천무후로 잘 알려져 있지만 중국에서는 공식적으로 무측천으로 부른다. 그녀의 이름이 무조武曌였기 때문에 성을 따서 그렇게 부르는 것이다.)은 강렬한 권력욕과 능수능란한 처신, 그리고 치밀한 정치적 수완으로 기어이 당 왕조를 멸망시키고 주(周) 왕조를 세웠다(역사에서는 대체로 무측천의 이 왕조를 그냥 지나친다. 그녀가 죽은 뒤 바로 당 왕조가 복구되었기 때문에 당 왕조의 역사에 무측천을 포함시키고 있다).

무측천은 세간에서 대단히 잔인하고 사악한 여성으로 묘사되거나 평가되고 있고, 이는 어느 정도 사실이다. 하지만 정치적으로 그녀는 대단히 뛰어난 통치자였다. 무측천은 천수(天壽) 원년인 690년 황제 자리에 오른 뒤부터 신룡(神龍) 원년인 705년 압력을 받아 자리에서 내려오기까지 모두 15년 동안 보좌에 앉아 집정했다. 꿈에도 그리던 목적을 달성한 그녀는 집정하는 동안 다른 통치자들과 마찬가지로 부패와 향락에서 벗어나지 못했고, 또 인심을 잃는 일들을 적지 않게 저질렀다.

하지만 이 기간에 그녀가 보여준 그녀의 통치와 정치는 전체적으로 보아 적극적이고 진취적인 편이었다. 특히, 파격적인 인재 기용과 언론 개방, 잘못을 고칠 줄 아는 자세 등은 돋보이는 부분이었다. 여기에 균전제를 널리 실시하고 농업을 발전시킨 업적도 있었고, 대외적으로는 변방의 우환을 방어하며 나라를 안정시킴으로써 보국안민의 사상을 실천에 옮겼다. 이는 모두 사실에 근거한 평가다.

역사 기록에 의하면 무측천이 죽기 전날 대신들은 뒷일을 준비하느라 분주했는데 무엇보다 비문을 놓고 한바탕 난리가 벌어졌다. 즉, 그녀에 대한 평가가 쟁점이었다. 칭송하자는 신하들, 공과를 동시에 기록해야 한다는 신하들, 찬탈의 죄를 물어야 한다는 신하들……. 논쟁은 식을 줄 몰랐고, 끝이 날 것 같지 않았다.

무측천의 심경은 착잡했다. 죽음의 그림자를 붙들고 한참 동안 생각에 잠겼던 그녀는 비석은 세우되 내용은 기록하지 말라고 했다. 후대의 평가에 맡기자는 뜻이었다. 이렇게 해서 그녀의 비석은 '무자비(無字碑)'로 남게 되었다.

죽는 순간까지도 참으로 냉정하게 상황을 판단했던 사람이다. 역사상 수많은 제왕과 장상 들이 죽기 전 자신의 공덕을 잊지 못해 비석에다 자기 일생과 공을 새겨 세우도록 했다. 그러나 무측천은 글자가 없는 무자비를 세우라고 했으니, 이것이야말로 그녀가

| 무측천의 무덤인 **건릉** 앞에 서 있는 **무자비**(후대에 비문을 새겨 지금은 비문이 남아 있다). |

참으로 비범한 정치가임을 잘 보여주는 사실이 아닐 수 없다. 자신에 대한 평가를 역사에 미룬 그 담대함이란!

철완의 여황제로서 강력한 카리스마와 통치력을 발휘하며 무소불위(無所不爲)의 권력을 휘둘렀던 그녀였지만 자기 당대도 아닌 후대의 역사적 평가만큼은 두려웠던 것이다. 그녀는 역사적 평가가 어떤 의미를 갖는지 너무나 잘 알았다. 아무리 막강했던 권력도, 아무리 어리석은 통치자라도 역사 위에 군림할 수 없다는 진리(眞理)에 저항할 수 없음을 제대로 인식하고 있었기 때문이다.

─針見血 : 역사의 공과(功過)는 민중의 기억으로 결정된다.

:: **유민입군**(有民立君), **장이리지**(將以利之).
백성이 군주를 세우는 것은 이익이 되기 때문이다.
 - 《사기》 〈주본기(周本紀)〉 권4

'사필소세(史筆昭世)'의 정신

섬서성 한성시(韓城市)는 역사학의 성인, 즉 사성(史聖)으로 추앙받고 있는 태사공(太史公) 사마천(司馬遷)의 고향이다. 이곳에는 사마천의 사당과 무덤이 남아 있다. 사당과 무덤으로 오르다 보면 가파른 계단 끝에 만나게 되는 산문(山門)의 현판 하나가 늘 사람들의 눈길을 붙잡는다.

'사필소세', '역사가의 붓이 세상을 밝힌다'는 뜻이다.

사마천은 이릉(李陵)이라는 젊은 장수를 변호하다가 황제의 심기를 건드려 괘씸죄에 걸렸다. 그는 옥에 갇혔고, 일이 틀어져 반역자의 편을 들었다는 죄목을 쓰고 사형을 선고받았다. 그때 사마천의 나이 48세였다. 40세가 지나면서 필생의 과업이었던 역사서를 집필하던 중이었다. 날벼락을 맞은 충격 속에서 사마천은 역사

| 사마천의 사당과 무덤으로 가는 길에 세워져 있는 '사필소세' 현판 |

서를 완성하기 위해 살아남기로 결심했다. 당시 사형수가 죽음을 면하는 길은 두 가지였다. 하나는 돈을 내는 것이었고, 하나는 성기를 자르고 환관이 되는 것이었다.

돈도 없고 누구 하나 나서 자신을 변호하려 하지 않는 상황이었다. 사마천은 인간의 본질에 대해 깊게 성찰했다. 냉랭한 세태와 민심, 그리고 그 뒤에 음침하게 웅크리고 있는 잔인한 권력의 속성을 확인했다. 그는 지금까지 지녀온 자신의 관점을 완전히 수정했다. 역사를 움직이는 주체에 대해 의문을 품었다. 그 결과 사마천은 역사를 움직이는 거대한 힘은 수많은 보통 사람들에게서 나온다는 엄연한 사실을 자각하기에 이르렀다. 그는 이런 자신의 역사관을 온전히 담고 있는 역사서를 반드시 남겨야 할 절박한 필요성을 절감했다. 49세 때 그는 자신의 성기를 자르는 궁형을 자청했다. 목숨을 건 도박이었다. 지금 인류 역사상 가장 위대한 역사서로 평가 받는《사기》는 이런 치욕과 고난 속에서 탄생했다.

사마천은 자신이 역사서를 집필하게 된 동기와 목적에 대해 "하늘과 인간의 관계를 탐구하고(구천인지제究天人之際), 과거와 현재의 변화를 관통하여(통고금지변通古今之變) 일가의 말씀을 이루고자 했다(성일가지언成一家之言)."고 했다. 그러면서 누구든 자신의 뜻을 바꾸지 않고 평생 지조를 지켜온 사람이라면 누구든 역사의 주인공이 될 수 있다고 단언했고, 그런 사람들을 역사의 주인공으로 등장시켰다. 그리하여 중국 역사상 최초이 농민 봉기군 수령 진섭의 입을 통해 사마천은 "왕과 제후, 장수와 재상의 씨가 따로 있더란 말이냐(왕후장상영유종호王侯將相寧有種乎)!"고 외쳤다.

사마천은 이런 진보적 역사관을 수많은 보통 사람들의 행적 속에 속속 반영하여 무미건조한 사건과 사실의 나열이 아닌 살아 움직이는 인간의 행적을 집요하게 통찰함으로써 사실 이면에 잠겨 있거나 숨어 있는 진실을 찾아내는 데 성공했다. 이는 직필의 차원을 넘어선 신역사학의 경지를 개척한 쾌거였다.

사마천은 역사의 기능과 역할에 대해 "지난 일을 기술하여 다가올 미래를 생각한다(술왕사述往史, 사래자思來者)."고 했으며, 또 "지난 일을 잊지 않는 것은 뒷일의 스승이 된다(전사지불망前事之不忘, 후사지사야後事之師也)."고 했다. 특히 뒤의 구절은 일제의 만행을 적나라하게 보여주고 있는 난징대도살기념관의 현판에 적힌 글귀이기도 하다.

사마천에 이르러 역사는 현재의 시점에서 지난 과거를 기술하는 행위이지만 그 행위에는 역사가의 직필 자세와, 사물과 인간의 본질을 꿰뚫는 통찰력, 그리고 진실을 추구하는 불굴의 정신이 개입됨으로써 미래를 예견하는 힘을 얻게 되었다. 아울러 수천 년 인간사를 통해 과거를 잊지 않고 성찰하면 미래를 바르게 대비할 수 있는 스승과도 같은 역할을 할 수 있다는 점도 분명하게 지적했다.

一針見血 : 역사는 간혹 뒷걸음을 치지만 결코 전진을 포기하지 않는다.

:: **고산앙지**(高山仰止) **경행행지**(景行行止).
높은 산은 우러러 보고, 큰길은 따라 간다.
- 《시경(詩經)》〈소아(小雅)〉편

역사는 그 자체로 뒤끝이다

청나라 건륭 연간(1736~1795)에 장원급제한 항주 출신의 한 젊은이가 송나라 때의 명장 악비(岳飛)의 무덤인 악왕묘(岳王墓)를 찾아 다음과 같은 시를 남겼다.

사람들은 송나라 이후부터 회(檜)라는 이름을 부끄러워했고,
나는 지금 그 무덤 앞에서 진(秦)이라는 성에 참담해하는구나.

1141년 명장 악비가 풍파정(風波亭)에서 아들 악운(岳雲)과 함께 억울하게 처형당하고 약 600년이 지난 청나라 때 장원급제한 젊은이가 어째서 악비의 무덤을 찾아 이런 시를 읊었을까?

이 젊은이는 다름 아닌 그 당시 악비를 모함해 죽이는데 맨 앞장을 섰던 간신 진회(秦檜)의 후손 진간천(秦澗泉)이었다. 진간천은 악비 무덤 앞에 무릎을 꿇고 있는 역사의 대간신이자 자신의 조상인

진회의 부부상을 보며 치밀어 오르는 수치심과 감정을 참지 못하고 이런 글로 자신의 참담한 심경을 전했던 것이다.

역사는 그 자체로 뒤끝이다. 충신 악비는 처형당했고, 간신 진회는 부귀영화를 누리다 잘 죽었지만 역사는 진회의 죄상을 잊지 않고 있다가 결국은 그 부부의 상을 만들어 악비의 무덤 앞에다 무릎을 꿇려 놓았다. 영원히 그 자리에서 악비에게 사죄하고, 민중에 참회하고, 역사의 심판을 받으라는 준엄한 엄벌인 셈이다. 역사의 법정에서 공소시효란 있을 수 없다.

혹자는 악비의 '충(忠)'에 이의를 제기하며, 그의 충성은 어리석은 충성이었다고 한다. 그가 송나라 군대의 전력도 생각하지 않고 강경 대응만을 고집하는 바람에 송나라 백성들이 크게 희생되었다는 이유에서이다. 그러나 민중들은 여전히 끊임없이 악비를 칭송하며 일부 사학자의 말은 거들떠보지도 않는다.

왜? 그 원인은 악비의 '정충보국(精忠報國)'에서 '충'이 조정이나 권력자에 대한 단순한 충성이 아니라 자기 조국과 민중에 대한 충

| 악비의 무덤 앞에 무릎을 꿇고 있는 간신 진회 부부의 철상 |

성이기 때문이다. 민중들은 이렇게 되묻는다. 악비가 싸우지 않고 금나라에 굴복했더라면 백성들의 삶이 나아졌을까? 금나라가 송나라 백성들을 자기 백성들처럼 돌보아 주었을까?

악비의 충은 역사에 의해 테두리가 정해진 것이며, 민중에 의해 인정받은 것이다. 당시 강산은 무너지고, 민중은 끊이지 않는 전란 속에서 살 곳을 잃고 이리저리 헤매었다. 비바람 속에서 그들은 생계조차 꾸리기 힘들었다. 그들은 조국이 하루빨리 회복되어 포근한 집으로 돌아가기를 간절히 원했다. 더 이상 외적의 침략과 유린을 당하지 않기를 두 손 모아 기도했다. 그렇기 때문에 악가군(岳家軍)이 가는 곳에는 시키지 않아도 사람들이 알아서 조직을 만들어 양식과 각종 물품을 모아 악가군을 맞이했던 것이다.

진회는 황제 고종(高宗)의 강화노선에 충실했다. 그런데 왜 진회에 대해서는 '죽어 썩어서도 세상의 비난이 그치지 않는단 말인가?' 그 까닭은 그가 고종이라는 군주 개인의 이익을 지키려 했기 때문이다. 고종 일당이 한 귀퉁이에서 편안하게 지내는 데에만 힘을 쏟았기 때문이다. 수많은 민중의 생활은 아랑곳하지 않았기 때문이다. 그래서 역사와 민중은 영원히, 그리고 단호하게 그를 천고의 간신이자 만세의 죄인으로 단정하는 것이다.

역사와 역사의 평가, 그리고 공소시효 없는 역사의 심판을 두려워하지 않는 자들이 역사를 농단하려 하고 있다. 어쩌면 그들은 두려워하지 않는 것이 아니라 그것이 얼마나 두려운 것인가를 모르고 있는지도 모른다. 그렇다면 이는 무지(無知)한 자들의 무모

(無謀)한 폭거에 다름 아닐 것이다. 이제 남은 것은 저들에 대한 역사의 평가와 심판이다. 그리고 그 평가와 심판은 고스란히 저들은 물론 저들의 후손들에게 돌아갈 것이다. 진간천이 무려 600년 넘어 지난 시점에서 진회라는 조상을 부끄러워하며 참담한 심경으로 글을 남긴 것을 보라! 진간천은 그렇게 처절한 반성을 통해서 역사의 면죄부를 얻을 수 있었다.

역사는 그 자체로 뒤끝이다. 인간의 기억에는 한계가 있고, 또 망각(忘却)이란 조금은 편리하고 타고난(?) 약점이 있기 때문에 지난 모든 것을 다 기억할 수도, 또 기억할 필요도 없다. 그러나 역사에는 망각이란 없다. 기억을 잠시 유보해 두는 경우는 있지만, 시대와 백성이 호출하면 언제든지 기억을 되살려 낸다. 그래서 역사의 법정에 공소시효란 없다고 하는 것이다. 현명한 사람은 역사에서 배운다.

一針見血 : 역사는 기록이 아니라 기억이다.

:: **문신불애전**(文臣不愛錢), **무신불석사**(武臣不惜死), **천하태평의**(天下太平矣)!
문신은 돈을 사랑하지 않고, 무신은 죽음을 아끼지 않으면 천하는 태평해질 것이다!
– 악비(岳飛, 중국 남송의 명장, 1103~1142)

옳은 길은 한 번도
편한 적이 없었다

이 범주에는 역사에 큰 족적을 남긴 리더와
공직자들의 자세를 주로 다룬 글들이 포함되어 있다.
역사에 긍정적인 영향을 남긴 인물들에게서
무엇을 배워야 할 것인가?
백성들을 위해 혼신의 힘을 다했던 공직자 들의
확고한 공사 분별의 자세와
멸사봉공의 정신을 확인할 수 있다.
혁명보다 어렵다는 개혁의 문제를 다룬 글도 몇 꼭지 실었다.
우리가 직면하고 있는 가장 큰 과제가
다름 아닌 개혁이기 때문이다.

2,600년 전 한 사법관의 자결, 그리고 우리 검찰과 사법부의 민낯

약 2,600년 전 춘추시대 진(晉)나라에 이리(李離)라는 사법관이 있었다(과거 사법관은 지금의 검찰과 사법을 겸했다). 이리가 누군가의 거짓말을 듣고 무고한 사람에게 사형을 판결하여 그 사람을 죽게 했다. 사법부에 의한 살인을 저지른 셈이다. 이리는 자신을 옥에 가두게 하고 자신에게 사형 판결을 내렸다. 당시 통치자였던 문공(文公)이 보고를 받고는 그건 이리의 잘못이 아니라 이리 밑에 있는 실무를 담당한 부하의 잘못이니 자책하지 말라고 했다. 이에 이리는 이렇게 말했다.

"신은 담당 부서의 장관으로서 관리에게 직위를 양보하지 않았고, 많은 녹봉을 받으면서 부하들에게 이익을 나누어 주지도 않았습니다. 판결을 잘못 내려 사람을 죽여 놓고 그 죄를 부하들에게 떠넘긴다는 것은 말이 안 됩니다."

문공은 그런 논리라면 너를 사법관으로 기용한 나에게도 죄가 있는 것 아니냐며 이리를 용서했지만, 이리는 또 이렇게 말했다.

"사법관에게는 법도가 있습니다. 법을 잘못 적용하면 자신이 그 벌을 받아야 하고, 잘못 판단하여 남을 죽이면 자신이 죽어야 합니다. 임금께서는 신이 그런 것까지 의혹을 풀 수 있다고 생각하여 사법관으로 삼으신 것 아닙니까? 그런데 거짓말을 믿고 사람을 죽였으니 그 죄는 사형에 해당합니다."

그러고는 스스로 검 위로 엎어져 자결함으로써 사형을 대신했다.

우리는 촛불혁명으로 전대미문의 대통령 탄핵과 조기 대선을 이끌어냈고, 새 정부를 통해 적폐청산을 강력하게 요구했다. 이 과정에서 온갖 심각한 국기문란 짓거리가 드러났고, 과거 검찰과 사법부의 그릇된 기소와 판결 사건도 속속 밝혀지고 있다.

| 이리의 자결은 '이리복검(李離伏劍)'이란 고사를 남겼다. 그리고 이 고사는 드라마로 만들어지기도 했다. 왼쪽은 이를 나타낸 그림이다. |

그러나 이런 국기 문란과 온갖 비리를 초래한 정당은 전혀 반성하지 않은 채 적반하장으로 국민을 우롱하고 윽박질렀다. 검찰을 포함한 사법부의 참으로 말도 안 되는 부정과 비리, 그리고 갖은 추태도 속속 드러나고 있다. 심지어 이들을 감시해야 할 언론까지 결탁하여 국민을 속이고 겁박하고 있는 실정이다.

지난 10년 가까이 우리 국민은 '부끄러움'을 가슴에 안고 살았다. 부끄러움을 모르는 자들을 우리 손으로 뽑은 것에 대한 부끄러움이었다. 그래서 국민들은 뒤늦게나마 부끄러워할 줄 모르는 자들을 단호히 거부했고, 나아가 2,600년 전의 법관 이리의 자결이 남의 일이 아닌 세상을 만들어 가고 있는 중이다.

그런데 우리의 이런 소망과 행동이 얼마나 허망한 것인가를 절감하게 만든 참으로 기가 막힌 검찰, 사법부, 언론의 과거 작태들이 또 온 나라와 국민을 절망으로 몰아넣고 있다. 다시 촛불을 들어야 할 판이다.

이제 국민들은 더 이상 부끄러워할 수 없고 또 그럴 필요도 없다. 부끄러움을 모르는 이런 적폐 세력들의 척결에 단호히 손발 걷어 붙이고 나서야 한다. 우리 다음 세대, 아니 내 딸과 아들을 위해서라도!

一針見血 : 부끄러움을 모르면 못할 짓이 없다.

:: **불렴즉무소불취**(不廉則無所不取), **불치즉무소불위**(不恥則無所不爲).
청렴하지 않으면 못 받는 것이 없고, 부끄러움을 모르면 못할 짓이 없다.
– 고염무(顧炎武, 중국 명나라 말에서 청나라 초의 사상가, 1613~1682)

부끄러움을 모르면 못할 짓이 없다

고위 공직자와 의원이란 자들이 자기 국민을 개돼지와 쥐에 비유하여 물의를 일으킨 사건이 엊그제 같은데 일부 정치인들의 막말과 국민 무시는 사라질 기미가 보이지 않는다. 하기야 온갖 비리투성이에 나랏돈을 자기 돈처럼 유용하고도 여전히 부끄러움조차 느끼지 못한 채 궁색한 변명만 일삼고 있는 전직 대통령이 둘이나 있고 보니 문득 그 정도는 '조족지혈(鳥足之血)'이라는 생각이 안 드는 것도 아니다.

그런데 권력자와 공직자의 부도덕(不道德)하고 부정(不正)한 언행의 원인을 파고들면 예외 없이 개인이나 패거리의 사사로운 욕심과 만나게 된다. 이는 이들의 공사 구별에 심각한 이상이 생겼음을 뜻한다. 그리고 이런 현상은 공직자가 부끄러움이 무엇인지를 모르는 데서 비롯되는데, 옛사람들은 이런 문제의 근원을 가정과 교육에서 찾았다.

《성리대전(性理大全)》(성리학설을 집대성하여 편집한 명나라 때의 책)을 보면 "사람을 가르치려면 반드시 부끄러움을 먼저 가르쳐야 한다.(교인敎人, 사인필선사유치使人必先使有恥) 부끄러움이 없으면 못할 짓이 없다(무치즉무소불위無恥則無所不爲)."고 했다.

자신의 언행이 남과 사회에 피해를 주는 것을 부끄러워할 줄 알아야만 그릇된 언행을 일삼지 않는다는 것이고, 그러기 위해서는 어려서부터 부끄러움이 무엇인지 가르쳐야 한다는 뜻이다. 참으로 옳은 지적이 아닐 수 없다.

이 대목에서 계시를 받은 청나라 때의 학자 고염무(顧炎武)는 한 걸음 더 나아가 "청렴하지 않으면 받지 않는 것이 없고(불렴즉무소불취不廉則無所不取), 부끄러워할 줄 모르면 못할 짓이 없다(불치즉무소불위不恥則無所不爲)."라고 했다.

지금 우리 사회 각계각층의 사리사욕에 눈이 어두운 자들이 딱 이렇다는 생각을 절로 하게 하는 명구가 아닐 수 없다.

| '부끄러워할 줄 모르면 못할 짓이 없다'며 공직자와 사회 지도층을 질타한 고염무 |

《시경(詩經)》에 보면 이런 시가 나온다.

"불괴우인(不愧于人), 불외우천(不畏于天)."
("사람에게 부끄럽지 않으면 하늘조차 무섭지 않다.")

사람으로서 언행이 정정당당하고 떳떳하면 그 무엇도 무섭지 않다는 뜻이다. 그래서 옛사람들은 자신이 정당하면 설사 일이 잘못되거나 뜻한 대로 일이 풀리지 않아도 하늘을 원망하지 않고 남탓을 하지 않았던 것이다.

이렇듯이 옛 선현들은 '부끄러움'을 뜻하는 '괴(愧)'라는 글자를 척도로 삼아 자신의 언행을 점검하곤 했다. 지식인이나 공직자는 특히 그랬다. 심지어 '괴'를 문명의 척도로까지 생각하여 이에 대해 진지하게 탐구했다.

말하자면 부끄러워할 줄 아는 사람과 그렇지 못한 사람의 경계와 차이에 대한 진지한 성찰을 해 온 것이다. 오늘날 우리가 배워야 할, 참으로 소중한 동양적 가치이자 전통이 아닐 수 없다.

> 一針見血 : 공직자는 도덕적으로 남보다 못한 것을 부끄러워할 줄 알아야 한다.

:: **불치불약인**(不恥不若人), **하약인유**(何若人有)?
남보다 못한 것을 부끄러워하지 않고서 어찌 남만 하겠는가?
- 《맹자(孟子)》〈진심(盡心)〉 상편

참군인에 대한 갈망

한나라 초기의 명장 이광(李廣, ? ~기원전 119)은 말타기와 활쏘기의 명수로 이름을 날렸다. 그는 문제(文帝)와 경제(景帝)를 거쳐 무제(武帝) 대에 이르기까지 거의 평생을 흉노(匈奴)와 전쟁을 치른 역전의 맹장이었다. 흉노는 이광의 용맹함과 지략을 두려워했고, 한나라 병사들은 누구나 이광과 함께 전투에 참여하길 희망했다.

이광은 솔직담백했다. 받은 상은 모두 부하들에게 나눠주며 병사들과 함께 먹고 잤다. 40년 동안 여러 자리를 전전했지만 평생 재산 따위를 모으는 일에는 관심조차 두지 않아 재산은 거의 남기지 않았다. 행군 중에 병사들이 모두 물을 마시기 전에는 물 근처에도 가지 않았고, 병사들이 모두 먹지 않으면 밥 한 숟갈 입에 넣지 않았다. 병사들에게는 가혹하지 않고 너그럽게 대했다. 그는 말재주도 없고 말을 많이 하는 것을 싫어했지만, 병사들은 기꺼이 그의 명령에 따랐고 그를 존경했다.

그는 60이 넘은 고령을 무릅쓰고 흉노와의 전투에 참가했다가 수세에 몰려 전투에서 패배했고, 이 때문에 정치군인들은 이광의 부하들을 핍박했다. 노장 이광은 부하들을 보호하고 자존심을 지키기 위해 자신의 목을 그어 자결했다. 당시 모든 장수들과 병사들은 비통하게 울부짖었고, 이 소식을 들은 적국 흉노와 백성들도 슬픔을 참지 못했다. 사마천은 이광의 일생을 이렇게 평가했다.

"세상에 전해오는 말에 '자기 몸이 바르면 명하지 않아도 시행되며, 자기 몸이 바르지 못하면 명을 내려도 따르지 않는다'《논어論語》〈자로子路〉편)고 한다. 이는 이 장군을 두고 한 말일 것이다. 내가 이 장군을 본 적이 있는데, 성격이 소박하여 촌사람처럼 말도 잘 못했다. 그가 죽자 천하의 사람들은 그를 알건 모르건 모두 그를 위해 진심으로 슬퍼했다. 그의 충직한 마음씨가 정말 사대부들에 의해 받아들여졌던 것이다. 속담에 '복숭아나무와 자두나무는 말이 없지만, 그 아래로 절로 길이 생긴다(도리불언桃李不言, 하자성혜下自成蹊)'고 했는데, 이 속담은 보잘것없는 것을 말하고 있지만, 그 자체로 큰 것을 비유하는 말일 수도 있다."

평생 헛된 명예에 욕심 부리지 않고 한길을 걷는 고고한 인품을 가진 사람은 존경을 받을 수밖에 없다. 나라와 국민의 안정을 1차적으로 책임지고 있는 군인이라면 더욱 그럴 것이다. 그래서 그들에게 나라와 국민은 많은 특권과 혜택을 부여하여 참된 명예

| 15년 만에 다시 찾은 명장 이광의 무덤은 15년 전보다 더 많은 생각을 하게 만들었다. 우리의 현실이 그사이 더 많이 안 좋아졌기 때문이리라. |

를 지키도록 한 것이다(현역은 물론 퇴역 장성들에 대한 특권과 특혜가 적어도 수십 개나 된다고 한다).

그런데 우리 현실은 국민을 적으로 여기고 온갖 공작을 벌인 반역자나 마찬가지인 정치군인을 두고 참군인이니 참충신이니 하는 궤변이 난무하더니 급기야 촛불혁명의 와중에 계엄령을 통해 쿠데타를 획책한 사실이 밝혀져 충격을 주고 있다. 최근에 사망한 동족을 잔인하게 해친 친일 군인에 대해서도 말도 안 되는 찬사를 보내는 자들도 적지 않았다. 정말이지 우리는 이광과 같은 진정한 군인을 바라는 것이 그렇게 어려운 일인가 하는 자괴감을 뿌리칠 수 없다.

一針見血 : 장수가 목숨을 아끼지 않으면 나라가 평안해진다.
- 악비(岳飛, 중국 남송의 무장이자 학자, 1103~1142)

:: 국지존망(國之存亡), 인지사생(人之死生), 개유우병(皆由于兵).
나라의 존망과 백성의 생사가 모두 군(장수)에 달려 있다.
- 두목(杜牧, 중국 당나라 말기의 시인, 803~852), 《십일가손자주(十一家孫子注)》

리더의 진정(眞情)과 고독(孤獨)

리더의 길은 고독하다고들 한다. 진심을 몰라주는 대중과 하이에
나처럼 달려들어 자신을 물고 뜯는 정적들, 돈에 굴복하여 가짜뉴
스조차 불사하는 사이비 언론들, 나라와 백성들보다는 자리와 권
세에 눈이 어두운 질 떨어지는 측근들로 둘러싸인 리더의 신세는
그야말로 망망대해에 떠 있는 한 척의 돛단배를 방불케 한다.

　이런 고독감은 리더가 도덕적으로 깨끗하고 정직할 때 더 커진
다. 주위보다 리더의 식견이 뛰어날 때도 그렇다. 전국시대 조(趙)나
라의 군주 무령왕(武靈王, 기원전 340~기원전 295)은 나라 전반을 개혁
하지 않고는 경쟁에서 살아남을 수 없다고 판단하고는 '호복기사
(胡服騎射)'를 단행한다. '오랑캐 옷을 입고, 말을 달리며 활을 쏜다'
는 뜻의 '호복기사'는 그 뒤 전면 개혁의 대명사이자 개혁을 상징
하는 역사적 단어로 자리 잡았다.

　그러나 무령왕의 개혁은 수구 기득권 세력의 강력한 저항에

| 개혁 군주 무령왕의 모습 |

부딪친다. 개혁의 본질이 '이해관계의 재조정', 다시 말해 이익의 분배이니만치 가진 자들은 자기 것을 내놓지 않으려고 사활을 건 저항에 나서기 마련이다. 심지어 숙부조차 무령왕의 개혁에 노골적으로 반대하고 나섰다. 병을 핑계로 조정에 나타나지도 않으면서 사람을 보내 반대 의사를 분명하게 전했다.

무령왕은 수구 세력의 완강한 저항에 부딪치자 머뭇거렸다. 이에 조정 대신 비의(肥義)는 무령왕의 개혁 의지를 다음과 같은 말로 격려하고 나섰다.

"신이 듣기에 일을 하려고 할 때 머뭇거리면 성공하지 못하고, 행동할 때에 주저하면 명예를 얻지 못한다고 하였습니다. 왕께서 기왕 세상의 습속을 위배하였다는 비난을 감수하려고 결심하셨으니 세상 사람들의 왈가왈부는 생각하실 필요가 없습니다. 무릇

최고의 덕행을 추구하는 자는 세속적인 것에 부화뇌동하지 않으
며(논지덕자불화우속論至德者不和于俗), 큰 공적을 이루고자 하는 자는
범부(凡夫)와 모의하지 않는 법입니다(성대공자불모우중成大功者不謀于
衆)."

- 《사기》〈조세가(趙世家)〉

큰일을 앞두고 의지가 꺾이려는 순간 비의는 적절한 비유를 들
어 무령왕의 용기를 북돋우었고, 무령왕은 확고한 신념과 과감한
결단으로 '호복기사'를 밀어붙였다. 아울러 숙부에게 사람을 보내
간곡한 어투로 "숙부께서는 지금 일반적인 풍속을 말씀하고 계시
지만 저는 풍속을 조성하는 이치를 말하는 것"이라고 설득하여
솔선수범하여 '호복'을 입고 조정에 들어오게 했다.

리더의 길은 고독하다. 하지만 그 길이 옳은 길이라면 고독을
감내해야 한다. 그것이 리더의 운명이다. 그리고 역사상 옳은 길은
단 한 번도 편했던 적이 없다는 사실로부터 작으나마 위안을 받았
으면 한다.

一針見血 : 대야를 인 채 하늘을 보면 하늘이 보일 리 있나.

:: 이서위어자부진마지정(以書爲御者不盡馬之情), 이고제금자부달사지
변(以古制今者不達事之變).
책으로 말을 몰려는 자는 말의 성질을 다 모르며, 옛날로 지금을
통제하려는 자는 일의 변화에 통달할 수 없다.
- 《사기》〈조세가(趙世家)〉

개혁(改革)이 관건이다(1)
- 닥치고 개혁

싫든 좋든 원하든 원하지 않든 대체로 2018년을 시작으로 향후 우리 사회는 쌓이고 쌓인 적폐를 청산하는 큰 흐름이 형성되었다. 이와 동시에 같은 맥락에서 정치, 사회, 경제 모든 방면에서 본격적인 개혁이 지속될 전망이다.

정치에서는 자율적, 타율적 개혁이 진행 중이다. 살아남기 위한 불가피한 수순으로 보이지만 결과는 당분간 국민들 눈높이를 맞추기 힘들 것으로 보인다. 부패하고 낡은 기득권 세력의 의식과 역사관으로는 대세를 읽을 수 없고, 또 설사 읽는다 하더라도 그에 맞춰 자신들을 변혁시킬 역량과 의지가 없기 때문이다. 더욱이 역사는 개혁에 성공하기란 혁명에 성공하기보다 어렵다는 것을 여실히 보여주고 있지 않은가.

중국 역사상 가장 극렬한 변화를 보여준 춘추전국 550년을 한마디로 압축하자면 '개혁의 시대' 바로 그것이었다. 140여 개의 나라가 하나로 수렴되는 과정은 말 그대로 못 일어날 일 없고 안 일어난 일 없는 그런 시기였다. 그 550년을 관통하는 키워드가 곧 '개혁'이었다.

이 개혁의 대세 앞에서 개혁에 저항하고 개혁을 방해한 나라는 예외 없이 역사 무대에서 조기 퇴장했고, 어설프게 개혁한 나라는 운 좋게 반짝 한 시대를 풍미하기도 했지만 역시 앞서거니 뒤서거니 역사의 뒤안길로 사라졌다. 전면적이고 지속적 개혁을 완수한 나라만이 살아남아 안으로는 부국강병을 이루고 밖으로는 통일이라는 역사의 책무를 완수했다.

중국 개혁사의 총아는 누가 뭐래도 상앙(商鞅, 기원전 390~기원전 338)이다. 그는 서방의 후진국 진(秦)나라를 일약 초일류 강국으로 끌어올린 중국 역사상 최고의 개혁가였다. 그의 개혁이 성공하지 못했더라면 진시황의 천하통일도 없었을 것이라는 것이 중론일 정도로 그의 개혁은 개혁사의 모범으로 남아 있다.

| 중국 역사상 가장 철저하고 성공적인 개혁을 성공시킨 상앙 |

하지만 그의 개혁 역시 엄청난 저항에 부딪쳤다. 기득권층은 물론 백성들까지 엄격한 법치에 불편함을 호소하며 시위를 불사할 정도였다. 상앙은 전혀 동요

하지 않으면서 다음과 같은 개혁의 변을 토로했다.

"배우고 생각한 것을 의심하면 절대 성공할 수 없다. 행동에 회의를 품어도 절대 성공할 수 없다. 앞을 내다보는 사람은 세상 사람들에게 배척당하기 마련이다. 어리석은 사람과는 진취적이고 창조적인 일을 논의해서는 안 된다. 그런 자들에게는 그저 풍부한 수확(결과)을 보여주기만 하면 된다. 지혜로운 견해는 세속과 같지 않다. 크게 성공한 사람은 몇몇 사람과 일을 꾀하지 이 사람 저 사람에게 의견을 묻지 않는 법이다. 나라를 강성하게 만들려면 철저한 개혁뿐이다."

당시의 역사적 조건 등을 감안하고 상앙의 개혁의 변을 한마디로 요약하자면 '닥치고 개혁' 바로 이것이다. 지금 우리에게 놓인 절체절명의 과제이기도 하다.

─針見血 : 성공한 혁명은 여러 차례 있었지만, 성공한 개혁은 극히 드물었다.

:: 불혁기구(不革其舊), 안능종신(安能從新)?
낡은 것을 혁파하지 않고 어찌 새롭게 출발할 수 있겠는가?
─ 사량좌(謝良佐, 중국 송나라의 유학자 1050~1103), 《상채어록(上蔡語錄)》 권2

개혁이 관건이다(2)

- 개혁의 조건, 기득권을 놓아라

중국 역사에는 풀리지 않는 의문점들이 숱하게 많다. 이런 미스터리가 역사 읽기에 흥미를 더해주는 것도 사실이지만, 한편으로 이런 미스터리들이 대개는 역사의 진보와 발전을 가로 막았다는 점에서 안타까움이 더한다.

2008년 타계한 타이완을 대표하는 지성 백양(柏楊) 선생의 《중국인사강(中國人史綱)》(한국어판 제목 《백양 중국사》)에 따르면 중국은 역대로 총 83개의 크고 작은 왕조가 출몰했다. 그중 10여 차례의 주요 왕조 교체는 성공작이었다. 이에 비해 주목할 만한 10여 차례의 개혁들은 대부분 실패로 끝났다. 개혁이 왕조(정권) 교체나 혁명보다 더 어렵고 힘들다는 것을 여실히 보여주는 통계다.

개혁을 힘들게 하는 여러 요인들 중 가장 중요한 것을 들라면 기득권층의 저항과 방해를 들지 않을 수 없다. 사회경제적 각도에서 볼 때 개혁은 그 자체로 이익의 조정이자 기득권을 건드릴 수밖에 없기 때문이다. 요컨대 개혁에 성공하기 위해서는 일차적으로 기득권을 비롯한 이해관계를 어떻게 조정하느냐가 관건이다.

중국 역사상 가장 성공한 상앙의 개혁은 이 문제를 어떻게 풀었을까? 상앙의 개혁에는 '점진적'이니 '타협'이니 '사회적 수용 능력' 따위와 같은 개혁에 따른 부작용을 줄이는 개념들이 전혀 끼어 들 여지가 없는, 말 그대로 철혈(鐵血) 개혁이었다. 오늘날 상앙의 개혁 정치를 그대로 받아들이기 어려운 것도 이 때문이다. 하지만 개혁의 관건인 기득권과 이해관계의 조정이란 면에서는 눈여겨봐야 할 대목이 적지 않다.

우선, 모든 백성에게 정당한 직업을 갖도록 했다. 세습 귀족과 부유한 상인의 자제들을 포함한 놀고먹는 사람들이라도 적당한 직업에 종사하지 않으면 모두 노예로 삼아 변방의 황무지를 개간하는 곳으로 내쳤다.

둘째, 전투에서 공을 세운 사람은 반드시 승진시켜 주었다. 지위가 높은 귀족이나 돈이 많은 부자라도 전공이 없으면 정부의 관직을 맡을 수 없었다. 한마디로 특혜를 없앤 것이다.

아무리 귀하신 몸이라도 나라와 백성을 위해 공을 세우지 않으면 자리를 받거나 상을 받을 수 없고, 아무리 미천한 사람이라도 정당한 공을 세우면 그에 상응하는 상과 자리를 받았다. 이는 또 불로소득자를 제한하는 개혁 조치이기도 했다. 정당한 육체노

| 상앙의 경제개혁의 핵심인 도량형 통일
을 잘 보여주는 규격화된 됫박의 모습
이다. |

동이나 정신노동을 통해 경제적 부를 획득하는 것이 아니라 비생
산적이고 불법적인 투기로 부와 권력을 누리는 부조리를 허용치
않았다는 것이다. 상앙은 이런 현상들을 기득권으로 보고 이를 철
저히 개혁해 나갔다.

기득권이란 본디 존재하지 않는 것이다. 이미 얻고 얻어 놓은
것이라 해서 권리를 주장하고 그것을 권력 장악의 밑천으로 이용
하려는 발상 자체가 잘못이다. 우리의 정치, 경제, 군사 등 거의 모
든 방면에서 벌어지고 있는 갈등과 분쟁의 핵심이자 본질은 바로
이 기득권 수호, 수단과 방법을 가리지 않는 기득권 지키기에 지나
지 않는다. 당초 그것을 주었던 국민이 내려놓으라고 하면 바로 내
려놓아야 한다. 민심만이 기득권의 향방과 소멸을 결정할 수 있다.
여기에 저항하거나 방해하면 처절한 역사의 심판과 몰락이 기다
리고 있을 뿐이다.

一針見血 : 개혁의 본질은 이익의 재분배다.

:: **변통혁폐**(變通革弊), **여시의지**(與時宜之).
법을 바꾸고 폐단을 혁파하는 일은 시세에 맞아야 한다.
- 《요사(遼史)》〈예지(禮志)〉 편

개혁이 관건이다(3)
- 개혁의 조건, 진정성과 신뢰의 함수관계

역사상 수많은 개혁이 대부분 실패한 가장 큰 이유는 수구 기득권층의 저항과 방해가 가장 주된 요인이었지만, 개혁 주체의 진정성이 또 다른 문제가 되었다. 창대하게 시작된 개혁 의지가 시간이 흐를수록 미미해졌을 뿐만 아니라, 어설프게 타협하고 적당히 만족한 탓에 개혁이 퇴색되거나 심하면 흐지부지되고 말았다. 개혁 주체가 기득권층으로 변질되기도 했다.

제대로 된 개혁은 개혁 주체의 진정성이 전제되어야만 한다. 사심(私心)이 개입되어서는 안 된다는 말이다. 사심을 배제한 이 진정성이야말로 신뢰를 얻는 가장 큰 담보물이기 때문이다. 역대 개혁들이 대체로 개혁 주체의 진정성과 개혁 객체의 신뢰성이란 점에서 낭패를 보았다.

개혁가 상앙은 개혁에 있어서 가장 중요한 전제 조건이 개혁 주체의 진정성과 백성의 믿음이란 점을 정확하게 간파했다. 그래서 개혁을 위한 모든 법령을 마련한 다음 상앙은 법령 포고에 앞서 한 가지 상징적인 이벤트를 벌였다.

상앙은 3장(丈, 1장 약 3미터) 길이의 나무 기둥을 남문에 세워 놓고는 "이 기둥을 북문으로 옮기는 사람에게는 금 10냥을 상으로 준다."고 공고했다. 백성들은 비웃었다. 상앙은 상금을 50냥으로 올렸다. 누군가 재미삼아 기둥을 옮겼고 상앙은 그 자리에서 상금을 주었다. 백성들의 마음은 서서히 상앙의 개혁 정책과 법령 쪽으로 옮겨갔다. 이것이 저 유명한 '입목득신(立木得信)'이다(이를 '이목득신移木得信' 또는 '사목득신徙木得信'이라고도 하는데 나무 기둥을 옮기게 하고 믿음을 얻는다는 뜻이다. 사드THAAD 문제로 경색된 한중관계가 풀려가는 상황에서

| 상앙의 변법 개혁을 나타낸 사마천 광장(섬서성 한성시)의 조형물. |

주중대사가 취임하자 중국 외교부 당국자가 이 고사성어를 언급하여 두 나라 사이의 신뢰가 얼마나 중요한가를 강조한 바 있다).

상앙의 개혁이 백성들의 신뢰를 얻는 데는 엄격하면서 공정한 법 집행이 큰 역할을 했다. 태자가 법령을 어기자 상앙은 태자는 차마 처벌할 수 없고 대신 태자 스승 중의 한 사람을 처형하고, 다른 한 사람은 얼굴에 뜸을 뜨는 형벌을 가했다. 이 사건은 훗날 상앙이 실각하게 되는 복선으로 작용했지만, 법 집행에 대한 상앙의 진정성이 백성들에게 확실하게 전달되었다.

상앙은 개혁정책과 그에 따른 법 집행이 백성들로부터 믿음을 얻지 못하는 근본적인 원인을 정확하게 인식하고 있었다. 그는 개혁 주체가 진정성을 갖고 공정하게 일을 처리하면 백성들의 믿음은 절로 따라온다는 것을 확신했다. 이와 관련하여 그는 이렇게 일갈한다. 중복되지만 다시 한 번 인용해 둔다.

"법지불행자상범야(法之不行自上犯也)!"

("법이 시행되지 않는 것은 위에서부터 법을 어기기 때문이다!")

상앙의 '입목득신'은 얄팍한 술수처럼 보이기도 하지만, 그 이면에는 중요한 의미가 함축되어 있다. 개혁에 성공하기 위해서는 개혁에 대한 백성들의 사상적 준비, 즉 믿음을 갖고 개혁을 받아들일 준비가 전제되어야 한다는 것이다. 이런 점에서 진정성과 신뢰의 함수관계는 개혁의 성패에 결정적으로 작용하는 물리화학적

결합이다. 요컨대 개혁에 따른 진정성과 신뢰의 함수관계를 깊이
통찰해야 한다.

一針見血 : 개혁에 실패하면 역사에서 도태 당한다.

:: 법즉적구폐필총생(法卽積久弊必叢生), 고무백년불변지법(故無百年不
變之法).
법이 오래되면 이런저런 폐단이 생겨날 수밖에 없다. 따라서 백
년 동안 변하지 않는 법은 없다.
– 양계초(梁啓超, 청나라 말기의 사상가, 1873~1929)

개혁이 관건이다(4)
- 성공의 요건, 인재 정책

사마천은 한 나라의 흥망에는 어떤 조짐이 나타나는데, 나라가 흥할 때는 군자가 기용되고 소인은 물러나는 상서로운 조짐이 나타나고, 나라가 망할 때는 현인은 숨고 난신들이 귀하신 몸이 된다고 간파했다.

그러면서 사마천은 나라의 "안정과 위기는 어떤 정책을 내느냐에 달려 있고(안위재출령安危在出令), 존망은 어떤 사람을 기용하느냐에 달려 있다(존망재소용存亡在所用)."고 일갈했다. 나라의 존망이 인재 기용에 따라 좌우된다는 요지다.

개혁도 마찬가지이다. 아무리 좋은 개혁 정책을 갖고 있어도 그 정책을 사심 없이 일관되게 추진할 정직하고 굳센 인재가 없다면 그 정책은 그림의 떡이다. 그렇다면 개혁에 따른 인재 기용의 원칙은 어때야 할까? 이와 관련해서는 기원전 7세기 중반, 서방의 낙후된 진(秦)나라를 중원으로 진입시키고 일약 강국으로 변모시킨 목공(穆公, ? ~ 기원전 621)의 인재 정책이 눈길을 끈다.

　목공은 진나라가 궁벽한 곳에 위치한 탓에 중원의 선진문화와 제도 및 인재를 받아들이지 못하고 있는 현실을 타개하기 위해 과감한 인재 정책을 택한다. 말하자면 중원의 인재들을 발탁하여 선진 문물을 흡수하고, 이를 바탕으로 진나라의 국정을 전반적으로 개혁한 것이다. 이를 위해 목공은 대담한 인재 기용책을 실행했다. 이것이 소위 '사불문(四不問)' 정책이라는 것인데, 지금 보아도 대단히 획기적이었다.

　'사불문'이란 말 그대로 네 가지를 따지지 않겠다는 것인데, 그 네 가지란 민족(종족), 국적, 신분, 연령이었다. 즉, 이 네 가지를 따지지 않고 유능하면 누구든 기용하겠다는 것이었다.

　목공은 이 '사불문' 정책에 입각하여 우(虞)나라의 현자인 백리해(百里奚)를 전격 대부로 발탁했다. 더욱이 당시 백리해는 노예 신분이었으며 나이도 60을 훨씬 넘긴 노인이었다. 백리해는 그 보답으로 다양한 인재를 목공에게 추천했고, 목공은 이들의 힘을 빌려 춘추시대 패자로 급부상했다. 이로써 후진국 진나라는 일약 선진국 대열에

| 2,600년 전 '사불문'이란 획기적인 인재 정책으로 진나라를 크게 개혁한 진 목공 |

합류할 수 있었다.

목공의 파격적인 인재 정책의 효과는 진나라를 부국강병으로 이끄는 선에서 그치지 않았다. 목공의 '사불문'은 그 뒤 진나라 인재 정책의 근간이 되어 끊임없이 외부로부터 다양한 인재들을 수혈 받았고, 이것이 400년 뒤 천하통일이라는 엄청난 역사의 기초 역량으로 작용했다.

2,600여 년 전 진 목공의 인재 정책에 견주어 지금 우리의 인재 정책은 어떤 모습인가? 정치권에서는 저마다 외부 인재를 영입하겠다고 소란을 떨고 있다. 마치 내부에는 인재가 전혀 없는 듯 호들갑들이다. 인재는 내부에만 있는 것도, 외부에만 있는 것도 아니다. 내부적으로는 인재가 성장할 수 있는 기름진 토양을 가꾸어야 하고, 외부적으로는 사회적 통념이나 기득권을 초월하여 인재를 모실 수 있는 활짝 열린 마인드가 준비되어 있어야 한다.

기득권, 학연, 혈연, 지연, 교회연, 군대연 따위를 따지는 망국적 사고방식으로는 결코 개혁에 성공할 수 없다. 목공과 같은 개방적 인재 정책이야말로 모든 개혁의 성공을 가늠하는 가장 중요한 리트머스 시험지라는 사실을 단단히 유념해야 할 때다.

一針見血 : 개혁의 절대 전제조건은 '철두철미(徹頭徹尾)' 바로 이것뿐이다.

:: **변고유진**(變古愈盡), **편민유리**(便民愈利).
　개혁은 철저할수록 백성에게 이롭다.
　– 위원(魏源, 중국 청나라 후기의 학자, 1794~1857), 《고미당집((古微堂集)》〈치편(治篇)〉

개혁이 관건이다(5)
- 개혁의 조건, 설득과 타협

개혁의 주체가 빠지기 쉬운 가장 큰 함정이 '독선(獨善)'이다. 독선은 비타협에서 비롯되고, 비타협은 독선을 강화한다. 레닌으로부터 중국 역사상 최고의 개혁가라는 평을 들었던 송나라 때의 왕안석(王安石, 1021~1086)은 결과적으로 개혁에 처절하게 실패했다. 그의 실패에 관해서는 수많은 분석이 있어 왔는데, 개혁에 관한 한 그가 '동기(動機) 지상주의자'였다는 지적이 꽤 설득력 있어 보인다.

왕안석의 동기는 누구보다 순수했다. 그의 독선은 말하자면 '순수의 독선'이었다. 개혁의 본질이 '이익의 재분배'인 이상 갈등과 모순이 따를 수밖에 없다. 이 때문에 독선은 일쑤 독단(獨斷)과 독재(獨裁)로 흐른다. 모순, 충돌, 갈등을 조정하는 데 엄청난 정력이 소모되기 때문에 그것을 피하려 한다.

성공적인 개혁에는 갈등 조정을 위한 타협과 설득이 뒤따라야한다. 이런 점에서 전국시대 조(趙)나라의 무령왕(武靈王, 기원전 340~

기원전 295)이 개혁 과정에서 보여준 타협과 설득의 자세는 충분히 본받을 만하다.

무령왕이 즉위할 무렵 조나라가 직면한 큰 문제는 북방 민족이었다. 간편한 복장에 말을 타고 활을 쏘는 기동력을 갖춘 북방 민족은 공포의 대상이었다. 무령왕은 다른 무엇보다 복장 개혁이 급선무라는 점을 확신했다. 하지만 보수적인 왕족과 귀족들은 이에 결사 반대였다. "오랑캐 옷을 입는다는 것은 조상 대대로 전해 오는 전통적 예의에 어긋난다."는 사고방식이 고착되어 있었기 때문이다.

무령왕은 고민 끝에 자신의 숙부이자 개혁 반대론자를 대표하는 공자 성(成)을 설득하기로 했다. 무령왕은 "옷이란 입기에 편해야 하며, 예의란 무슨 일을 꾀하는데 편해야 하는 법"이라는 논리

| 복장과 습관의 개혁을 상징하는 호복기사(胡服騎射)는 의식의 개혁 없이는 불가능하다는 점을 잘 보여준다. 사진은 조나라 수도였던 오늘날 하북성 한단시(邯鄲市)의 상징물인 무령왕의 상이다. |

로 숙부로 하여금 오랑캐 옷을 입고 조회에 나오도록 했다. 하지만 조정 대신들은 뜻을 굽히지 않았다. 무령왕은 다시 다음과 같은 강력한 논리로 이들을 설득했다.

"평범한 사람은 세속과 어울리고, 현명한 사람은 변혁과 함께하는 것이다. 속담에 '책 속의 지식으로 말을 모는 자는 말의 속성을 다 이해할 수 없고, 낡은 법도로 현재를 다스리는 자는 사리의 변화에 통달할 수 없다'고 했다."

무령왕은 자신의 개혁 의지를 무조건 몰아붙이는 '순수의 독선'이란 함정에 빠지지 않고 반대론자들을 설득하고 그들과 타협해나가면서 개혁을 성공시켰다. 특히 자신의 인척인 공자 성(成)을 직접 찾아가 진정을 다해 설득하여 마침내 솔선수범 오랑캐 복장을 입게 하는 절묘한 수순을 밟았다.

설득과 타협은 일방적 양보나 자신의 논리를 포기하는 것이 아니라 성공적 개혁으로 가는 필수 과정임을 무령왕은 생생하게 보여주었다.

一針見血 : 상대에 대한 설득 없는 타협은 타협이 아니라 야합이다.

:: **폐지난거**(弊之難去), **기난재앙식우폐지인**(其難在仰食于弊之人).
폐단을 없애기 힘든 것은 그 폐단에 기생하여 살아가는 자들이 있기 때문이다.
- 위원(魏源, 중국 청나라 후기의 학자, 1794~1857), 《회북표염지략(淮北票鹽志略)》

득국오난(得國五難)

춘추시대 장강 이남에 자리 잡고 있었던 남방의 강국 초(楚)나라의 공왕(共王, 기원전 600~기원전 560)이 죽자 여러 왕자들 사이에 정쟁이 벌어졌다. 공왕에게는 총애하는 아들 다섯이 있었지만 적자를 세우지 않고 귀신들에게 제사를 올려 귀신이 결정하면 그에게 사직을 맡기려 하였다. 그래서 몰래 실내에다 벽옥을 묻어두고는 다섯 공자를 불러 목욕재계시킨 뒤 안으로 들여보냈다.

훗날 강왕(康王)이 되는 맏아들은 벽옥을 뛰어넘었고, 영왕(靈王)이 되는 둘째 위(圍)는 팔로 벽옥을 눌렀으며, 자비(子比)와 자석(子晳)은 벽옥에서 멀리 떨어졌다. 당시 가장 어렸던 평왕(平王) 기질(棄疾)은 다른 사람 품에 안긴 채 절을 했는데 벽옥의 한가운데를 눌렀다.

결과적으로 강왕은 장자로 즉위하였으나 그 아들에 이르러 자리를 빼앗겼고, 위는 영왕이 되었으나 시해당했고, 자비는 열흘 남

| 숙향은 위정자가 갖추어야 할
다섯 가지 조건을 근거로 자비
의 미래를 정확하게 예언했다.|

짓 왕 노릇을 했고, 자석은 왕위에 오르지도 못하고 모두 죽임을
당했다. 네 아들이 모두 후손이 끊어졌다. 유독 기질만이 훗날 자
리에 올라 평왕이 되어 초의 제사를 이어갔으니 마치 귀신의 뜻에
부합한 것 같았다.

　강왕을 이은 영왕의 정치는 포악했다. 이런 상황에서 공자 자
비가 망명지 진(晉)나라에서 돌아와 정쟁에 뛰어들 준비를 했다. 진
나라의 조정 대신 한선자(韓宣子)가 숙향(叔向)에게 "자비가 성공하
겠습니까?"라고 물었다.

　숙향은 "못할 겁니다."라고 대답했다. 한선자가 "저들이 같은
증오심을 가지고 서로를 필요로 하는 것이 마치 시장에서 물건을
사고파는 것 같은데 어째서 안 된다는 겁니까?"라고 물었다. 그러
자 숙향은 이렇게 대답했다.

　"함께 어울려 잘 지내는 사람도 없는데 누구와 함께 미워합니까?
나라를 얻는 데는 다섯 가지 어려움이 있습니다. 총애하는 자는 있는데 인재가 없는 것이 그 하나요, 인재는 있는데 지지 세력이 없는 것이 그 둘이요, 지지 세력은 있는데 책략이 없는 것이 그 셋이요, 책략은 있으나 백성이 없는 것이 그 넷이요, 백성은 있으나 덕이 없는 것이 그 다섯입니다. 자비는 진나라에 13년을 있었지만 그를 따르는 자들 중 학식이 넓고 깊은 사람이 있다는 소리를 듣지 못했으니 인재가 없다는 말입니다. 가족은 없고 친척은 배반했으니 지지 세력이 없다는 말입니다. 기회가 아닌데도 움직이려 하니 책략이 없다는 말입니다. 종신토록 (국외에) 매여 있었으니 백성이 없다는 말입니다. 망명하고 있는데 아무도 그를 생각하지 않으니 덕이 없다는 말입니다."

숙향의 정치적 통찰력을 잘 보여주는 위의 고사는 훗날 숙향의 '득국오난(得國五難)'이란 성어로 만들어져 널리 인구에 회자되었다. 숙향의 말대로 자비는 왕위에 오르긴 했으나 불과 열흘 남짓 권력에서 밀려났다. 나라를 얻는 데 따르는 다섯 가지 어려움을 거론한 숙향의 지적, 지금 우리 정치 지도자들과 지망생들을 평가하는 의미 있는 기준이 될 수 있겠다는 생각이다.

一針見血 : 나는 세상(백성)을 구하고 싶을 뿐이다.
- 정자산(鄭子産, ? ~ 기원전 522)

:: **천도원**(天道遠), **인도이**(人道邇).
하늘의 도는 멀고, 인간의 도는 가깝다.
- 《좌전(左傳)》(공자孔子의 《춘추春秋》를 해설한 주석서)

백성이 부유해야
나라도 부유해진다

이 주제는 춘추시대 제나라의 재상 관중의 기본 철학인
'부민부국(富民富國)'이란 네 글자를 풀이한 것이다.
우리 사회는 오랫동안 '부국강병(富國强兵)' 논리에 억눌려 왔다.
이 국가적 폭력 논리에 기생하여 대기업과 재벌들이
정치와 결탁했고 성장을 거듭했다.
그 결과 '부익부빈익빈(富益富貧益貧)'이 심화되었다.
우리 사회의 가장 큰 화두 중 하나로 떠오른 최저 임금,
기초 생활 등과 같은 어젠다를 역사 속 사례들과 비교해 보았다.
성장과 분배의 문제 등 예민한 주제들이 적지 않다.

보수주의자 공자(孔子),
분배와 공평의 문제를 말하다

2013년 11월 12일 중국 공산당 전체회의(전회)에서 시진핑 당 총서기는 '당의 제18기 3중 전회 정신으로 사상을 확실하게 통일하자'는 제목으로 강연하면서 "전회의 정신을 관철하기 위한 몇 가지 요구와 제시한 여섯 항목 중 다섯 번째 '사회의 공평과 정의를 촉진하고 인민 복지의 증진'을 출발점이자 종착점으로 삼아야 한다. 경제 발전을 이루고 나서 공평성의 문제를 해결하겠다는 것이 아니라, 파이를 계속 확대함과 동시에 그것을 분배하는 일도 잘 해야 한다."는 점을 강조하면서 《논어(論語)》 〈계씨(季氏)〉 편에 나오는 공자의 다음과 같은 명구를 인용했다.

"불환과이환불균(不患寡而患不均), 불환빈이환불안(不患貧而患不安)."
("재부가 적다고 걱정하기보다는 분배가 고르지 못한 것을 걱정하고, 가난을 걱정하기보다는 불안을 걱정한다.")

| 공자의 초상화. 공자뿐만 아니라 의식 있는 사상가들은 공평과 분배의 문제가 통치의 관건임을 정확하게 인식하고 있었다. |

분배의 불공정과 불공평이 불안을 가져오는 주된 요인임을 지적한 명구이다. 분배의 균형이 나라의 안정을 유지하는 데 가장 중요한 요소임을 보수주의자를 대변하는 공자도 정확하게 인식하고 있었던 것인데, 나라의 정책뿐만 아니라 기업경영이나 관리학 등 모든 분야에서 심각하게 받아들여야 할 대목이다. 공자의 앞뒤 말을 좀 더 들어보자.

"나는 이렇게 들었다. 나라와 집을 가진 사람은 재부가 적다고 걱정하기보다는 분배가 고르지 못한 것을 걱정하고, 가난을 걱정하기보다는 (나라와 집안의) 불안을 걱정한다. 고르게 돌아가면 가난함이 없고, 화합하면 모자람이 없고, (나라와 집안이) 편안하면 기울지 않는다."

이 대목은 역사적으로 중국 사회에 적지 않은 영향을 미쳤다. 역대 위정자들이 중시했을 뿐만 아니라 백성들도 이것으로 공평과 분배 정책의 합리성을 점검해 왔다. 물론 여기서 말하는 균등 분배가 절대 균등은 결코 아니다. 훗날 주자(朱子)는 이에 대해 각기 그 분수만큼 갖는 것이라고 해석했다.

지금 우리 사회도 분배로 대변되는 정의와 공평이란 심각한 명제와 문제에 직면해 있다. 철저히 기득권에 유리하게 왜곡된 사회구조, 기울어진 운동장과 같은 경쟁 구도, 이를 노골적으로 부추기고 돕는 정치가와 수구 언론들, 금수저와 흙수저 논란, 전포(전부 포기한) 세대 문제, 생업이 파괴된 경제구조 등등이 이 문제를 더욱 절박하게 만들고 있다. 정의와 공평이란 어젠다를 전면 부각시켜야 할 때가 이미 지났지만 반드시 들고 나서야 한다. 국민들이 생활의 기본조차 꾸리지 못하면 나라가 흔들리기 때문이다.

一針見血 : 부가 밑으로까지 고루 나눠지면 민심이 하나로 돌아온다.

:: **재취즉민산**(財聚則民散), **재산즉민취**(財散則民聚).
재부가 위로 몰리면 인민은 흩어지고, 재부가 아래로 흩어지면 인민이 모여든다.
- 《예기(禮記)》〈대학(大學)〉

관중(管仲), 부민부국(富民富國)을 말하다

"창고가 가득 차야 예절을 알고, 입고 먹는 것이 넉넉해야 영예와 치욕을 알게 된다."(창름실이지예절倉廩實而知禮節, 의식족이지영욕衣食足 而知榮辱.)

2,700년 가까이 수많은 사람들이 언급하고 인용해온 이 천고의 명언은 다름 아닌 '관포지교(管鮑之交)'의 주인공 관중(管仲)의 말이자 글이다(사마천은 저주받은 명편《사기》〈화식열전〉에서 이 대목을 다시 인용하여 그 의미를 더욱 강하게 부각시켰다).

'곳간에서 인심 난다'는 우리 속담도 같은 뜻이다. 그런데 이 말의 이면에는 '가난한 백성은 국가가 통치할 수 없다'는 깊은 속뜻이 함축되어 있다. 왜냐하면 백성을 가난하게, 못살게 해 놓고 나라에 봉사하고 충성하길 바랄 수 없기 때문이다.

관중은 나라가 백성들의 의식주와 문화 수준을 어느 정도까지 끌어 올려야 나라의 정책이 순조롭게 시행될 수 있다고 보았다. 그리고 그렇게 되면 나라를 떠받치는 네 기둥, 즉 '사유(四維)'가 세워진다고 했다. 바로 예(禮), 의(義), 염(廉), 치(恥)다.

'예'란 무엇인가? 도를 넘지 않는 자세와 태도를 가리킨다. '의'란 스스로 잘난 척하지 않는 것이다. 이치에 맞게 행동한다는 뜻이다. '염'이란 자신의 잘못된 점을 숨기지 않는 깨끗함이고, '치'는 남의 잘못된 언행을 따르지 않는, 즉 부끄러워할 줄 아는 것이다. 요컨대 관중은 이 '사유'의 기본 전제를 기본적인 물질생활로 본 것이다.

이 '사유'가 바로 서면 통치자의 위치가 안정되고, 백성들은 서로를 교묘히 속이려 하지 않으며, 행동은 반듯해지고, 부정한 일이 생기지 않는다. 그러기 위해서는 백성들의 생활을 책임지는 정치와 정책이 필요하고, 정치와 정책이 순조롭게 시행되려면 민심을 따라야 한다. 관중은 이를 '사순(四順)'이라 했는데 그 내용은 이렇다.

"백성은 근심과 고생을 싫어하니, 통치자는 그들을 즐겁게 해줘야 한다."

"백성은 가난과 천함을 싫어하니, 통치자는 그들을 부유하고 귀하게 해줘야 한다."

"백성은 위험에 빠지는 것을 싫어하니, 통치자는 그들을 안전하게 만들어줘야 한다."

"백성은 자신이 죽고 후손이 끊기는 것을 싫어하니, 통치자는 그들이 수명을 누리고 대를 이을 수 있도록 해줘야 한다."

관중은 '민심에 따르는' '순민심(順民心)'을 백성을 이롭게 하고 부유하게 하는 '이민(利民)'과 '부민(富民)'의 전제 조건으로 본 것이다. 관중에게 경제와 정치는 결코 둘이 아니라 백성들의 보다 나은 삶의 질을 위해 상호 보완 역할을 해야 하는 자동차 앞뒤 바퀴의 역할과 같은 관계였다. 정치와 경제가 앞뒤 바퀴가 되어 민심에 따르는 정책으로 시동을 걸면 백성이 가속 페달을 밟아 자동차를 움직이는 것이다. 자동차가 움직이는 속도는 백성들의 부와 비례하는데, 일정한 속도를 유지하면 '부민'이 성취되고, '부민'은 궁극적으로 '부국'으로 귀착된다.

| 중국 역사상 최고의 경제 전문가로 평가받는 관중의 사상은 제자백가서의 선구 《관자(管子)》에 잘 반영되어 있다. 사진은 관중 당시 제나라의 도성 임치의 모습을 복원한 것이다. 약 2,700년 전 당시 임치의 호구가 7만 호(약 30만 명 이상)에 이르렀다고 한다. |

우리는 오랫동안 국가를 앞세운 '부국강병'이란 일방적 이데올로기에 눌려 살아왔다. 하지만 이는 독재적 발상에서 나온 대단히 허황된 구호이자 허위의식임이 이미 입증되었다. 같은 맥락에서 경제에서는 대기업, 재벌이 잘 되어야 그 이익이 아래로 내려갈 수 있다는 '낙수효과(落水效果)' 논리 역시 재벌과 대기업만 배를 불리는 결과를 낳았다.

역사가 입증하고, 지금 현실이 보여주듯 백성이 부유하지 않으면 아무것도 되지 않는다. 관중보다 150여 년 뒤의 보수주의자 공자가 공평하고 공정한 분배를 언급한 것도 같은 맥락이다. 무려 2,700년 전 관중이 지금 우리 시대의 화두인 기초 생활과 기본소득을 정확하게 인식했다는 사실이 놀라울 따름이다.

一針見血 : 백성이 없으면 아무것도 못한다.

:: 지비민부동(地非民不動), 민비력무이치재(民非力無以致財). 천하지소생(天下之所生), 생우용력(生于用力).
땅은 백성이 아니면 개간할 수 없고, 백성이 힘을 쓰지 않으면 재부를 모을 수 없다. 천하의 생산물은 백성이 힘을 써야 나온다.
– 《관자(管子)》〈팔관(八觀)〉편

재부(財富)는 아래로 흩어져야 한다

송나라 때 사람 채양(蔡襄)은 재물(財物)과 부(富)를 사용하는 문제에 대한 글에서 "신이 듣기에 백성은 나라의 근본이고, 근본이 단단해야 나라가 안녕하다고 합니다. 또 '재부가 위로 몰리면 백성은 흩어지고, 재부가 아래로 흩어지면 백성이 모여든다'고 들었습니다. 백성은 보살피지 않으면 안 되고, 재부는 통하게 하지 않으면 안 된다는 것을 알 수 있습니다."라고 지적했다.

그런가 하면 원나라 때 사람 소천작(蘇天爵)도 이와 같은 취지에서 "백성은 나라의 근본이며, 재부는 백성에게서 나옵니다. 이를 함부로 쓰면 취하는 것이 절도가 없어 백성은 그 어려움을 견디지 못합니다. 옛사람들은 '재부가 위로 몰리면 백성은 흩어지고, 재부가 아래로 흩어지면 백성이 모여든다'고 했습니다. 폐하께서는 유념히 십시오."리고 했다.

이 두 사람이 인용한 대목의 원전은《예기(禮記)》〈대학(大學)〉편인데 그 대목은 다음과 같다.

"재부가 위로 몰리면 백성은 흩어지고, 재부가 아래로 흩어지면 백성이 모여든다."

(재취즉민산財聚則民散, 재산즉민취財散則民聚)

《구당서(舊唐書)》〈〈배연령전裵延齡傳)〉에는 앞뒤 구절이 바뀌어 인용되고 있지만 뜻은 같다. 간혹 '인취즉재산(人聚則財散), 재취즉인산(財聚則人散)'으로 쓰기도 한다. 역시 뜻은 매 한가지다. 《예기》의 앞뒤 관련 구절을 보면 다음과 같다.

"덕은 근본이요, 재물은 끝이다. 근본을 밖으로 내치고 끝을 안으로 끌어들이면 백성들이 서로 빼앗으려고 다툰다. 그러므로 재부가 위로 몰리면 백성은 흩어지고, 재부가 아래로 흩어지면 백성이

| 부가 아래로 흩어지면 민심이 모인다는 점을 제대로 지적한 《예기(禮記)》 |

모여든다. 이렇기 때문에 말이 어그러져 나가면 어그러져 들어오고, 재물이 어그러져 들어오면 어그러져 나가게 된다."

부가 소수의 가진 자들에게 집중되면 백성들의 마음이 흩어질 수밖에 없고, 반면 부가 아래로 널리 고루 돌아가면 백성들의 마음이 모여 민심이 돌아온다는 지적이다. 오늘날 전 세계적으로 불과 수만 명이 전체 부의 대부분을 차지하고 있는 부의 극심한 불균형이란 현실과 그로 인해 터져 나오는 온갖 갈등과 모순을 보느라면 부가 아래로 흩어져야 민심이 돌아온다는 지적이 얼마나 정곡을 찌른 것인지 절감하게 된다.

우리 현실도 똑같다. 대기업은 사내 보유금을 수백 조씩 쌓아 놓고도 이를 풀기는커녕 여전히 철 지난 '낙수효과(落水效果)'를 들먹이고, 온갖 악법에 기대어 힘없고 가난한 노동자를 입맛대로 해고하고 쥐어짠다. 최저임금 인상에 대해서도 극악무도하게 저항하고 정부를 헐뜯는다.

재부는 가능한 많은 사람에게로 돌아가야 백성들이 적극적으로 경제활동에 나설 수 있다. 그래야 소비가 늘고 경제가 활성화되고 고용 창출도 뒤따른다. 보수주의자 공자도 이를 인식했기에 고른 분배를 이야기했고, 2,700년 전의 경제 전문가 관중은 보다 적극적으로 '부민부국'을 주장했던 것이다. 이런 점에서 보자면 《예기》의 구절은 참으로 명인 중의 명인이 아닐 수 없나. 사람의 석극성보다 더 크고 중요한 재산은 없기 때문이다.

※ 참고로 낙수효과(Trickle-down Economics)란 대기업, 재벌, 고소득층 등의 성과가 늘어나면 연관된 산업을 통해 뒤처졌거나 뒤떨어진 부분에까지 그 성과가 흘러들어가는 효과를 말한다. 마치 컵을 피라미드처럼 쌓아 놓고 맨 위의 컵에 물을 부으면 그 컵에 물이 다 찬 다음 아래 컵으로 흘러내린다는 이론이다.

이 이론은 부의 증대에 초점을 맞춘 것으로 분배보다는 성장을, 형평성보다는 효율성을 우선시하지만 사회과학적 근거는 찾지 못하고 있다. 우리는 특히 이 이론을 맹신하여 오랫동안 재벌이나 대기업 위주의 경제정책을 밀어붙인 결과 부의 불균형과 부의 과도한 집중을 초래했다.

一針見血 : 백성을 원망하게 만들지 말라.

:: 민원즉국위(民怨則國危).
백성이 원망하면 나라가 위태로워진다.
– 《한비자(韓非子)》 〈난일(難一)〉 편

일류 기업은 문화를 중시한다
- 고이호유(賈而好儒)

안휘성 휘주(徽州)를 본적으로 두고 중국 전역에서 활동하면서 이른바 '천하의 휘상(徽商)'이란 명성을 듣고 있는 역대 중국 3대 상방(商幫)의 하나인 휘주 상인들은 '장사를 하되 늘 유학의 가르침을 즐겨했다.' 이것이 이른바 '고이호유'라는 휘상 특유의 상업 경영의 큰 원칙이었다.

《태함집(太函集)》(권52)에 보면 '고위후리(賈爲厚利), 유위명고(儒爲名高)'라는 대목이 보인다. '장사를 하면 이익을 크게 남기고, 유학의 가르침을 따르면 명성이 높아진다'는 뜻인데 휘상은 이런 상도(商道)를 가지고 장사에 임했다.

휘상들은 또 '유고(儒賈)'와 '고유(賈儒)'를 구분하기도 했다. 전자는 상업 활동을 명분으로 내걸고 유교의 가르침을 행하는 상인을, 후자는 유교의 덕목을 지킨다는 명분을 내걸고 상업 활동을 하는 상인을 가리키는데, 어느 쪽이나 문화적 소양이 높은 상인에 대한 표현이라 할 수 있다.

　이를 달리 표현하자면 '선유후고(先儒後賈), 선고후유(先賈後儒)'라 할 수 있다. 즉 고(賈)와 유(儒), 문(文)과 상(商)의 결합이자 융합이다.

　휘상의 트레이드마크라 할 수 있는 '고'와 '유'의 결합은 휘상을 상인들이 가장 갈망하는 유상(儒商)으로 만드는 내재적 근거가 되었다. 많은 휘상들이 상인이 되기 전에는 유생 신분이었다. 그러나 과거 시험에서의 실패 등을 겪으면서 '기유종상(棄儒從商)', 즉 '유가를 버리고 상업에 종사'하는 길을 걷게 되었다. 이것이 '선유후고'이다.

　청나라 때 휘상의 대표적 인물로 '양주(揚州) 8대 상인'의 으뜸이었던 강춘(江春, 1720~1789)이란 인물은 장사를 먼저 시작했으나 나이가 들어 유학으로 돌아가 독서를 즐기고 시를 지었는데, 이 경

| 산서성을 중심으로 한 진상(晉商), 광동성을 중심으로 한 월상(粤商)과 더불어 중국 역사상 3대 상방의 하나로 꼽히는 휘상은 흔히 황산(黃山)의 정기를 받은 상인들이라 한다. |

우는 '선고후유'에 해당한다. 강춘은 강남의 대도시인 양주에 '추성관(秋聲館)'을 지어 유생을 포함한 천하의 명사들과 교류했으며, 특히 평민 신분으로 건륭(乾隆) 황제와 교류한 '포의교천자(布衣交天子)'의 일화를 남기기도 했다.

'고이호유'는 유교의 인(仁), 의(義)와 같은 좋은 정신을 상업 활동의 원칙으로 삼는다. 이는 휘상의 이미지와 차원을 다른 상인들과는 크게 다르게 만들었다. 휘상들은 상업적 이익과 함께 의리를 중시하면서 각종 자선사업과 사회적 봉사에 큰 기여를 했다.

오늘날 전 세계 약 5천만 명에 이르는 화교 상인, 즉 화상(華商)들은 역사적으로 휘상 등이 보여준 인문 정신을 기업경영에 적극적으로 적용하고 있으며, 중국 대륙의 신흥 기업들 역시 수천 년 동안 축적된 깊은 인문학 자산을 경영 철학 수립에 적극 활용하기 시작했다.

3류 기업은 사람에 의존하고, 2류 기업은 시스템에 기대며, 1류 기업은 문화를 만든다고 한다. 인재와 시스템도 좋은 문화에서 나온다. 지금 우리에게도 상업과 인문 정신과 그 가치를 결합한 새로운 상인 정신의 재건이 절실하다 하겠다.

一針見血 : 인문 정신으로 무장한 기업이 되라.

:: **사혼상재**(士魂商才)
  선비의 혼과 상인의 재능

강태공이 말하는 치부와 통치의 큰 원칙

《송사(宋史)》〈식화지(食貨志)〉(상)에 보면 다음과 같은 구절이 눈길을 끈다.(〈식화지〉는 중국 역대 정사正史에 거의 빠지지 않고 포함되어 있는 경제 관련 문장이며, 사마천의 《사기》〈화식열전貨殖列傳〉이 그 원조 격이다.)

"거상지이재(巨商之理財), 불구근효이귀원리(不求近效而貴遠利)."

("거상이 재부를 다스리는 방법은 눈앞에 보이는 효과를 추구하지 않고 장기적 이익을 중시하는 것이다.")

《송사》〈식화지〉는 이 구절을 나라를 다스리는 이치에 대한 비유로 활용하고 있다. 즉, 나라를 다스릴 때도 근시안적 안목으로 나와는 다른 무리를 내치거나 가볍게 정책을 바꾸어서는 안 된다는 지적이다. 역사적으로 볼 때 10세기 이후 중국 상업의 발달과 거상들의 치부법 및 경영 철학이 사회경제는 물론 정치에까지 적

중국 역사상 최초의 통치 방략서이자 병법서로 인
정받고 있는 《육도》를 통해 자신의 실천적 경험을
종합한 강태공|

지 않은 영향을 미쳤음을 위 구절들을 통해 어렴풋이나마 확인할
수 있다.

　강태공(姜太公)이나 관중(管仲) 같은 경륜가들은 백성의 민심을
얻기 위해서는 먼저 백성들을 부유하게 만드는 장기적인 정책이
필요하다고 지적했다. 앞서 소개한 관중이 제기한 '부민부국'은 이
를 대변하는 표어와 같다.

　강태공과 관중 두 사람 모두 젊은 날 상업에 종사한 경험이 있
는지라 백성의 삶의 질이 나라 정책의 성패를 좌우한다는 점을 정
확하게 인식하고 있었다. 이와 관련하여 강태공은 《육도(六韜)》라는
중국 최초의 통치 방략서이자 병법서에서 다음과 같은 참으로 의
미심장한 말들을 남겼다.

　"천하비일인지천하(天下非一人之天下), 내천하지천하야(乃天下之天下

也)."

("천하는 한 사람의 천하가 아니라 천하의 천하입니다.")

"동천하지이자(同天下之利者), 즉득천하(則得天下), 천천하지이자(擅天下之利者), 즉실천하(則失天下)."

("천하와 이익을 함께 하는 자가 천하를 얻고, 천하의 이익을 혼자 차지하려는 자는 천하를 잃습니다.")

그런 면에서 강태공은 "따라서 사람들을 이끄는 군주라면 반드시 먼저 (백성들을) 부유하게 만드는 일에 앞장서야 한다."라고 결론지었다.

모름지기 기업 경영이나 국가 통치에 있어서 눈앞의 이익, 부당한 이익, 한순간의 정치적 목적, 당파의 이익, 권력자의 사리사욕 때문에 수시로 정책을 바꾸거나 폐기해서는 안 된다. 중장기적 안목과 활기찬 여론수렴과 협의 등을 통해 원대한 목표와 실천 가능한 정책을 마련해야 한다. 물론 여기서 가장 중요한 원칙은 백성(직원)과 나라(고객)를 위한다는 것이다.

'큰 부자는 하늘이 낳는다'는 속설은 매우 전근대적이고 미신에 가까운 질 낮은 격언이다. 큰 부자는 위에 소개한 구절들처럼 원대한 식견과 철학 없이는 탄생할 수 없고, 또 나와서도 안 된다. 만약 부당하고 부정한 방법과 추잡한 정경유착을 통해 그런 부자가 나온다면 그 사회와 나라의 미래는 어두울 수밖에 있다. 정경

유착이라는 적폐의 추악한 모습들이 수시로 드러나는 현실에서
새삼 정치와 경영의 큰 원칙이 결코 다르지 않다는 사실을 확인하
게 된다.

一針見血 : 나라와 백성을 위해 힘써야 할 것.

:: 애민이이(愛民而已).
백성을 사랑하는 것뿐입니다.
- 《육도(六韜)》〈문도(文韜)〉 편

'식화(食貨)'가 우선이다

고대 중국에서는 '먹고 쓰는' 뜻을 가진 단어를 '식화(食貨)'라 했다. 이와 비슷한 단어로는 '화식(貨殖)'이 있는데, 먹고 쓰는 데 필요한 '재물을 늘린다'는 뜻과 재물을 늘린 부자를 가리키는 단어가 되었다.

그래서 사마천은 《사기》에서 경제 문제와 함께 먹고 쓰는 데 필요한 물자로 치부한 부자들의 기록인 〈화식열전〉과 경제정책과 관련한 전문 기록인 〈평준서(平準書)〉을 마련했다. 이후 역사서들은 이를 본받아 '식화'나 '화식'이란 단어를 사용하여 국가재정과 인구 등 경제문제를 전문적으로 다루었다(흥미롭게도 사마천이 〈화식열전〉에서 소개한 부자들에 대한 기록은 《사기》를 끝으로 더는 나타나지 않았다. 경제적 부와 인간의 삶이 갖는 관계에 대한 깊은 통찰력이 사마천을 기점으로 후퇴했다고 볼 수 있다).

요컨대 '식화'는 인간의 삶에 있어서 가장 중요한 문제이자, '백성을 살리는' 관건이었다. 또 '백성을 살린다'는 '생민(生民)'은 중국에서 가장 오래된 민간 시가집인 《시경(詩經)》의 편명이 되기도 했고, 그 뒤 살아 있는 신성한 존재로서의 백성을 가리키는 단어로 자리 잡았다.

백성들의 삶과 관련하여 '생민'은 큰 목표에 해당하고, '식화'는 그 목표를 실질적으로 달성하기 위한 수단으로서 양식과 일상에 필요한 물품 및 돈 등을 가리킨다. 그리고 양식과 생활에 필요한 비용이 풍족해야 인간이 인간다운 삶을 누릴 수 있고, 이 두 가지가 널리 두루 유통되어야만 더 나아가 나라가 튼튼해지며, 또 이런 바탕이 있어야만 교육도 효과적으로 이루어진다고 보았다.

그래서 《사기》 다음의 두 번째 정사 《한서(漢書)》(〈서전敍傳〉 하)를 편찬한 반고(班固)는 한 걸음 더 나아가 이렇게 말한다.

"궐초생민(厥初生民), 식화유선(食貨惟先)."
("인류 최초의 생존은 먹고 쓰는 것이 우선이었다.")

이러한 인식이 《동관한기(東觀漢記)》〈마원전(馬援傳)〉에서는 원초적 생존 수단으로서의 '식화'를 한 걸음 더 나아가 "백성을 부유하게 하는 기본은 '식화', 즉 '먹고 쓰는' 것에 있다(부민지본재어식화富民之本在於食貨)."라는 말로 심화되었다.

오늘날 자본주의는 한없이 벌어지는 빈부의 차, 즉 불공평과 분배 문제 때문에 최악의 상황에 직면하고 있다. 탐욕에 기반한 신

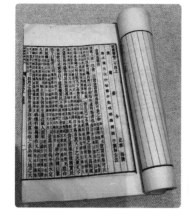

| 《사기》〈화식열전〉을 이어 《한서》는 〈식화지〉
를 마련했다. |

자유주의의 한도 끝도 없는 탐욕이 모든 것을 삼키고 있다. 곧 그
끝장을 보겠지만 그사이 세계는 큰 고통을 겪을 것이다.

14억 인구의 중국이 최근 들어 빈부와 관련하여 가난이 문제
가 아니라 고르게 분배되지 않는 것이 문제라는 점을 분명히 인식
하고 나선 것도 이 때문이고, 이러한 사정은 전 세계적인 현상이
되고 있다. 기초 생활조차 힘든 가정이 증가하고 있는 우리 현실을
심각하게 되돌아보아야 한다. 백성이 생존을 걱정하면 나라의 기
반이 무너지기 때문이다.

一針見血 : 밥이 정치고, 정치가 밥이다.

:: **민이식위천**(民以食爲天).
백성은 먹는 것을 하늘로 여긴다.
- 《사기》〈역생육고열전(酈生陸賈列傳)〉

국무상강무상약(國無常强無常弱)

전국시대 법가 사상을 집대성하여 진나라의 천하통일에 이론적 근거를 제시했던 비운의 사상가 한비자(韓非子)는 필생의 역작 《한비자(韓非子)》〈유도(有度)〉 편에서 다음과 같은 유명한 말을 남겼다.

"국무상강무상약(國無常强無常弱). 봉법자강즉국강(奉法者强則國强), 봉법자약즉국약(奉法者弱則國弱)."

이 대목을 우리말로 옮기면 이렇다.

"늘 강한 나라 없고, 늘 약한 나라 없다. 법을 받드는 자가 강하면 나라는 강해지고, 법을 받드는 자가 약하면 나라를 약해진다."

첫 대목은 몇 해 전 상업 광고에도 인용되었다. 만들어 놓은 법을 누가 확고하게 지켜내느냐에 따라 나라의 강약이 결정된다는 지적이다. 아무리 좋은 법 조항을 마련했어도 위정자를 비롯하여 백성들이 이를 굳게 지키지 않으면 아무리 큰 나라라도 언제 약체로 전락할지 모른다.

법을 만드는 것도 중요하지만 그 법을 지키고자 하는 지도층의 의지와 법을 존중하는 사회적 기풍이 국력을 결정할 수밖에 없다. 법이 치국의 근본이라는 이치를 제대로 알아야만 매사에 모든 일을 정당하게 처리할 수 있다. 나라든 조직이든 이 이치는 매 한가지다.

법은 또한 누구에게나 공평(公平)하고 공정(公正)하고 공개(公開)해야 한다(이를 법의 '삼공三公'이라 부를 수 있다). 그러나 우리 현실은 '만인(모든 사람) 앞에 평등하다'는 법이 '(상위) 만 명한테만 평등하다'는 비아냥이 판을 치고 있다.

법치가 살아 있음을, 그래서 누가 되었건 법을 피해갈 수 없다

| 한비자가 집대성한 법가 사상으로 천하를 통일한 진나라와 진시황의 위용을 보여주는 병마용 갱 1호갱의 모습 |

는 확고한 법의식을 확립하는 것이 급선무다. 그러기 위해서는 법을 만드는 자들, 법을 집행하는 자들의 의식부터 확 바꾸어야 할 시점이다. 지난 10년, 아니 오랫동안 법이 수구 기득권을 지키는 비열한 수단으로 변질되었기 때문이다.

법가 사상을 집대성한 한비자는 한 나라의 강약은 언제든지 바뀔 수 있지만, 가장 중요한 원칙은 법을 제대로 받드느냐 여부로 결정된다는 인식을 보여주었고, 이는 오늘날에도 여전히 유효한 인식이다. 특히 상앙은 한 나라의 법이 제대로 시행되지 않는 가장 중요한 원인으로 법을 만들고 집행하는 귀하신 윗분들이 법을 지키지 않기 때문이라고 지적했다.

"법이 시행되지 않는 것은 위에서부터 법을 어기기 때문이다(법지 불행자상범야法之不行自上犯也)."

적폐청산의 관건이 되는 검찰과 사법부의 개혁을 촛불 시민들이 눈을 부릅뜨고 지켜보고 있는 시점이다.

一針見血 : 법은 인간을 지배하고 이성은 법을 지배한다.
- T. 풀러(T. Fuller, 영국의 성직자)

:: 유난군(有亂君), 무난국(無亂國). 유치인(有治人), 무치법(無治法).
(나라를) 어지럽히는 군주는 있어도 (원래부터) 어지러운 나라는 없다. (잘) 디스리는 사람이 있을 뿐이지 (잘) 다스리는 법은 없다.
- 《순자(荀子)》〈군도(君道)〉 편

삼치천금(三致千金), 삼취삼산(三聚三散)

홍콩의 유력 일간지 명보(明報)의 사주이자 홍콩 100대 부자에 드는 무협 소설가 김용(金庸, 1924~2018)은 언젠가 역사 인물들 중 누구를 가장 좋아하냐는 네티즌들의 질문에 범려(范蠡)와 장량(張良)을 꼽은 적이 있다.

범려가 누구인가? 춘추시대 월나라 왕 구천(句踐)을 보좌하여 숙적 오나라를 멸망시키는 데 가장 큰 공을 세운 인물이다. 그는 정치가이자 군사 전문가로서 춘추시대 막바지를 화려하게 수놓았다. 그런데 정작 김용은 정치가나 군사가로서 범려를 존경한 것이 아니었다.

범려는 오나라를 멸망시킨 다음 천하를 함께 나누자는 구천의 제안도 뿌리친 채 월나라를 떠났다(그가 떠나면서 남긴 유명한 고사성어가 바로 저 유명한 '토끼를 잡으면 사냥개는 삶긴다'는 '토사구팽兎死狗烹'이었다). 그러고는 놀랍게도 제나라 지역에서 기업형 농업에 종사하여 천

| 기업의 노블레스 오블리주 실천에는 수준 높은 인문학적 소양이 요구된다. 범려의 초상화이다. |

금을 벌었다.

그리고 다시 제나라를 떠나 도(陶)라는 지역에 정착하여 교역과 유통업으로 다시 천금을 모았다. 범려는 이렇게 세 차례에 걸쳐 모두 거금을 모았다. 그런데 그는 세 차례에 걸쳐 모은 재산을 이웃과 친인척들에게 나누어주었다. 여기서 '삼치천금(三致千金)'과 '삼취삼산(三聚三散)'이란 고사성어가 나왔다. 범려가 '세 번이나 천금을 모았고' '세 번 모은 재산을 세 번 나누었다'는 뜻이다.

이렇게 해서 '삼취삼산'은 부자가 사회적 책임감을 가지고 자신의 재산을 유용하게 베푸는 노블레스 오블리주(Noblesse Oblige)의 선행을 비유하는 성어가 되었고, 범려는 중국인이 가장 이상적인 모델로 내세우는 상인으로 자리 잡았다. 작가이자 사업가로서 크게 성공한 김용이 범려를 멘토로 지목한 것도 이 때문이었다.

사마천은 《사기》 제129 〈화식열전〉에서 범려의 '삼치천금'을 언급하면서 다음과 같은 총평을 남긴 바 있다.

"언부자개칭도주공(言富者皆稱陶朱公)."

("부자 하면 모두가 도주공(범려)을 입에 올렸다.")

요컨대 범려가 부자의 대명사가 되었다는 뜻이다. 훗날 중국 상인들은 공자의 제자로 큰 사업가였던 자공을 함께 거론하며 '도주사업(陶朱事業), 자공생애(子貢生涯)'라는 격언을 만들어냈다. '도주공(범려)의 사업과 자공의 삶'이란 뜻이다.

범려는 자신의 재산을 사회에 환원하는, 오늘날로 말하자면 기업의 사회적 책임감을 실천했다. 자공은 자신의 부로 스승 공자와 유가 학파를 지원하는 문화 후원자로서의 모습을 역사에 선명하게 남겨 놓았다. 따라서 위 격언은 모두 치부와 함께 노블레스 오블리주를 실천하여 진정한 부자의 모습을 보여준 두 사람에 대한 존경의 뜻이 담겨 있는 의미심장한 격언이다. 범려와 자공, 지금 우리 사회가 정말 필요로 하는 기업인의 모습이기도 하다.

> 一針見血 : 베풂을 행하지 않는 인간은 아무리 부유할지라도 맛있는 요리가 즐비한 식탁에 소금이 없는 것과 마찬가지인 자다.
> -《탈무드》(Talmud, 유대인 율법학자의 구전과 해설을 집대성한 책)

:: **불부무이위인**(不富無以爲仁), **불시무이합친**(不施無以合親).
부유하지 않으면 인의를 베풀 수 없고, 베풀지 않으면 친한 사람을 모을 수 없다.
-《육도(六韜)》〈수토(守土)〉 편

견리사의(見利思義)

당장 눈앞에 다가온 이익을 물리치기란 쉽지 않다. 공자(孔子, 기원전 551~기원전 479)는 이럴 때 그것이 의로운 것인지 아닌지, 또 그것을 받아들이는 것이 옳은지를 생각하라고 권한다. '이로움을 보면 대의를 생각하라'는 '견리사의'는 공자와 제자 자로(子路)의 대화 중에서 유래되었다. 그 대목을 정리해 보면 다음과 같다.

- 《논어(論語)》〈헌문(憲問)〉 편

어느 날 자로가 공자에게 성숙한 사람, 즉 성인(成人)에 대해 묻자, 공자는 "장무중(臧武仲, 노나라 정치가)처럼 총명하고, 맹공작(孟公綽, 노나라의 청렴한 대부)처럼 욕심이 없고, 변장자(卞莊子, 맨손으로 호랑이를 잡은 용사)처럼 용감하고, 염유(冉有, 공자의 제자)처럼 재주가 있는데다가 예악으로 꾸밀 수 있다면 완전하게 성숙한 사람이 될 수 있다."고 대답한 뒤, 다음과 같이 덧붙인다.

"그러나 요즘 성인이라고 하는 자들이 어찌 꼭 그렇다고 하겠느냐? 이로움을 보면 대의(大義)를 생각하고, 위태로움을 보면 목숨을 바치며, 오래전의 약속을 평생의 말(약속)로 여겨 잊지 않는다면, 또한 성인이라 하기에 충분하다."

여기서 나온 '견리사의(見利思義), 견위수명(見危授命)'이란 성어는 안중근 의사가 여순(旅順) 감옥에 수감된 상황에서도 나라의 앞날을 걱정하며 자신의 철학과 심경을 피력하는 간절한 마음으로 써서 남긴 글씨에서도 찾아볼 수 있다.

이 성어는 "정당하게 얻은 부귀가 아니면 취하지 않는다." 또는 "의를 보고 행하지 않는 것은 용기가 아니다."는 명구들과 함께 자주 언급되고 있는 성어이다.

| 공자는 의롭지 않거나 옳지 않은 이익에 대해서는 한 번 더 생각해보고 취할지 여부를 결정하라고 말한다. |

최근 경색되었던 한중관계가 빠른 속도로 정상으로 복원되고 있다. 1992년 한중수교가 재개된 이래 우리는 경제적으로 중국에서 큰 이익을 얻고 있다. 14억이란 거대한 시장은 우리에게는 기회의 땅이나 다름없었고, 기업들은 중국 시장을 공략하는 데 엄청난 노력을 기울였다. 그러나 사드 문제로 호된 시련을 겪으면서 중국과 중국인을 다시 보게 되었다.

이런 뼈아프지만 값진 경험을 바탕으로 '견리사의'를 곱씹어 보면 '중국과 중국인을 제대로 이해하는 데 좋은 좌표가 될 것이다. 중국인은 관계 형성과 설정에 있어서 '은원(恩怨)'과 '의리(義理)'를 앞세워 '이해(利害)'를 따져 왔고, 지금도 이런 전통과 문화는 폭넓고 강하게 깔려 있다. 이는 사드 사태에서 이미 확인했고, 코로나19 사태 때도 여실히 입증되었다.

따라서 당장 눈앞에 보이는 이익 때문에 의리를 저버리거나 약속과 의리를 배신하는 우를 또 범해서는 안 될 것이다. 그리고 정부는 정당하고 정상적인 외교관계를 통해 기업인이 의도하지 않은 피해를 입지 않도록 해야 한다.

一針見血 : 의리는 모든 관계의 기초와 같다.

:: 불의이부차귀(不義而富且貴), 우아여부운(于我如浮雲).
  의롭지 못하고 부귀한 것은 내게 뜬구름과 같다.
  -《논어(論語)》〈술이(述而)〉 편

강대국 영빈관의 담장을 허문 정자산(鄭子産)

중국 역사상 지금 우리의 처지와 비슷한 나라를 들라면 춘추시대 정(鄭)나라를 들 수 있겠다. 그 지리적인 위치 때문에 '구주인후(九州咽喉)', 즉 '천하의 목구멍'이라는 다른 이름으로도 불렸듯이 정나라는 국력이 약하면 사방에서 공격을 받을 수밖에 없었다. 따라서 정나라가 생존하기 위해서는 무력 못지않게 외교의 성패가 매우 중요했다.

다사다난한 정나라 정국의 와중에 집권한 사람이 정자산(鄭子産, ?~기원전 522)이었다. 자산은 집정 기간에 제후들과 여섯 차례 이상 동맹을 가졌는데, 민첩하고 현명한 외교 수단으로 정나라의 안정과 체면을 지키는 한편 내정 개혁에도 성공했다. 이 때문에 자산은 춘추시대를 통틀어 제나라의 관중(管仲, 기원전 약 723~기원전 645)과 함께 각각 춘추시대 전후반을 이끈 최고의 정치가라는 역사적 평가를 듣고 있다.

| 춘추시대 최고의 정치가로 꼽히는 정자산 |

기원전 542년 자산은 간공(簡公)을 수행하여 당시 초강국으로
군림하던 진(晉)을 예방했다. 진의 국군은 일부러 노(魯) 양공(襄公)
의 장례를 핑계 대면서 접견을 질질 끌었다. 이에 자산은 계책 하
나를 생각해냈다. 그는 수행원들에게 외국 사신들이 묵는 빈관(賓
館)의 담장을 다 허물고 수레와 마차를 모두 뜰 안으로 들이게 했
다. 외국 손님의 접대를 책임진 사문백(士文伯)이 도적 때문에 빈객
들의 피해를 막기 위해 담장을 쌓았는데 허물면 어쩌자는 거냐며
항의했다. 자산은 전혀 동요 없이 이렇게 말했다.

"우리는 귀국의 초청을 받고 후한 예물을 갖추어 귀국의 국군을
뵈러 왔는데, 당신들은 만날 시간이 없다고 하고, 또 만날 날짜도
확정해주지 않으니 우리가 가지고 온 예물들이 밖에서 비바람을
맞아 모두 썩고 있습니다. 귀국의 국군 문공(文公) 때에는 각국의

빈객들을 잘 대접하고 빈관도 호화롭고 편안하여 빈객들을 감동시켰습니다. 그런데 지금 국군은 호화롭고 장엄한 궁궐에서 살면서 빈관은 누추한 골목의 극장 같고, 좁기는 수레와 마차도 다닐 수 없을 정도입니다. 도적을 예방한다고 해놓고서 경비 하나 없습니다. 이 예물들을 보호하기 위해 하는 수 없이 담장을 허문 것입니다. 귀국의 국군이 노의 국군을 위해 복상하시겠다니 우리 국군도 그렇게 해야겠지요. 귀국이 예물을 받아 가면 우리는 바로 담장을 고쳐놓고 귀국하겠소. 그러니 귀하께서 우리 뜻을 전해주시오."

진나라의 재상이 보고를 받고는 도리에 어긋난다는 것을 인정하고 자산에게 사과했고, 국군도 서둘러 간공을 만나 환대했다. 빈관을 다시 지었음은 물론이다.

외교의 관건은 원칙과 신뢰다. 거기에 상대를 설득할 수 있는 진정어린 논리가 뒷받침된다면 금상첨화일 것이다. 한미 FTA 재협상과 우리 철강에 대한 미국의 보호관세 강행에 맞서 우리의 뚝심 있는 대처를 보면서 약소국 정나라를 단단하게 만들었던 자산의 외교 원칙이 떠올랐다. 자산의 외교술에서 배울 것이 적지 않다.

> **一針見血 : 세 치의 혀가 백만 군대보다 강하다.**
> — 평원군(平原君, 중국 전국시대 조나라의 공자, 본명은 조승趙勝)

:: **일언구정**(一言九鼎).
말 한마디가 가마솥 아홉보다 무겁다.
—《사기》〈평원군우경열전(平原君虞卿列傳)〉

현고호사(弦高犒師)와 상인의 자유

기원전 627년 서방의 강대국 진(秦)나라가 정예병을 거느리고 중원의 약소국 정(鄭)나라를 기습하는 작전을 개시했다. 진나라 군대가 정나라의 서쪽에 있는 주(周)와 활(滑)을 지날 때까지 정나라는 그 낌새를 전혀 모르고 있었다.

이때 마침 정나라 상인 현고(弦高)가 낙양(洛陽)으로 장사를 하러 가다가 진나라 군대와 마주쳤다. 위기를 직감한 현고는 정나라 도성으로 급히 사람을 보내 이런 상황을 알리는 한편, 자신은 직접 소 열두 마리를 이끌고 용감하게 진나라 군대를 찾았다.

진나라 장수는 현고의 느닷없는 출현에 적잖이 놀라며 무슨 일이냐고 물었다. 현고는 침착하게 "우리 정나라 국군께서 진나라 군대가 이곳을 지난다는 사실을 아시고는 특별히 저를 보내 위문하게 하셨습니다. 잠시 쉬어 가겠다면 먹을 것을 준비하여 초대하겠고, 쉬지 않겠다면 우리가 하룻밤 보초를 맡아 길을 안내하겠다고 하셨습니다."라고 대답했다.

한편 현고의 기별을 받은 정나라는 군대에 동원령을 내리는 등 만반의 준비를 갖추었다. 현고의 느닷없는 출현으로 진나라 장수는 정나라가 자신의 출병을 이미 알고 있다고 판단했다. 그러고는 현고가 몰고 온 소 열두 마리를 받아들이면서 정나라를 공격하려는 것이 아니라고 둘러댄 다음 가는 길에 활(滑)나라를 멸망시키고 돌아갔다.

이상은 상인 현고가 용기와 재치 있는 대응으로 정나라를 절체절명의 위기에서 구해낸 유명한 사건으로 훗날 '현고호사'라는 고사성어로 전해오고 있다(《좌전左傳》 희공僖公 33년조, 《여씨춘추呂氏春秋》 〈선식람先識覽〉 제16 회과悔過). '현고호사'는 '현고가 먹을 것을 보내 (진나라) 군대를 위로하다'는 뜻이다.

현고의 기지와 용기로 나라가 위기에서 벗어나자 정나라 목공(穆公, 기원전 648~기원전 606)은 현고에게 큰 상을 내렸다. 그러나 현고는 이를 사양하고 자신의 가축과 무리들을 데리고 동이(東夷)로 가서는 돌아오지 않았다고 한다.

현고가 동이 지역에서 어

| 나라를 구한 상인 현고의 '현고호사'를 나타낸 그림 |

떤 활동을 펼쳤는지는 알 수 없지만 한 가지 분명한 사실은 당시 정나라 상인들의 자유성이다. 정나라 상인들은 당시로서는 상상하기 어려울 정도로 자유를 가진, 즉 자유 경영권을 가진 개인 신분이었다는 사실이 크게 눈길을 끈다.

춘추 초기 약소국 정나라는 나라가 생존하고 발전하기 위해서는 지리적 이점을 최대한 살려야 하고, 그러기 위해서는 무엇보다 상인들을 보호해야 한다는 점을 인식했다. 이에 당시 '공인과 상인을 모두 관청에 소속시키는' 기존의 낡은 '공상식관(工商食官)' 제도를 처음으로 돌파하여 상인들에게 자유 경영권을 부여하는 맹약을 맺었다. 아울러 상인의 교역에 간섭하지 않을 뿐만 아니라 그들의 재산권도 인정했다. 아마 세계 역사상 처음으로 나라와 상인이 신사협정을 맺은 사례일 것이다.

정나라의 정확하고 올바른 정책적 뒷받침이 현고라는 애국 상인을 가능케 했다. 말하자면 정나라는 상업과 경제에 있어서 가장 중요한 '불간섭, 비규제, 상호 존중'의 원칙을 역사상 최초로 실천한 사례를 현고를 통해 생생하게 남겼다고 하겠다.

一針見血 : 상인은 자유로울수록 더 많은 성과를 낸다.

:: **필지부지사연후능부**(必知富之事然後能富).
치부의 요령을 반드시 알아야만 부유해질 수 있다.
- 《관자(管子)》〈제분(制分)〉 편

등석(鄧析), 역사상 최초의 경제 전문 변호사

기원전 770년부터 기원전 221년에 이르는 약 515년 춘추전국시대는 중국 역사상 가장 긴 분열기이자 가장 활기에 찬 시기였다. 특히 사상계는 최고의 황금기를 구가했다. 제자백가(諸子百家)니 백가쟁명(百家爭鳴)이니 백화제방(百花齊放)이란 용어들은 이를 잘 대변한다. 제자백가 중 그다지 주목받지 못한 일가로 명가(名家)가 있었다. 지금으로 보자면 논리학에 열중한 학파라 할 수 있는데, 변론가(辯論家) 또는 형명가(刑名家)로도 불렸다.

명가가 형명가로도 불린 데는 춘추전국 당시 각국이 제정한 법률과 깊은 관련이 있다. 그런데 법이 제정되어 공표되면서 가장 큰 타격을 받은 것은 수구 기득권 귀족 세력이었고, 반대로 권익을 보호받은 계층은 일정한 땅을 가진 자영농 지주와 서민, 그리고 상인들이었다.

한편 법의 제정과 공표는 자연스럽게 이 법을 제대로 이해하고 따질 줄 아는 전문가를 필요로 했다. 이에 따라 철저한 논리로 무장한 명가가 법 전문가로 자연스럽게 떠올랐다. 이런 점에서 명가는 법가(法家)와도 밀접한 관련을 갖고 있다.

명가의 선구자로 춘추 후기 정(鄭)나라에서 활동한 등석(鄧析, 기원전 약 545~기원전 501)이란 인물이 있었다. 민간 출신인 등석은 남다른 정치적 주장을 펼쳐서 주목을 받았다. 우선 그는 '천우인무후(天于人無厚), 군우민무후(君于民無厚)'를 주창했다. '하늘이 사람을 대할 때 차별이 없고, 군주가 인민을 대할 때 차별이 없다'는 뜻이다. 그는 한 걸음 더 나아가 신흥 상인과 지주의 이익을 대변하는 또다른 군주를 세워야 한다고 하면서 '백성을 보고 정치를 하고 정책을 내는(시민이출정視民而出政)' '명군(明君)'을 거론하기까지 했다.

등석은 정나라 출신으로 개인 교육을 가장 먼저 제창한 사람이기도 했다. 또 그가 기존의 법을 알기 쉽게 다듬어 정리했다고 하는, 새로운 법률인 죽형(竹刑)은 백성들에게 아주 큰 영향을 주었다. 그는 당시로서는 혁신적인 법 개념을 바탕으로 신흥 상인들의 이익을 대변했고, 상인과 지주는 물론 서민들에게도 법과 소송을 가르쳤다. 사람들은 이런 등석을 송사(訟師, 소송 선생)라 불렀는데, 그는 백성들이 관청에 맞서 소송하는 것을 적극 도왔다. 이런 점에서 등석은 세계 최초의 경제 관련 소송 전문 변호사라 할 수 있다.

등석의 출현과 활약은 수구 기득권 귀족 세력과 통치 계급에는 큰 위협이었다. 자신들의 경제적 이익은 물론 권력까지 위협했기 때문이다. 이들은 "그른 것을 옳다 하고, 옳은 것을 그르다고 하여 옳고 그름의 척도가 없다. 또 되고 안 되고가 수시로 변한다."는 구실을 붙여 등석을 처형했다.

| 분쟁을 해결하는 등석의 모습을 그린 만화 |

등석은 상인의 역사와 경제사에 있어서 새삼 주목해야 할 인물이다. 그는 오늘날로 말하자면 을의 입장에서서 갑과 싸운 인물이었고, 이는 당시 거부할 수 없는 시대의 요구였기 때문이다. 우리 사회도 지금 한창 갑과 을의 관계를 둘러싼 논쟁과 관계 설정이 화두로 떠올랐다. 등석의 시대가 그랬듯이 이역시 거스를 수 없는 시대의 요구이자 대세이다. 갑은 자기성찰과 함께 을에 대한 기존의 낡고 잘못된 인식을 획기적으로 바꾸어야만 미래에도 존재할 수 있을 것이다. 물론 갑이란 용어는 사라지고 없겠지만.

一針見血 : 네 마리 말로도 혀를 따를 수 없다.

- 자공(子貢, 중국 춘추시대 위나라의 유학자)

:: **일성이비**(一聲而非), **사마물추**(駟馬勿追), **일언이급**(一言而急), **사마불급**(駟馬不及).

말이 옳지 않으면 네 마리 말로도 만회할 수 없고, 말이 급하게 나가면 네 마리 말로도 쫓을 수 없다.

-《등석자(鄧析子)》〈전사(轉辭)〉 편

'천금지자(千金之子)'에 대한 씁쓸한 판결

헤아릴 수 없이 많은 돈을 나타내는 단어로 '천금(千金)'이란 것이 있다. 동전 '천 냥'이 아니라 금으로 '천 냥'이란 뜻이니 돈이 어마어마하게 많거나 엄청난 경제적 부를 비유하는 단어라 할 것이다.

'천금'을 현금으로 환산하면 얼마나 되는지는 알 수 없다(연구에 따르면 진나라 때는 20냥이 1금이니 천금은 2만 냥이 되고, 한나라 때는 1근이 1금이니 천금은 천근, 무게로 금 약 228kg에 해당한다). 아무튼 어마어마한 액수임에는 틀림없다. 영어로 표현하자면 'uncountable(셀수 없는)' 정도가 될 것 같다(최근 황금 1kg 가격이 약 4,500만 원 가량이니 천금이면 약450억 원 정도라는 계산이 나온다). 중국인 특유의 과장을 잘 보여주는 단어들 중 하나이다. 이런 점을 염두에 두고 우선 '천금'과 관련된 고사성어의 의미를 생각해 보려고 한다.

역사서 《사기》에서 천금이 들어가는 고사성어를 꼽으라면 초한쟁패의 영웅이자 명장인 한신(韓信, 기원전 약 231~기원전 196)이 젊은 날, 하는 일 없이 떠돌다 배가 고파서 빨래하는 아낙에게 한 달가량 밥을 얻어먹은 뒤 훗날 금의환향(錦衣還鄕)하여 천금으로 은혜를 갚았다는 '일반천금(一飯千金)'가 될 것 같다. '밥 한 번 얻어먹은 값이 천금'이란 뜻이며, '밥 한 번 얻어먹고 천금으로 갚았다'고 해석한다.

중국 역사상 최초의 통일 황제인 진시황(秦始皇, 기원전 259~기원전 210)의 생부로 알려진 여불위(呂不韋, 기원전 292~기원전 235)는 진나라의 실세가 된 뒤 자신의 위세를 과시하기 위해 문객들을 총동원하여 《여씨춘추(呂氏春秋)》라는 백과전서를 편찬하여 세상에 내놓았는데, 저잣거리에 목간을 공개하면서 방을 내걸고 '이 책의 내용을 한 자라도 고칠 수 있는 사람이 있으면 천금을 주겠다'고 큰소리를 쳤다. 여기서 '일자천금(一字千金)'이란 유명한 고사성어가 탄생한다. 자신이 주도하여 편찬한 책의 글자 하나 값을 천금으로 매긴 것이다. 여불위의 자부심이기도 하고 오만함이기도 했다.

위대한 역사가 사마천은 〈화식열전(貨殖列傳)〉이란 명편에서 경제와 정치의 관계, 돈과 세태의 연관성 등을 깊게 통찰하고 있는데 그중 '천금의 부잣집 자식은 저잣거리에서 죽지 않는다'는 명언이 있다. '천금지자(千金之子), 불사우시(不死于市)'가 그

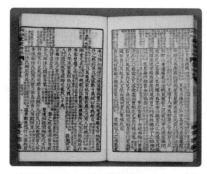

| 부와 세태의 관계를 날카롭게 통찰한 〈화식열전〉 |

것이다. 이 대목은 마치 오늘날 우리 사회의 한 단면과 재벌 기업의 모습을 꼬집고 있는 것 같아 놀랍기도 하고 씁쓸하기도 하다.

'천금'의 가치가 얼마나 나갈까? 상대적일 것이다. 사마천이 《사기》 곳곳에서 던지는 천금은 때로는 정치적 의미를 내포하는가 하면, 때로는 금권을 비유하기도 하며, 또 때로는 인간관계의 무한한 가치를 우회적으로 나타낸다. 경제적으로 엄청난 가치를 의미하는 '천금'이 이렇듯 다양한 모습으로 우리로 많은 생각을 하게 만든다.

한국 최고 재벌의 비리와 부정, 그리고 정경유착을 둘러싼 재판 결과가 국민의 심경을 몹시 착잡하게 만들었다. 적폐가 적폐를 판결한 당연한 결과라는 생각이 들기는 한다. 그런데 우리와 같은 보통 사람들의 이런 생각을 값으로 따지면 대체 얼마나 나갈까? 씁쓸하고 또 씁쓸하다.

一針見血 : 법이 문제가 아니라 법관이 문제다.

:: **부자견마여숙속**(富者犬馬餘菽粟), **교이위사**(驕而爲邪).
부자는 기르는 개나 말이 먹이조차 남아돌지만 이 때문에 교만해져 나쁜 짓을 한다.
-《한서(漢書)》〈왕망전(王莽傳)〉

통치의 차원과 경지

상품에 질이 있듯이 인간에게는 격이 있다. 품질과 인격이라 한다. 품질과 인격은 상품과 사람마다 차이가 난다. 인격에 질적 차이가 있다 보니 정치 행위에도 엄연히 질적 차이가 날 수밖에 없다.

고대 현자들은 이를 염두에 두고 상품에 질을 매기듯 리더와 리더의 통치에 질적 단계를 매겼다. 먼저 춘추시대 초기 명재상이자 '관포지교(管鮑之交)'의 주인공인 관중(管仲)은 《관자(管子)》〈추언(樞言)〉편에서 이렇게 말한다.

"왕도(王道)의 군주는 백성의 지지에 승부를 걸고, 패도(霸道)의 군주는 군대의 지지에 승부를 걸며, 쇠퇴하는 군주는 지배계급의 지지에 승부를 걸고, 망해가는 나라의 군주는 여자나 보석에 승부를 건다."

관자는 통치자의 질을 4단계로 구분했는데, 각 단계는 또 통치의 질에 따른 국가(백성)의 상태를 나타낸다. 한편, 사마천도 통치자의 질적 단계를 언급한 바 있는데 관자보다 훨씬 냉소적이고, 그런 만큼 신랄하다. 사마천은 역대 부자들의 기록인 〈화식열전〉에서 이렇게 말하고 있다.

"세상을 가장 잘 다스리는 정치의 방법은 자연스러움을 따르는 것이고, 그다음은 이익을 이용하여 이끄는 것이며, 그다음은 가르쳐 깨우치는 것이고, 그다음은 백성을 가지런히 바로잡은 것이고, 가장 못난 정치는 (부를 놓고) 백성들과 다투는 것이다."

관중이든 사마천이든 백성들을 믿고 그들이 자유롭게 자신들의 생활을 영위하도록 배려함으로써 마음을 얻는 리더와 그 통치를 최고의 경지로 꼽았음을 알 수 있다. 특히 사마천은 당시 통치자 무제(武帝)가 이른바 경제 전문가들을 관료로 기용하여 국가 권

| '부민부국(富民富國)'을 강조했던 춘추시대 최고의 정치가 관중의 상이다.(산동성 임치臨淄 관중기념관 입구) |

력을 동원한 통제 위주의 경제정책으로 서민 경제가 파탄 난 것을 직접 목격했기 때문에 리더와 통치의 질적 단계에 대해 위와 같은 정곡을 찌르는 통찰을 보여줄 수 있었던 것이다. 당시 상황을 사마천은 이렇게 증언한다.

"당시 중산 이상의 상인들은 대부분 파산하였고, 백성들은 눈앞에 닥친 먹고사는 일에 급급할 뿐 자기 일에 종사하면서 더 이상 재산을 축적할 수 없었다. 그러나 조정은 소금과 철을 관리하고 민전을 고발하여 상인들의 재산을 몰수함으로써 점점 더 풍족해졌다."

"복식(卜式)이 간언하기를 '정부의 비용은 정상적인 세금으로 충당하는 것이 마땅합니다. 그런데 지금 상홍양(桑弘羊)은 관리를 시장 점포에 앉혀 장사를 해서 돈을 벌고 있습니다. 상홍양을 죽이면 하늘이 비로소 비를 내릴 것입니다'라고 했다." - 〈평준서〉

지난 두 정권을 뒷받침했던, 지금은 형편없이 쪼그라든 야당은 관중과 사마천의 지적과 통찰에 귀를 기울이면 나름 큰 교훈을 얻을 수 있지 않을까 한다. 진지하게 진심으로 귀를 기울인다면.

> 一針見血 : 일류의 국민, 이류의 정책, 삼류의 정치가.

> :: **인시수견형**(人視水見形) **시민지치부**(視民知治不).
> 물을 보면 얼굴이 나타나고, 백성을 보면 정치가 잘 되고 있는지 여부가 보인다.
> - 《사기》〈은본기(殷本紀)〉

지도자의 언행과 사회 기풍

권력이 고도로 집중되었던 왕조 체제에서 최고 권력자의 언행은 늘 관심의 대상이었다. 특히 기호나 취향은 권력자 개인의 차원을 벗어나 관리나 백성들에게도 영향을 줄 수밖에 없었다.

기원전 6세기 남방 초(楚)나라의 영왕(靈王)은 여자 취향이 별났던 통치자였다. 영왕은 가슴둘레, 허리둘레, 엉덩이둘레를 가리키는 이른바 '삼위(三圍)'를 기준으로 이 세 부위의 조화가 뛰어난 여성을 특별히 좋아했는데, 그 조화란 것이 오늘날처럼 글래머 스타일이 아닌 가는 허리에 광적으로 집착했다.

영왕의 연회 장소였던 장화궁의 궁녀들치고 '한 허리' 하지 않는 여자가 없었다고 한다. 이때 '한 허리'란 성냥개비를 방불케 할 정도로 가는 허리를 말한다(여기서 '가는 허리를 탐한다'는 '탐연세요貪戀細腰'라는 고사성어가 나왔다).

그러다 보니 궁중 여인네들은 말할 것 없고 온 나라 여성들이

| 가는 허리를 유별나게 좋아하여 '탐연세요'라는 고사성어까지
남긴 초나라 영왕 |

죄다 '삼위의 조화'에 열을 올렸고, 궁녀들은 엽기적 취향의 영왕에게 사랑을 받기 위해 굶기를 밥 먹듯 했다고 한다. 아마 다이어트 열풍의 최초 사례로 꼽을 수 있을 것이다. 심지어는 다이어트를 하다가 굶어죽은 경우까지 있었다고 하니 단순히 한때의 유행 정도가 아니었던 모양이다.

더 기가 찰 노릇은 이 다이어트 열풍이 여성에게만 한정되지 않고 못난 남자들에까지 전염되어, 배 나온 사람들은 행여나 손가락질 당할까 봐 허리띠로 배를 사정없이 졸라매는 웃기는 상황까지 연출되었다.

춘추시대 최초의 패자로서 천하를 호령했던 제(齊)나라 환공(桓公)은 보라색 옷을 대단히 좋아했다. 문무 관료들은 물론 일반 백성들까지 보라색 옷을 따라 입느라 보라색 옷감은 물론 염료까지 동이 나 품귀 현상이 발생했고, 급기야 가격이 천정부지로 뛰어 시장경제를 어지럽히기까지 했다. 다행히 관중(管仲)과 주변의 충고를 받아들여 보라색 취향을 포기하긴 했지만 한순간 제나라를 보라색 광풍에 몰아넣었다.

이런 사례는 수도 없이 많다. 양귀비를 총애했던 당나라 현종은 '투계(鬪鷄)', 즉 '닭싸움'에 미쳐 장안의 내로라 하는 싸움닭을 모조리 사들이고, 이를 훈련시키는 어린 병사를 500명씩 뽑아서 성적이 좋으면 재물은 물론 벼슬까지 내렸다. 이 때문에 "아들을 낳아 공부 가르칠 필요 없다. 닭싸움이나 경마가 낫다."는 동요가 유행했다.

지도자의 언행과 취향 내지 기호가 사회 기풍에까지 영향을 미쳤음을 잘 보여준다. 성평등 문제, 성적 소수자의 인권 등을 포함하여 사회적으로 민감한 사항을 대하는 우리 사회 지도층, 특히 수구 세력들의 언행을 보노라면 이런 사회 병리 현상에 대한 책임의 일단을 그들의 몰지각한 언행에서 찾지 않을 수 없다.

모든 언행이 낱낱이 실시간으로 생중계되는 시대에 살고 있다. 수십만, 수백만, 수천만의 집단지성이 이들의 언행을 감시하고 진단하고 통찰하는 시대다. 지금까지의 생각과 행동을 반성하고 바꾸어야 한다.

一針見血 : 통치자의 취향이 백성의 격을 결정한다.

:: 아들을 낳아 공부 가르칠 필요 없다. 닭싸움이나 경마가 독서보다 낫다네!
황제 등 지배층이 탐닉했던 닭싸움 놀이를 두고 민간에서 불렀던 노래.

스승과 제자의 윈-윈

공자(孔子)는 만년에 고향 곡부(曲阜, 지금의 산동성 곡부로 춘추시대 노나라의 도읍)로 돌아와 교육 사업에 전념했다. 정치가로서 공자의 삶은 실패였다고들 하지만 교육가로서의 삶은 말 그대로 대성공이었던 모양이다. 천하에 이름이 난 제자만 70명이 넘었고, 공자 문하의 전체 학생 수는 3천 명이 넘었다는 설까지 있다.

공자의 기라성 같은 제자들 중에서도 자공(子貢)은 그 당시 경제와 외교 방면에서 이름을 날린 사업가이자 외교가였다. 그는 자신의 마차로 스승 공자를 모시고 천하를 돌며 유력자들과의 만남을 주선했다. 당대 최고 지성으로 꼽히던 공자가 말하자면 부유한 제자 자공의 덕을 톡톡히 본 셈이다.

자공은 자공대로 공자의 명성을 앞세워 자신의 비즈니스에 독특한 권위와 의미를 부여하여 격조 높은 비즈니스를 창출할 수 있었다. 자신의 사업에 지식인과 문화를 접목시킨 선구자였다. 진정한 윈-윈(win-win)의 대표적 사례로 꼽기에 충분할 것이다. 여기에 그 시기가 지금으로부터 약 2,500년 전이란 점을 감안한다면 두 사람의 윈-윈 전략은 매우 참신하게 다가온다.

하지만 두 사람의 이 같은 참신하고 아름다운 관계는 낡은 관념에 찌든 후대 학자들에 의해 철저하게 왜곡되고 심지어 은폐되었다. 사마천이 《사기》에서 이들의 관계를 기록으로 남기지 않더라면 이런 사실조차 아예 사장되었을 뻔했다.

《사기》를 바로 뒤이은 두 번째 정사 《한서(漢書)》를 남긴 반고(班固)조차 사마천이 남긴 부자들의 기록인 〈화식열전〉에 대해 사마천이 '권세와 이익을 숭상하고 가난하고 천한 것을 수치로 여긴' 것을 큰 폐단으로 꼽았을 정도였으니 두말해서 뭣 하겠는가.

사마천은 사업가이자 걸출한 외교가였던 자공을 〈화식열전〉에서 비교적 많은 지면을 할애하면서 소개하고 있다. 그 기록을 보면 자공은 사업과 외교 수완을 한껏 발휘하여 각국의 유력자나

| 유가가 춘추전국 사상계를 주도하고 훗날 가장 큰 학파로 자리잡은 데는 사업가 자공의 역할이 절대적이었다. 그림은 스승 공자를 위해 6년상을 지내는 자공의 모습이다.(왼쪽 여막 안) |

고위층과 탄탄한 인맥을 형성했다. 그는 이런 인적 네트웍을 활용하여 스승 공자를 후원하는 동시에 공자의 학문적, 사상적 권위를 사업에 활용하는 놀라운 홍보 수단을 강구한 것이다. 이에 사마천은 다음과 같은 말로 자공의 사업 수완을 전적으로 인정했다.

"무릇 공자의 이름이 천하에 고루 알려지게 된 것은 자공이 앞뒤로 모시고 도왔기 때문이다. 이야말로 세력을 얻으면 세상에 더욱 드러나는 것이 아니겠는가?"

우리 사회는 아직도 근엄한 스승, 순종적인 제자에 대한 미련이 많다. 또 이와는 전혀 다르게 제자를 착취나 성추행의 대상으로 보는 병든 스승(?)도 많다. 어느 쪽이든 진정한 스승과 제자의 관계는 이미 무너졌다. 그래서인지 2,500년 전 공자와 자공이 보여준 스승과 제자의 관계가 별스럽게 마음 한 구석을 아프게 찌른다.

—針見血 : 자공은 가난하면서 아첨하지 않고, 부유하면서 교만하지 않았다.

:: **오요이위지자**(惡徼以爲知者).
남의 생각을 훔쳐서 자기 지혜로 삼는 자를 미워한다.
- 《논어(論語)》 〈양화(陽貨)〉 편 자공(子貢)의 말

권력權力은
힘을 나누는 것이다

권력이란 단어에서 '권(權)'은 저울추다.
물건의 무게를 달 때
그 무게에 맞는 저울추를 사용한다.
따라서 권력의 정확한 뜻은
'힘을 고르게 나눈다'는 것이다.
권력과 거기에서 파생되는 여러 문제들을
다양한 사례로 살펴보았고,
아울러 리더십 문제도 다루었다.
아무래도 이 부분의 비중이 가장 클 수밖에 없었다.

가정맹어호(苛政猛於虎)
- 가혹한 정치가 호랑이보다 사납다

봉건 전제 왕조 체제에서 백성들에 대한 수탈은 가혹하기 일쑤였다. 사마천은《사기》에서 백성들을 가혹하게 수탈하는 관리들을 대상으로 한 '가혹한 관리들의 기록'이란 뜻의 〈혹리열전(酷吏列傳)〉을 전문적으로 남기기까지 했다.

가혹한 정치를 의미하는 '가정맹호'는 가정맹어호(苛政猛於虎)'의 줄임말로 '가혹한 정치는 호랑이 보다 더 사납다'는 뜻이다. 비슷한 사자성어로는 '가렴주구(苛斂誅求)'가 있다. '가혹하게 (세금을) 거두고 (재물을) 빼앗다'는 뜻이다. '가정맹호'와 관련해서는 다음과 같은 일화가 전한다.

어느 날 공자(孔子)가 제자들과 더불어 수레를 타고 태산(泰山) 근처에 이르렀을 때, 깊은 산속에서 웬 여인이 구성지게 흐느끼는 울음소리가 들려왔다. 공자는 이상히 여겨 살펴보게 하니 울음소리는 앞쪽 무덤가에서 들려오고 있었다. 공자 일행은 수레를 급히

| 제자들과 함께 강론하고 있는 공자의 모습을 그린 〈공자강학도〉 |

몰아 그 울음소리가 들려오는 쪽으로 가면서 제자인 자로(子路)를 먼저 보내 사연을 알아보게 했다. 자로가 사연을 묻자 여인은 자로에게 다음과 같이 말했다.

"이곳은 참으로 무서운 곳이랍니다. 옛날 시아버님이 호랑이에게 물려 가셨고, 이어 제 남편과 자식이 모두 호랑이에게 물려 죽었답니다."

자로가 그렇게 무서운 이곳을 왜 떠나지 않느냐고 묻자, 그녀는 이렇게 대답했다.

"그러나 이곳은 가혹한 세금에 시달릴 걱정이 없습니다."

이 말을 전해들은 공자는 제자들에게 이렇게 가르쳤다.

"너희들은 마음에 깊이 새겨 두어라! 가혹한 정치는 호랑이보다 더 사나운 것이니라."

조선왕조 중기의 문신인 조익(趙翼, 1579~1655)은 정치가 백성에게 미치는 영향을 다음과 같이 말했다.

"옛날 (하나라) 우왕(禹王)이 홍수를 막은 것이나, 주공(周公)이 오랑캐를 합병하고 맹수를 몰아낸 것은 모두 해로운 것을 제거하여 백성들을 구하기 위해서였습니다. 지금 탐관오리와 불평등에 따른 피해가 비록 홍수나 맹수처럼 혹독하지는 않다고 하더라도, 침탈로 인한 고초가 날이 갈수록 심해져서 끝내는 고혈을 짜내고 가산을 탕진한 채 뿔뿔이 흩어져서 떠도는 결과에 이르렀으니, 홍수와 맹수의 피해보다 못하다 하겠습니까? 그래서 옛사람들이 백성의 곤궁함을 비유해서 범보다도 무섭다고 한 것입니다."

사마천은 상고시대 고요(皐陶)라는 현자의 말을 빌려 정치의 핵심이란 '재지인(在知人), 재안민(在安民)'에 있다고 했다. '백성의 마음을 알고, 백성을 안정시킨다'는 뜻이다. 백성의 안정이란 백성의 생활 안정을 말한다. 생활의 안정이란 넉넉한 생활을 가리킨다.

세상은 바뀌었지만 백성들을 힘들게 하는 가혹한 세금은 예나 지금이나 여전하다. 부는 극소수에게 몰려 있고, 백성들의 소득은 제자리이다. 심지어 시급 1만 원조차 인색한 현실이다. 정치의 요체가 바름에 있고, 백성들의 마음을 헤아리고 안정시키는 데 있다는 기본을 정치가들은 여전히 외면하고 있기 때문이다. 호랑이에게 물려가도 가혹한 정치보다 낫다는 여인의 울음이 큰 울림으로 다가오는 현실이다.

一針見血 : 가혹한 통치는 부끄러움을 모르게 만든다.

:: **도지이정**(導之以政), **제지이형**(齊之以刑), **민면이무치**(民免而無恥).
오로지 법으로 이끌고 형벌로 바로잡으려 하면 백성들은 무슨 일을 저질러도 부끄러워하지 않는다.
– 《사기》〈혹리열전(酷吏列傳)〉에 인용된 공자의 말

법을 농단하고 악용하는
적폐 검찰과 법관들

사마천의 《사기》에는 공직자들만을 다룬 문장이 세 편이나 있다. 〈순리열전(循吏列傳)〉, 〈유림열전(儒林列傳)〉, 〈혹리열전(酷吏列傳)〉이 그 것이다.

〈순리열전〉은 백성들을 위해 올바르게 공직 생활을 한 좋은 공직자들의 기록이다. 〈혹리열전〉은 권력자의 눈치를 보며 사리사욕을 채우기 위해 백성들을 가혹하게 착취한 공직자들의 기록이다.

〈유림열전〉은 이도저도 아닌 오로지 두 눈알만 굴리며 납작 엎드려 아무 일도 하지 않았던 복지부동한 공직자들의 기록인데, 공

|권력자의 눈치에 따라 법을 농단했던 혹리 장탕의 무덤 |

교롭게 유학자들로 자처하는 자들이 대부분이어서 〈유림열전〉이란 이름을 붙였다는 분석도 있다. 이 가운데 〈혹리열전〉에 등장하는 일부 사법관들의 행태는 지금 우리 현실에 비추어 볼 때 시사하는 바가 적지 않다.

장탕(張湯)이란 자는 "처리한 안건 중에서 만일 황제가 죄를 엄히 다스리고자 하는 뜻을 보이면 장탕은 그 안건을 냉혹한 감사(監史)에게 맡겨 엄중하게 집행하게 했고, 만일 황제가 죄인을 석방시키자는 뜻을 보이면 장탕은 법을 가볍게 적용하고 공평무사하게 집행하는 감사로 하여금 처리하게 했다."

왕온서(王溫舒)라는 자는 "성격은 아첨을 잘하여 권세가들에게 비위를 잘 맞추었고, 권세가 없는 자는 노비처럼 대했다. 만일 권문세가에 대해서는 설령 그 죄가 산처럼 많이 쌓여 있어도 건드리지 않았다."

특히 주양유(周陽由)라는 자는 "자기가 애호하는 사람은 만약에 죽을죄를 지어도 법률을 멋대로 유권해석을 하여서 살려주고, 그가 증오하는 사람은 법령을 왜곡시켜서라도 사형 판결을 내렸다."

사마천은 이처럼 법조문을 교묘하게 악용하는 자들을 두고 '무문농법(舞文弄法)'이라 했다. "문장력을 놀려 법을 농단한다."는 뜻이다. 관리들이 법률 지식을 악용하여 법을 자기 입맛이나 권력자의 구미에 맞게 조작함으로써 사사로운 이익을 챙기고 나아가 백성들에게 해를 끼치는 것을 지적한 사자성어로 '무문왕법(舞文枉法)', 또는 '무문농묵(舞文弄墨)'이라고도 한다.

우리 검찰과 사법부에서 벌어지고 있는 납득할 수 없는 조사와 판결들, 과거 정권과의 부당한 사법 거래들을 보노라면 '무문농법'과 사리사욕을 위해 악용한 이 법관들을 떠올리지 않을 수 없었다.

법의 공평성에 대한 국민들의 관심과 실현 요구가 어느 때보다 높다. 법을 시행하는 검찰과 법관들은 법과 자신들의 존재 이유를 성찰하고, 법조문 뒤에 숨지 말고 세상과 사람을 통찰하는 인문학 소양을 길러야 할 것이다.

제갈량은 공정(公正), 공평(公平), 공개(公開)로 상징되는 '삼공(三公)'을 평생 원칙으로 지켰다. 그래서 그가 상을 주면 어느 누구도 시기하거나 질투하지 않았고, 또 벌을 내려도 아무도 원망하지 않았던 것이다. 그래서 역사는 그에게 '만고의 충절'이란 평가를 내린 것이다. 역사의 평가는 영원하다는 사실을 깊이깊이 새기길 간절히 권한다.

一針見血 : 법조인이 없는 세상은?

:: 어느 날 변호사 3천 명이 한꺼번에 물에 빠져 죽었다. 이게 뭐지?
좋은 세상!
- 영화 〈필라델피아〉(톰 행크스, 덴젤 워싱턴 주연의 1993년 작) 중에서

인재가 리더를 결정한다

중국 역사상 최고의 재상이자 충절의 대명사로 꼽히는 제갈량(諸葛亮, 181~234)은 "나라를 다스리는 방법으로 가장 중요한 것은 힘써 유능한 인재를 추천하는 것이다."고 했다. 인재가 나라를 바로 다스리는 가장 중요한 요소임을 지적한 말이다.

《열자(列子)》에서는 "나라를 다스리는 어려움은 유능한 인재를 알아보는 데 있지 자신이 유능해지는 데 있지 않다."고 했다. 통치자의 유능함도 중요하지만 유능한 인재를 알아보고 기용하는 일이 더욱 중요하다는 뜻이다.

춘추시대 제(齊)나라의 명재상 안자(晏子, ?~기원전 500)는 다음과 같은 명언을 남긴 바 있다.

"국유삼불상(國有三不祥), 유현이부지(有賢而不知), 지이불용(知而不用), 용이불임(用而不任)."

"나라에 세 가지 상서롭지 못한 현상이 있다. 인재가 있는데도 몰라보는 것이고, 알고도 기용하지 않는 것이며, 기용하고도 맡기지 않는 것이다."

안자는 나라의 흥망성쇠가 인재와 직결된다는 것을 너무 잘 알았다. 이는 안자보다 앞서 제나라를 이끌었던 명재상 관중(管仲, 기원전 7세기)이 환공(桓公)에게 천하의 패주가 되고 싶다면 '사람을 알고(지인知人)', '사람을 알았으면 쓰고(용인用人)', '쓰되 소중하게 쓰고(중용重用)', '기용했으면 맡기고(위임委任)', '소인배를 멀리 하라(원소인遠小人)'하라고 충고한 것과 같은 맥락이다.

이 다섯 단계를 필자는 관중의 리더십 5단계로 부르는데, 우리 리더들 상당수가 2단계에 머무르고 있는 현실이다. 3단계인 '중용'에 대해서도 오해가 많다. 흔히들 중용을 높은 자리나 많은 연봉을 제공하는 것이라고 강변하는데, '중용'은 말 그대로 소중하게

| 동서고금을 막론하고 인재는 조직과 나라의 운명과 직결되는 열쇠와 같은 요인이었다. 초상화는 이 점을 무려 2,500년 전에 정확하게 인식하고 있었던 안자이다. |

쓰라는 뜻이다. 높은 자리, 많은 연봉을 주면서 허드렛일을 시키거나 그 인재에게 맞지 않는 일을 함부로 시키는 것은 '중용'이 결코 아니다.

동서고금을 막론하고 생각 있는 리더라면 조직과 국가의 흥망성쇠를 결정하는 가장 중요한 요인으로 인재와 인재의 기용을 꼽았다. 사람을 쓰는 문제가 그만큼 중요하다는 뜻이다.

사마천은 한 걸음 더 나아가 이 문제를 리더의 근본적인 자질과 연결시킨다. 사마천은 "그 군주가 어떤 사람인지 잘 모르겠거든 그가 기용하는 사람을 보라(부지기군不知其君, 시기소사視其所使)."고 말이다.

사마천은 여기서 한 걸음 더 나아가 나라의 "안정과 위기는 어떤 명령(정책)을 내는가에 달려 있고(안위재출령安危在出令), 흥망은 어떤 인재를 기용하느냐에 달려 있다(존망재소용存亡在所用)."고 했다.

통치자의 리더십도, 나라의 흥망도 모두 인재에 달려 있다는 참으로 서늘한 지적이 아닐 수 없다.

一針見血 : 사람이 알파요 오메가다.

:: **득인자흥**(得人者興), **실인자붕**(失人者崩).
사람을 얻는 자는 일어나고 사람을 잃는 자는 쓰러진다.
- 《사기》〈상군열전(商君列傳)〉

배 한 척을 뱃속에 넣고도 남아야 할 재상

기원전 3세기 막바지 초한쟁패(楚漢爭霸)의 와중에서 유방(劉邦)이 위기에 처할 때마다 절묘한 계책을 내어 난관을 헤쳐 나가게 도왔던 진평(陳平, ? ~기원전 178)이란 인물이 있었다(이 때문에 후대 사람들은 진평에게 '꾀주머니'라는 뜻의 '지낭智囊'이란 별명을 붙였다).

진평은 젊어서부터 포부가 대단했다. 한번은 마을 제사에서 사람들에게 고기를 나누어 주는 일을 맡은 적이 있었다. 진평은 공평하게 고기를 잘 나누어 주었고, 마을 사람들이 한입으로 그를 칭찬했다. 여기서 '진평이 고기를 나누어 준다'는 '진평분육(陳平分肉)'이란 유명한 고사성어가 나왔다. 일을 공평하게 처리하는 것을 비유하는 고사성어이자, 큰 뜻을 품은 사람의 일 처리를 비유한다.

진평이 당시 마을 제사에서 맡았던 고기 나누는 일을 '주재(主宰)'라고 한다. 고기 나누는 일을 주도했다는 뜻이다. 재상(宰相)이란 단어에서 '재(宰)'라는 글자는 본래 고기를 고루 나눈다는 이 글자의 뜻에

서 기원한다. 제사에서 고기를 고루 공평하게 잘 나누듯이 나랏일
도 그렇게 공평하게 잘 처리하는 자리가 바로 재상 자리라는 것이
다. 다음 글자인 '상(相)'은 돕다, 보좌하다는 뜻이다. 합쳐 보자면 제
왕을 도와, 또는 보좌하여 천하의 일을 주재하는 자리가 바로 재상
이다.

이후 진평은 자신의 바람대로 문제(文帝) 때 승상이 되었다. 한
번은 문제가 좌승상 진평과 우승상 주발(周勃)을 찾아 1년에 죄인
은 몇 명이나 처형하며, 한 해 양식의 수입과 지출은 얼마냐고 물
었으나 두 승상은 모두 대답하지 못했다.

문제는 "그럼 누구에게 물어야 하는 것이오?"라고 묻자 진평
은 "범죄와 관련된 일은 담당 관리인 정위(廷尉)에게 물으셔야 하
고, 식량문제는 치속내사(治粟內史)에게 물으시면 됩니다."라고 대답
했다.

"그럼 승상이 하는 일은 뭐요?"

문제는 다그치듯 물었다. 그러자 진평은 "승상의 직책은 큰일
들을 주관하는 것입니다. 폐하께서 저희를 승상으로 임명하셨는
바, 승상은 위로는 천자를 보좌하여 정책을 제정하고 대사를 결
정하며, 아래로는 천하의 백성들을 관리하는 것입니다. 가장 중요
한 것은 조정의 각 대신들이 각자 알맞은 자리를 배정받아 재능을
발휘하게 하는 것입니다."라고 했다. 이에 문제는 고개를 끄덕이며

동의를 표시했다.

진평은 인재의 수준과 직책이 갖는 함수관계를 아주 적절하게 지적하고 있다. 속담에서 말하는 것처럼 '소 잡는 칼을 닭 잡는 데 쓴'다면 얼마나 비효율적이겠는가? 높은 자리에 앉혀 놓고도 자질구레한 일에 신경 쓰게 한다면 작은 일 때문에 큰일을 그르치게 된다. 주어진 일에만 전전긍긍하는 일 중심주의로, 힘들게 일은 많이

| 재상의 직무와 권한을 정확하게 인식했던 진평 |

하지만 수고만 하고 큰일은 해내지 못하기 때문이다.

촛불혁명으로 정권이 교체되었고, 신임 국무총리가 임명되었다. 총리는 충분한 권한과 책임을 가지고 국정 전반을 큰 틀에서 주도해 나가야 할 것이다. 실제로 '뱃속에 배가 한 척 들어가고도 남을' 우리 재상은 쪼잔한 야당과 수구 적폐 세력들을 능수능란하게 요리하면서 자신의 역할을 제대로 수행했다. 2,200년 전 진평의 모습을 보는 듯했다.

一針見血 : 재상의 통은 얼마나 되어야 하나?

:: **재상복내능탱선**(宰相腹內能撑船).
재상의 뱃속은 배 한 척을 품을 수 있어야 한다.
- 고사(故事)

권력의 본질은 나눌 줄 아는 힘의 균형이다

아래 사진은 저울추의 모습이다. 이 저울추는 중국을 최초로 통일한 진나라의 수도 함양성(咸陽城, 오늘날 서안 부근)에서 출토되었다. 그런데 저울추의 이름이 '권(權)'이다.

저울은 물건의 무게를 다는 기구고, 저울추는 달고자 하는 물건의 무게 균형을 잡아 무게를 알아내는 저울의 가장 중요한 부속물이다. 저울추 '권(權)'은 어떤 물건의 균형을 잡는 기구인 것이다. 이 '權' 자에 '力' 자를 보탠 단어가 '권력'이다. 권력은 'Balance of

| '권력(權力)'을 본질을 성찰하게 만드는 저울추 '권' |

Power', 즉 '힘의 균형' 내지 '힘의 평형'이 그 본래의 뜻이다.

그럼에도 불구하고 권력만큼 잘못 이해되고 잘못 쓰인 것도 없다. 장악하여 휘두르는 것이 권력이라는 삐뚤어진 인식과 의식의 근원은 역사가 제공했다. 특히 왕조 체제의 산물인 봉건적 요소가 청산되지 못한 상황에서 권력은 흔히 절대 권력 그 자체인 것처럼 받아들여졌다. 이런 점에서 우리 '현대사의 비극'은 '권력의 비극'이기도 했다.

'권력'은 '힘의 균형'을 잡는 생동감 넘치는 고도의 행위이며, 이 행위가 '권력 행사'다. 권력 행사라는 말도 잘못 써왔고 지금도 오남용되고 있다. 권력 행사를 권력을 휘두른다는 뜻으로만 알았고, 또 그렇게 받아들였다. 강박관념이라 해도 좋을 만큼 우리는 권력에 대해 부정적 시각과 인식을 갖고 있다. 잘못된 권력 행사만을 경험하고 보아왔기 때문이다.

'정치는 권력과 관계되고, 권력의 본질은 권력 행사와 관계된다.'

권력 행사와 권력이란 문제를 제도적으로나 실질적으로 뒷받침하는 '법(法)'과 한데 연계시켜 이해하면 문제의 본질과 해결책에 보다 더 가까이 다가설 수 있다. 여기에 '권력의 제한'을 뜻하는 '권한(權限)'에까지 생각이 미치면 권력의 속성까지 파악할 수 있게 된다. 권력을 확장 개념이 아닌 수렴 개념으로 이해할 수 있다는 말이다.

'권한'은 권력에 대한 제한이기도 하지만 권력 행사의 한계와 경계를 가리키는 말로, 권력 행사자의 자발적 통제력을 전제로 하는 개념이기 때문이다. 권한은 균형의 제한으로 이해될 수도 있지만, 균형이 갖는 '정태성(靜態性)'을 깨뜨리는 힘과 권한의 본질에 대한 이해를 뒷받침할 수 있는 철학의 필요성도 함께 함축하고 있다.

권력과 권력 행사는 힘의 균형을 이루기 위한 '적절한 힘의 나눔'이라는 수준 높고 질 좋은 속뜻을 감추고 있다는 사실에 새삼 눈을 돌려야 때다. 기억하고 있는지 모르겠지만 지난 대통령 취임사에서 권력을 나누겠다는 의미심장한 대목이 나왔다. 권력의 본질이 '힘을 나누는' 것임을 정확하게 인식하고 나온 대국민 선언으로 듣고 싶다. 그럼에도 정치권은 여전히 '권력 나눔'이 아닌 구태의연한 '권력 다툼'에 몰두하고 있다. 국민의 심판이 이제는 실시간으로 이루어지고 있는 우리 정치 현실을 심각하게 인식해야 할 시점임에도 말이다.

一針見血 : 나눌 줄 모르는 권력은 부패한다.

:: 모든 권력은 부패한다. 절대 권력은 절대 부패한다.
　- 존 액턴(Join Acton, 영국의 역사학자, 1834~1902)

장일인(獎一人), 팽일인(烹一人)

춘추 초기인 기원전 7세기 중반 '관포지교(管鮑之交)'의 주인공 관중(管仲)과 포숙(鮑叔)의 보좌를 받은 제(齊)나라 환공(桓公)은 최초의 패주가 될 수 있었다. 이후 제나라는 전국시대 들어서면서 국력이 크게 쇠퇴해졌다. 이런 상황에서 즉위한 위왕(威王, 기원전 378~기원전 320)은 나라의 전반적인 상황을 파악하기 위해 자신 주변의 모든 일을 꼼꼼하게 다시 살피는 한편 처신에 신중을 기했다.

위왕의 이 같은 신중한 처신 때문에 생겨난 고사가 '구년불언(九年不言)'이다. 무려 9년 동안 말을 하지 않았다는 뜻인데, 물론 과장된 면이 없지 않다. 이와 관련한 전형적인 고사성어는 '삼년불언(三年不言)'이고, 춘추시대 초나라 장왕(莊王)이 가장 유명한 인물이다. 어느 쪽이든 상당 기간 말없이 상황과 정세를 지켜본다는 의미가 함축되어 있다. 이후 이 네 글자는 뛰어난 통치자들의 통치 스타일을 비유하는 고사성어로 정착했다.

아무튼 상당 기간 위왕은 술과 오락으로 세월을 허비하는 척 하면서 조정의 동태를 면밀히 살피고, 같이 일할 인재와 축출할 쓸모없는 자들을 파악했다. 이로써 제나라는 전국시대 중반기에 또 한 번 크게 국력을 떨칠 수가 있었다. 제나라 위왕이 남긴 업적 가운데 두고두고 평가를 받는 '장일인(獎一人), 팽일인(烹一人)'이란 일화가 있다. '한 사람에게는 상을 주고, 한 사람은 가마솥에 삶아 죽였다'는 뜻이다.

이 이야기는 두 사람의 대부(大夫) 때문에 나왔다. 당시 아(阿)라 는 지역을 다스리는 대부는 칭찬이 자자한 반면, 즉묵(卽墨)을 다스 리는 대부에 대해서는 온통 비난하는 소리만 들렸다. 이에 위왕은 몰래 사람을 보내 두 지방을 조사하게 했더니, 아 지방은 농사를 안 짓고 노는 땅이 부지기수에 대부는 음주가무에 취한 채 일을 하지 않고 있었다. 반면 즉묵은 수리 사업도 잘 되어 농사도 풍년 이고 백성들이 다 잘살고 있었다. 세간의 평판과는 완전 반대였던 것이다.

위왕은 두 사람을 각각 소환했다. 대신들은 모두 아 대부는 상

| 공과(功過)를 정확하게 가리는 일은 리 더십의 필수 조건이다. 이를 제대로 실천 했던 제나라 위왕 |

을 받고, 즉묵 대부는 당연히 벌을 받을 줄 알았다. 그러나 예상과는 딴판으로 아주 검소한 차림에 눈빛도 초롱초롱하고 당당한 즉묵 대부는 상을 받고 승진했다. 여기까지가 '장일인'이다.

반면 아 대부는 아주 호화로운 옷을 입고 거들먹거리면서 조정에 들어왔다. 상을 받을 생각에 만면에 웃음을 잃지 않고 싱글거렸다. 그러나 위왕은 아 대부를 팽형(烹刑), 즉 삶아 죽이는 형벌에 처했다. 진상을 알고 봤더니 아 대부는 조정 실권자에게 아부하고 뇌물을 써서 좋은 평점을 얻었던 것이다. 여기까지가 '팽일인'이다. 이렇게 위왕은 한 사람에게는 상을 주고, 한 사람은 팽형을 내려 조정의 기강을 바로잡았다.

유능한 리더의 기준에서 상벌의 공정한 행사는 필수 요건이다. 큰 잘못을 했음에도 불구하고 벌을 늦추거나 그냥 넘어가면 리더의 무능함을 자인하는 것일 뿐만 아니라 나라의 안위마저 위태롭게 하기 때문이다. 적폐청산 과정에서 '팽일인'해야 할 대상들이 속속 드러나고 있다. 가차 없이 엄단해서 같은 잘못을 반복하지 않아야 한다. 과거 청산을 미루거나 포기하면 미래가 발목을 잡히기 때문이다. 친일과 식민 잔재의 청산을 굳이 들먹일 필요까지 없지 않겠는가.

一針見血 : 과거는 미래의 스승이다.

:: **전사불망**(前事不忘), **후사지사**(後事之師).
　지난 일을 잊지 않는 것은 뒷일의 스승이다.
　- 유향(劉向), 《전국책(戰國策)》

권세와 교만은 절로 찾아든다

역사상 가장 오래 된 상고시대 정치 교과서라는 평가를 받고 있는
《상서(尙書)》의 여덟 글자의 한 대목에 달린 주석을 보면 다음과 같
은 구절이 있다.

> "귀불여교기이교자래(貴不與驕期而驕自來), 부불여치기이치자래(富不
> 與侈期而侈自來)."
> ("권세는 교만과 약속하지 않지만 교만이 절로 찾아오고, 부유는 사치와 약속하
> 지 않지만 사치가 절로 찾아온다.") - 〈주관(周官)〉의 공씨전(孔氏箋)

권세를 가지게 되면 교만을 생각하지 않아도 교만이 자연스럽
게 다가오며, 부유해지면 사치를 생각하지 않아도 사치가 저절로
찾아온다는 뜻의 명언이다. 부귀하면서 교만하지 않고 사치하지
않기가 정말 힘들다는 지적이다. 그래서 공자의 수제자인 자공(子

貢)은 부유하면서 교만하지 않기 위해 늘 자신을 낮추었다.

《상서》에서 원래 이 대목은 '위불기교(位不期驕), 녹불기치(祿不期侈)'의 단 여덟 자로 기록되어 있다. 그 뜻은 "자리(권세)는 교만과 같이하지 않고, 녹봉(부)은 사치와 같이하지 않는다."인데 가리키고자 하는 의미는 같다.

'득의망형(得意忘形)'이란 말이 있다. "뜻을 얻으면 형체는 잊는다."는 뜻인데 예술적 경지를 비유할 때 많이 쓰이지만, 이 경우에도 통할 수 있다. 즉, 원하는 것을 얻고 나면 원래 가졌던 마음이나 약속 따위는 잊어버리고 교만과 사치에 빠져들기 쉽기 때문이다.

한나라 때 학자 유향(劉向)은 이 구절을 인용하며, "교만함은 망조(亡兆)와 약속하지 않지만 망조가 알아서 찾아든다."고 경고하고 있다. 그래서 옛 선현들은 부귀할수록 겸손하고 근검절약에 힘을 썼다. 춘추시대 정나라의 큰 정치가 정자산(鄭子産)은 "공부한 다음 벼슬한다는 말은 들어봤지만, 벼슬한 다음 공부한다는 말은 듣지 못했다."고 했다.

| 고대 정치학의 교과서로 불리는 《상서》의 판본 |

정자산이 말하는 '공부'란 '사람이 된다'는 뜻이다. 즉, 사람이 된 다음 벼슬을 해야지 벼슬한 다음 사람되기란 정말 어렵다는 것이다. 그 까닭에 대해 정자산은 고위 공직자가 잘못을 저질러도 부정과 비리에 빠져도 그 벼슬이 가져다주는 권세와 부를 이용하여 비호하거나 덮기 때문이라고 지적했다.

헌법과 법을 유린하고 나라를 망친 전직 대통령을 둘이나 모셔 놓고도 적반하장으로 나오는 야당의 작태를 보면서 저들이 '사람이 되지 못한 채' 권세에 취해 교만하게 구는 것이라는 생각이 들었다.

법적 추궁을 피했다고 정치적 도의적 책임이 같이 사라지는 것이 결코 아님을 모를 리 없을 텐데 누구 하나 책임지고 나서지 않는 걸 보니 교만이 극에 달했고, 조만간 국민들에 의해 정리될 것이라는 확신이 들었다. 아니나 다를까 지난 총선을 통해 국민들은 이들의 교만과 오만방자를 확실히 심판했다. 그럼에도 불구하고 아직 정신을 못 차리는 걸 보니 심판이 부족했나 보다. 아울러 여당에게도 경고한다. 교만은 승리와 짝을 하며 자아도취와 한데 어울려 찾아온다는 사실을.

一針見血 : 현명한 사람은 지금 자신을 돌아본다.

:: **명자교실이성덕**(明者矯失而成德).
현명한 사람은 잘못을 바로잡음으로써 미덕을 성취한다.
- 육지(陸贄, 중국 당나라 중기의 정치가, 754-805)

과연지상(瓜衍之賞)과 포양(襃揚)

춘추시대 역사서이자 동양의 역사관을 잘 보여주고 있는 《좌전(左傳)》에 이런 기록이 보인다.

기원전 597년 진(晉) 경공(景公)이 적적(赤狄)의 토벌에 나섰다. 이때 사백(史伯)은 경공에게 중항환자(中行桓子)에게 군을 통솔하게 하라며 환자를 추천했고, 그 결과 적적을 없애고 노지(潞氏)를 평정했다. 이에 경공은 중항환자에게 적적의 노예 1천 가(家)를 상으로 내리고, 과연(瓜衍, 옛 지명)의 현성을 사백에게 상으로 내렸다. 여기서 '과연 땅을 상으로 내리다'는 '과연지상(瓜衍之賞)'이란 고사성어가 나왔는데, 공을 세운 사람에게 마땅한 상을 내린다는 뜻이자 논공행상을 뜻하는 고사성어로 자리 잡았다.

이와 함께 경공은 "내가 적적의 땅을 차지한 것은 모두 그대의 공로요. 그대의 추천이 없었더라면 중항환자라는 문무를 겸비한 나라의 간성(干城)을 잃었을 것이오."라며 사백을 크게 칭찬했다.

| '과연지상'의 고사를 기록하고 있는 《좌전》의 판본 |

경공의 칭찬은 사백과 중항환자를 크게 고무시켰을 뿐만 아니라 다른 군신들에게도 큰 격려로 작용했다. 《좌전》을 비롯한 옛 기록들은 이 사건을 두고 사백은 중항환자를 기용할 만한 인재로 판단했고, 경공은 이를 믿고 기용했으니 이런 것을 '덕(德)'이라 한다고 평가했다.

그러면서 과거 주(周) 문왕(文王)이 주 왕조 창립의 터전을 닦은 것도 이 범주에서 벗어나지 않는다며 《시경(詩經)》의 "이익을 천하에 베풀어 주 왕조를 창립했다."는 대목을 인용했다. 문왕이 백성들에게 시혜를 베풀어 천하를 얻었듯이 인재를 장려하고 칭찬하면 이루지 못할 일이 없다는 의미였다.

리더가 갖추어야 할 여러 덕목들 중에 '포양(襃揚)'이란 것이 있다. '칭찬하여 드러낸다'는 뜻을 가진 단어이다. 부하 직원이 일을 잘하거나 좋은 성과를 내면 이를 공개적으로 크게 칭찬하여 한껏 드러내라는 것이다.

칭찬에 인색한 리더는 성공할 수 없다. 또 칭찬에 인색한 리더 치고 좋은 리더는 거의 없다. 좋은 인재를 얻어 그들의 적극성을 끌어내지 못하기 때문이다. '포양'은 이를 통해 인재를 격려하고 적극성을 이끌어내며, 나아가 다른 인재를 자극하여 내게로 오게 만든다. 그러니 '포양'할 줄 모르거나, 인재에 대한 시기와 질투 때문에 포양을 고의로 피하는 리더가 성공할 리 있겠는가?

지금 우리 정치의 수구 야당을 보면 정부 정책에 사사건건 시비 걸고 발목을 잡는 일은 많아도 잘한다고 칭찬하는 경우는 눈을 씻고 찾아도 없다. 잘하는 일조차 무조건 반대하고 비방한다. 상대가 잘하기를 바라는 것이 아니라 못하길 바란다. 그렇다고 대안을 제시하는 것도 아니다. 잔뜩 인상 찡그린 채 남 탓만 하고 상대방이 잘 못하길 바라는 사람들이 우리 주위에 너무 많다. 대안 없는 비방과 발목잡기는 정책을 흔들리게 하고 국민의 짜증만 늘게 할 뿐이다. 결국은 심판 받을 일만 남는다.

—針見血 : 칭찬이란 타인이 자신과 비슷하다고 인정하는 예절 바른 방법이다.
- 앙브로즈 피어스

:: 내일의 모든 꽃은 오늘의 씨앗이 있기 때문이다.
- 중국 속담

사람을 죽이는 정치

전국시대 중원에 위치한 위(魏)나라의 혜왕(惠王)이 맹자(孟子, 기원전 372~기원전 289)를 만나 가르침을 청했다.

맹자가 "몽둥이로 사람을 죽이는 것과 칼로 사람을 죽이는 것이 무엇이 다릅니까?"라고 물었다. 혜왕이 다를 것 뭐가 있냐고 답하자 맹자는 한 걸음 더 나아가 "그럼 칼로 사람을 죽이는 것과 정치로 사람을 죽이는 것은 무엇이 다릅니까?"라고 물었다. 혜왕은 이 질문에도 다를 바 없다고 답했다.

이에 맹자는 "주방에는 기름진 고기가 넘쳐나고, 마구간에는 살찐 말이 우글거리는데 백성의 얼굴엔 굶주린 기색이 있고, 들에는 굶어 죽은 사람이 있으니 이는 동물을 풀어 사람을 잡아먹게 한 것이나 다름없습니다. 사람들은 동물들이 서로 잡아먹는 것조차 싫어하거늘 백성의 부모 된 자가 국정을 이끌면서 동물이 사람을 잡아먹는 것을 막지 못하니 어찌 백성의 부모라 할 수 있겠습니까!"라고 일갈했다.

맹자의 웅변은 이렇듯 늘 거침없고 공격적이었다. 그리고 그 대상은 대부분 최고 권력자였다. 맹자는 '백성이 귀하고 군주는 가볍다(민귀군경民貴君輕)'는 구호를 들고 전국시대라는 난세를 헤쳐 나갔다. 이를 통해 그는 백성을 아끼고 사랑하는 자신과 유가의 이념을 설득하려 했던 것이다.《맹자(孟子)》〈이루(離婁)〉 상편에 보면 다음과 같은 구절이 있다.

"지금 왕 노릇 하려는 자는 마치 7년 된 병을 고치기 위해 3년 묵은 약쑥을 구하려는 것과 같다. 만약 기르지 않는다면 평생 얻을 수 없을 것이다."

맹자는 7년이나 된 병을 고치려면 적어도 3년 동안 약초를 키워야 하거늘 그 3년을 기다리지 못하고 효과도 없는 다른 약을 구하거나 캐내거나, 이미 3년을 묵은 약쑥을 찾아 헤맨다고 꼬집은 것이다. 요컨대 그런 방법으로는 병을 고치지 못한다는 뜻이다. 이는 사람을 죽이는 정치에 대한 비유이자 풍자였다. 정치가 백성을 살리기는커녕 백성을

|《맹자》는 정치가들이 참고할 만한 훌륭한 정치학 교과서이다. |

죽이는 정책으로 일관한 결과 백성들은 굶주리고 일부 기득권층만 피둥피둥 살이 쪄서 고치기 힘든 병을 얻었음을 맹자는 날카롭게 풍자한 것이다.

둘러보면 우리 정치도 맹자의 지적과 별반 다르지 않다. 지난 10년 가까이 쌓인 적폐를 청산하기 시작한 지 채 얼마 되지 않았는데 벌써 죽겠다고 엄살이다. 병이든 적폐든 깊어진 만큼 고치고 바로잡는 데 시간이 필요하다. 맹자는 낡은 방법이나 효용 없는 약으로는 묵은 병을 고칠 수 없다고 단언한다. 그 병에 맞는 새로운 약초를 키워야 한다는 것이다.

지금 우리 정치가 국민을 살리려는 것인지 죽이려는 것인지 국민들을 잘 알고 있다. 무능하고 부패하면 최고 권력자마저 자리에서 끌어내리고 처벌받게 하는 시대임을 위정자들은 깊이 명심해야 할 것이다. 이미 2,300년 전에 한 사상가는 '군주보다 백성이 중요하다'는 민주주의의 제1원칙을 확실하게 천명했다. 그 일갈이 지금 더욱 무겁게 마음을 누르는 현실이다.

一針見血 : 백성을 괴롭히는 통치자는 누구든 혼이 나야 한다.

:: **애민자강**(愛民者強), **불애민자약**(不愛民者弱).
백성을 사랑하는 자는 강하고, 백성을 사랑하지 않는 자는 약하다.
　－《순자(荀子)》〈의병(議兵)〉 편

쉽고 가까운 정치
- 평이근인(平易近人)

기원전 11세기 주(周)나라의 건국에 큰 공을 세운 주공(周公, 주나라를 건국한 무왕의 동생)은 건국 후에도 중앙정부의 일 때문에 자신의 봉국인 노(魯)나라로 가지 못하고 아들 백금(伯禽)을 보냈다. 백금은 3년이 지나서야 중앙의 조정으로 돌아와 노나라 상황을 보고했다.

반면 제(齊)나라를 봉국으로 받은 강태공(姜太公)은 다섯 달 만에 돌아와 보고했다. 백금은 노나라의 풍속과 예의를 바꾸느라 3년이 넘게 걸렸다고 했고, 강태공은 예를 간소화하고 제나라 지역 풍속에 따랐기 때문에 다섯 달이면 충분했다고 했다. 이에 주공은 아들 백금에게 다음과 같이 말했다.

> "무릇 정치란 간소하고 쉽지 않으면 백성이 가까이하기 힘들다. 쉽고 백성에 가까우면(평이근인平易近人), 백성들이 모여들 수밖에 없다(민필귀지民必歸之)."

그러면서 주공은 장차 노나라가 제나라를 섬기게 될 것이라고 예언했고, 그 예언은 적중했다. - 이상《사기(史記)》〈노주공세가(魯周公世家)〉

시진핑 집권 2기의 성격을 결정할 중국 제19차 전국인민대표대회가 2017년 10월에 열렸다. 지난 5년 동안 쉬운 정치를 통해 부패와의 전쟁을 효과적으로 수행해 온 시진핑의 2기에 전 세계의 눈이 쏠렸다. 그런데 위 '평이근인'이란 대목이 시진핑 주석의 이름인 근평(近平)과 연관된다는 점이 흥미롭다.

또 이 명언과 시진핑 주석의 이름을 연계한《평이근인(平易近人)》이란 책까지 출간되어 있다. 요컨대 시 주석은 자신의 국정 철학을 반영하는 용어로 자신의 이름과 연결되는 '평이근인'이란 구절에 주목했고, 또 실제 국정에 이를 적극 활용하고 있다. 2기 체제에서도 이 같은 그의 국정 철학이 지속될 것인지 지켜볼 일이다.

| 시진핑 주석의 저서들과 〈평이근인〉을 제목으로 택한 시진핑 주석의 저서(위 점선 표지) |

주공의 지적과 지금 우리 정치 상황을 비교해 보면 절로 한숨이 나온다. 쉽고 생활 속으로 파고드는 가까운 정치에 대한 국민들의 열망에 비해 정치가들의 자질이 턱없이 부족하기 때문이다. 여전히 철 지난 이념과 종북몰이 따위로 정쟁을 유발하여 민심을 갈라놓으려는 낡고 병든 방식이 횡행하고 있다. 여기에 낡은 수구 언론과 매체들까지 가세하여 발악을 하고 있다. 더 큰 문제는 이런 짓거리가 정치철학이나 정당의 강령과는 전혀 상관없는 사리사욕의 발로라는 데 있다.

주공은 정치가 쉽고 백성에 가까우면, 즉 백성들의 보다 나은 삶을 위해 정치가 한 걸음 더 다가갈수록 백성들(민심)이 모여들기 마련이라고 정확하게 지적했다. 민심은 냉철하다. 과거처럼 민심과 여론을 언론을 통해 호도하고 조작하던 시대는 한참 지났다. 진심으로 백성들에게 다가서고, 백성들의 언어로 정치와 정책을 설명하여 믿음을 얻어야 한다. 추운 겨울 얼어붙은 발을 녹이려면 온몸을 데워야지 발에만 따뜻한 물을 부어서는 잠깐뿐이지 더 단단히 얼어붙는다. 민심도 그렇다.

—針見血 : 정치의 요체는 백성의 마음을 알아 안정시키는 데 있다.

∷ **정자**(政者), **정야**(正也).
정치는 바름이다.
－《논어(論語)》〈안연(顏淵)〉 편

'종선여류(從善如流)'할 수 있는 리더

한국 사회에서 대통령을 비롯한 각 조직의 최고 리더가 차지하는 비중은 대단히 막중하다. 오랜 왕조 체제를 경험하면서 뿌리 깊게 박힌 봉건적 사고방식에다 매사를 수동적이고 소극적으로 바라보는 퇴행적 잔재가 여전한 우리 사회인지라 최고 리더에게 거는 기대가 상대적으로 크기 때문이다.

그러다 보니 정치적 색깔도 극명하게 갈라진다. 갈라지다 못해 자신의 정치적 성향과 다른 사람을 경멸하고 증오하기까지 한다. 모르긴 해도 우리 정치가들이야말로 정치하기 정말 힘들겠다는 생각을 자주 하게 된다.

그런데다 각계각층의 리더들의 수준도 도토리 키 재기 아니면 천차만별이다. 더 나쁜 것은 소위 지도층이란 사람들이 우리 사회의 이런 부정적 요소들을 악용하거나 심지어 부추긴다는 사실이다. 이와 관련하여 사마천은 바람직한 통치자의 모범을 다음과 같이 제시한다.

"정확한 의견이나 충고는 마치 물이 흐르듯 듣고 따르며, 남에게
은혜를 베풀 때는 서두르되 결코 피곤해하지 않는다."

- 《사기》〈초세가(楚世家)〉

이 말은 춘추시대 진(晉)나라의 귀족 숙향(叔向)이 춘추시대 최
초의 패주였던 제나라 환공(桓公)을 칭찬한 데서 비롯되었는데, 오
래전부터 전해오는 잠언을 인용한 것 같다(《좌전左傳》 소공昭公 13년조
와 성공成公 8년조에 각각 '군자왈君子曰'로 인용되어 있기 때문이다).

원문은 '종선여류(從善如流), 시혜
불권(施惠不倦)'의 여덟 자이다. 이 여
덟 글자의 잠언에는 자신에게는 엄
격하고 남에게는 너그럽게 대하라
는 뜻이 함께 포함되어 있다. 남에
게는 각박하고 자신의 잘못에는 한
없이 너그러운 우리 지도층과는 정
반대다.

제나라 환공은 자신을 죽이려
했던 원수 관중(管仲)을 재상으로
발탁하여 부국강병을 이룬 뛰어난
리더였다. 이 일로 그는 '외거불피

| 관중과 포숙을 기용하여 춘추시대 최
초의 패주가 되었던 환공의 성공에는
'종선여류'의 실천이 뒷받침되어 있다.
그림은 환공. |

구(外擧不避仇)', 즉 '외부에서 남을 기용하되 (그 사람이라고 판단되면) 원수라도 피하지 말라'는 참으로 실제 행동으로 옮기기 힘든 용인(用人) 원칙을 실천한 인물로 영원히 기억될 것이다. 물론 이 과정에는 관중의 평생 친구이자 동료였던 포숙(鮑叔)의 설득과 충고가 있었다. 환공이 원수조차 기용할 수 있었던 것은 포숙의 충고를 '종선여류(從善如流)'했기 때문이다.

우리 리더들에게 가장 부족한 소양이 바로 이것이 아닐까? 환공은 지금으로부터 약 2,700년 전 사람이다. 자신의 참모는 물론 상대가 지적해 주는 정확하고 옳은 충고와 지적조차 마치 물이 흐르듯 경청할 수 있는 리더를 지금 우리 사회가 갈망하고 있기 때문에 이 고사가 한결 마음에 깊이 와 닿는다.

一針見血 : 좋은 리더는 두루 듣는, 즉 겸청(兼聽)할 줄 안다.

:: 무편무당(毋偏毋黨), 왕도탕탕(王道蕩蕩).
한쪽으로 치우치지 않고 패거리를 짓지 않으면 통치(자)의 길은 널찍하다.
- 《상서(尙書)》 〈홍범(洪範)〉

공(公)과 사(私)의 구분이 흥망을 좌우한다

잘 알려져 있다시피 춘추시대의 큰 정치가 관중(管仲)은 절친 포숙(鮑叔)의 한없는 양보 덕분에 목숨을 건지고 나아가 제(齊)나라의 재상이 되었다. 물론 관중은 그 자신의 탁월한 식견과 능력으로 제나라를 부국강병으로 이끌었다. '관포지교(管鮑之交)'는 이 두 사람의 우정 이야기일 뿐만 아니라 포숙의 위대한 팔로십(followship), 그리고 관중의 철두철미한 공사 구분 정신이 어우러져 끝내 한 나라와 백성을 부강하게 만든 대하드라마였다.

관중은 무려 40여 년 동안 재상 자리에 있었다. 그런데 관중은 중병이 들어 죽음을 앞두었을 때 자신의 후임으로 멀쩡하게 살아 있는 포숙을 추천하지 않았다. 소인배들이 포숙에게 관중의 처사에 불만을 터트리며 이간질하자 포숙은 "내가 사람 하나는 잘 보았다. 내가 그러라고 그 사람을 그 자리에 추천한 것이다."라며 소인배들을 물리쳤다. 이 얼마나 감동적인 고사인가! 관중은 《관자

《管子》〈임법(任法)〉 편에서 이렇게
말했다.

"누군가를 좋아한다고 해서 사
사로운 정으로 상을 내려서는
안 되며, 누군가를 미워한다고
해서 사사로운 원한으로 벌을
내려서는 안 된다."

| 춘추시대 제나라를 부민부국으로 이끈
주인공들의 모습이다.(왼쪽부터 포숙,
관중, 환공) |

그러면서 관중은 원칙과 법으
로 일에 임해야 한다고 강조한다.
나아가 관중은 사사로운 애정과 시혜가 증오와 원한의 원인이 될
수 있음을 지적한다.

"사사로운 애정은 왕왕 미움과 원한의 출발점이 되며, 사사로운
은혜 또한 왕왕 원망의 뿌리가 된다." -《관자(管子)》〈추언(樞言)〉

애정이 되었건 은혜가 되었건 균형을 찾지 못하면 제3자의 원
망을 사게 된다. 또 애정과 은혜를 베풀어 놓고 돌아오는 것이 자
기 마음을 만족시키지 못할 때도 원망하는 마음이 생긴다. 다 사
사로운 마음에서 애정과 은혜를 베풀고 받았기 때문이다. 특히 위
정자가 사사로운 인연에 매여 공정심을 유지하지 못하면 나랏일

184

전체가 흔들리게 된다. 나라를 이끌 인재를 기용하는 인사(人事) 문제에서는 더 그렇다.

촛불혁명으로 새 정권이 들어섰다. 단언컨대 이번 정권의 성패역시 공사 구분에 달려 있다. 멀리 갈 것도 없이 지난 정권들의 처절한 실패의 근본적인 원인이 어디에 있는가를 보면 된다.

역사는 잘 보여준다. 성공한 리더는 공사 구분에 엄격했고, 그것을 기초로 나라가 발전했다는 사실을. 우리 사회 병폐의 뿌리를 파고들면 예외 없이 공과 사에 대한 무분별, 즉 사사로운 욕심과 만나게 된다. 사욕이 나라를 병들게 만드는 것이다.

제나라는 관중과 포숙의 철저한 공사 구분과 멸사봉공 덕분에 수백 년 동안 강대국으로서의 면모를 잃지 않았다고 한다. 모든 조직과 권력에 철저한 공사 구분의 정신을 경계와 경고의 메시지로 들려주고 싶다. 우리의 미래가 그 어느 때보다 심각한 국면에 처해 있기 때문이다.

─針見血 : 공사 구분은 '이성(理性)의 목소리'에 굴복하느냐 여부에서 판가름 난다.

:: **선국가지급이후사구야**(先國家之急而後私仇也).
　 나라의 급한 일이 먼저이고 사사로운 감정은 나중이다.
　 ─《사기》〈염파인상여열전(廉頗藺相如列傳)〉

홍문연(鴻門宴), 인간관계의 중요성을 보여주다

항우(項羽)와 유방(劉邦)의 천하 쟁패를 다룬 《초한지(楚漢志)》는 《삼국지연의(三國志演義)》 못지않게 많은 사람들이 애독하는 역사소설이다. 《삼국지연의》가 7:3의 비율로 허구와 사실이 혼재된 소설이라면, 《초한지》는 그 반대라 할 정도로 팩트(fact)에 충실하다. 이 때문에 흥미 면에서 《삼국지연의》에 비해 떨어지는 것이 사실이지만, 사실에 기초한 스토리 전개인 만큼 실감의 정도는 《삼국지연의》를 뛰어넘는다.

《초한지》의 많은 장면들 중에서 최고 명장면을 들라면 수도 없겠지만, 그중에서 항우와 유방의 운명을 뒤바꾼 '홍문연(鴻門宴)'이란 술자리는 2천 년 넘게 인구에 회자되어 왔고, 최근에는 이를 소재로 한 영화까지 만들어질 정도다.

홍문연은 항우가 유방을 초대한 술자리이자 유방을 죽이기 위한 술자리였다. 당시 천하의 형세로 볼 때 가도 죽고 안 가도 죽는 상황에서 유방은 장량(張良) 등의 건의에 따라 예물을 지니고 홍문연, 아니 죽음으로 술자리로 향한다.

항우가 홍문연에서 유방을 죽이는 것은 말 그대로 손바닥 뒤집기였다. 하지만 항우는 정작 유방을 죽이지 못했다. 아니 죽이지 않았다. 유방은 장차 큰 화근이 될 것이라는 책사 범증(范增)의 충고도 무시한 채 유방을 살려서 돌려보냈다. 항우는 왜 그랬을까? 그 이유에 대해 많은 분석이 뒤따랐다. 항우의 오만함과 우유부단 및 상대적으로 노회했던 유방의 정치력을 지적하는 분석이 대부분이다.

그런데 홍문연을 기록한 사마천의 《사기》나 《초한지》를 가만히 들여다보면 항우의 숙부들 중 한 사람이었던 항백(項伯)이란 존재가 이 세기의 술자리에서 결정적인 역할을 하고 있음을 발견하게 된다.

항백은 항우가 유방을 술자리에서 죽이려 한다는 사실을 사전에 알려 주었을 뿐만 아니라, 항장(項莊)으로 하여금 검무를 추는 척하다가 유방을 찌르라는 범증의 의도에 맞서 자신이 직접 나서 항장의 검무를 상대함으로써 유방의 목숨을 지킨다.

항우의 가장 가까운 피붙이 항백이 왜 이렇게까지 했을까? 천하 패권의 향방이 걸린 이 중차대한 순간에 항백은 어째서 조카를 배신하고 유방을 살려 보내게 했을까? 그 해답은 다름 아닌 유방의 참모인 장량에게 있다. 항백은 과거 장량에게 목숨을 빚질 정도로 큰 은혜를 입은 바 있다. 그래서 조카의 의도를 밀고한 것이고, 검무까지 추어 가며 유방을 지킨 것이다. 하지만 정작 항백

| 항우와 유방의 운명뿐만 아니라 천하 형세를 바꾸어 놓은 세기의 술자리 홍문연이 벌어졌던 유적이다. |

이 살리고자 한 사람은 유방이 아니라 장량이었다는 점을 놓쳐서는 안 된다.

홍문연에서 유방이 죽게 되면 자신에게 큰 은혜를 베푼 장량도 죽기 때문이었다. 항백에게는 결정되지도 않은 천하 패권의 향방보다는 장량과의 의리가 더 중요했다. 개개인의 사사로운 관계가 천하 패권의 방향을 바꾸는 순간이었다.

모든 일을 개인의 사사로운 관계에 의존해 처리할 수는 없다. 나랏일이라면 더더욱 그렇다. 하지만 좋은 인간관계는 언젠가는 결정적인 작용을 한다. 평소 인간관계의 본질에 대해 깊이 성찰하며 관계를 유지하는 사람이 지혜로운 사람이다. 인간관계를 잘못 유지하여 낭패를 보는 사람이 의외로 많다.

一針見血 : 사람을 아는 것과 관계를 유지하는 것은 다른 차원이다.

:: **생아자부모**(生我者父母), **지아자포숙**(知我者鮑叔).
날 낳아주신 분은 부모요, 날 알아준 사람은 포숙이다.
－《사기》〈관안열전(管晏列傳)〉

누란지위(累卵之危)

춘추시대 진(晉)나라 영공(靈公, 기원전 624~기원전 607)은 다섯 살 어린 나이에 즉위했는데 성정이 놀기를 좋아하고 음탕했다. 여기에 도안고(屠岸賈) 등 간신들의 꾐에 빠져 국사를 내팽개쳤다. 한번은 개인의 향락을 위해 막대한 비용과 인력을 동원하여 9층짜리 호화롭고 거대한 건물을 짓게 하고는 신하들의 반대와 비판이 두려워 누구든 이 일과 관련하여 이러쿵저러쿵 이야기를 꺼내면 죽이겠다는 무시무시한 엄포까지 놓았다. 하지만 3년이 지나도록 완공을 보지 못하고 있었다.

신하들은 영공의 기세에 눌려 몸을 움츠린 채 서로들 눈치만 보았다. 하지만 순식(荀息)이란 대신은 이런 상황을 그냥 넘길 수 없어 영공에게 면담을 요구했다. 순식이 무슨 말을 할지 알고 있던 영공은 활에다 화살을 팽팽하게 매겨 놓고는 순식을 기다렸다.

| '누란지위' 고사의 주인공인 진 영공(왼쪽)과 순식을 묘사한 한나라 때의 벽돌 그림 |

영공의 만난 순식은 유쾌한 표정을 지으며 "대왕, 제가 대왕을
즐겁게 해 드리려고 재미난 재주를 하나 보여 드릴까 합니다."라고
말했다. 예상치 못한 순식의 말에 영공은 마음을 풀었다. 순식은
싱글벙글 웃으며 "제가 바둑알 열 개를 쌓은 다음, 그 위에 다시
달걀 몇 개를 올려 놓을 수 있는 재주가 있는데 보시렵니까?"라고
했다. 영공은 활을 한쪽으로 치우고는 "어, 그런 재주라면 재미있
지." 하고는 바둑알과 달걀을 가져오라고 명을 내렸다.

순식은 진지한 표정으로 바둑알을 열 개 쌓아 올린 다음 달걀
을 그 위에 올리기 시작했다. 옆에서 사람들은 바둑알이 하나하나
쌓일 때마다 손에 땀을 쥐었다. 영공도 마찬가지였다. 달걀이 올라
가면서 바둑알들이 흔들리자 영공은 황급히 손을 내저으며 "위험
하다, 위험해!"라며 연신 목소리를 높였다.

그러자 순식은 "이 정도 가지고 뭘 위험하다고 하십니까. 이보다 더 위험한 일도 있는데 말이지요."라며 정색을 하고 달걀을 내려놓았다. 영공은 놀란 얼굴로 "아니, 이보다 더한 재주가 있단 말이요? 어디 한번 보여 주시오."라며 순식을 재촉했다. 때가 되었다고 판단한 순식은 천천히 몸을 일으키며 무거운 목소리로 이렇게 말했다.

"대왕께 몇 마디 아뢸까 합니다. 지금 9층짜리 호화스러운 집을 짓기 위해 3년이란 시간과 돈, 그리고 막대한 인력을 들이고도 완성하지 못하고 있습니다. 이렇게 가다간 나라가 망할 판입니다. 그렇게 높고 호화로운 집을 짓는 일이야말로 바둑돌 위에 달걀을 올리는 것보다 훨씬 더 위험한 일 아니겠습니까. 영명하신 대왕께서는 이 일을 깊이 생각해 주시기 바랍니다."

말을 마친 순식은 옷소매로 눈물을 훔쳤다. 순식의 진솔한 충고와 간절한 태도에 영공은 그 일이 나라에 얼마나 큰 피해를 가져다주는 것인지 깨닫게 되었다. 영공은 "나의 잘못이 정말 이렇게 클 줄 몰랐소."라고 뉘우치며 바로 그 자리에서 공사 중단을 명령했다.

나라와 국민에 엄청난 정신적, 물질적 피해를 준 어마어마한 일을 저질러 나라를 '누란지위'로 몰았던 두 전직 대통령 두 사람의 지금 상황이 딱 '누란지위'와 같다는 생각을 해본다. 더욱

이 이들은 반성과 참회는커녕 잘못을 인정조차 하지 않고 있으니 말이다.

一針見血 : 소인은 잘못하면 반드시 꾸며댄다.
  - 자하(子夏, 중국 춘추 시대의 유학자, 본명은 복상卜商. 공자의 제자)

:: **망국지주불문현**(亡國之主不聞賢).
  망하는 나라의 군주는 바른말을 듣지 않는다.
  -《여씨춘추(呂氏春秋)》〈장공(長攻)〉편

도둑 잡기와 통치의 본질

도가 계통의 제자백가서인《열자(列子)》에는 의미심장한 우화가 많다. 그중 〈설부(說符)〉 편에 보면 이런 이야기가 나온다. 지금의 산서성에 위치한 진(晉)나라에 한때 도둑이 들끓었다. 백성들의 피해가 이만저만이 아니었다. 이때 도둑을 잡는 절묘한 기술을 지닌 극옹(郤雍)이란 자가 나타났다. 이자는 얼굴의 미간만 보고도 도적을 식별하는 능력을 갖고 있었다.

진나라의 통치자인 경공(景公)이 그로 하여금 도둑을 잡게 했는데, 아니나 다를까 단 한 번의 실수도 없이 도둑을 족집게처럼 잡아냈다. 국군은 너무 기쁜 나머지 조문자(趙文子)에게 "극옹 하나만 있으면 나라 전체 도적이란 도적은 다 잡을 수 있으니 많은 사람이 필요 없겠소그려!"라며 흥분을 감추지 못했다.

그런데 함께 기뻐할 줄 알았던 조문자는 뜻밖에 "말과 얼굴색만 가지고 도적을 다 잡으려 했다가는 도적을 다 잡기는커녕 극옹도 곧 죽을 겁니다."라고 했다.

얼마 뒤 도적들이 한데 모여 "우리가 이렇게 궁지에 몰린 것은 다 극옹이란 놈 때문이다."라고 극옹을 성토한 뒤 힘을 합쳐 극옹을 살해했다. 이 소식을 들은 경공은 급히 조문자를 불러들여 도적을 금하는 대책을 물었다. 이에 조문자는 다음과 같이 말했다.

| 흥미와 의미심장함을 두루 갖춘 우화집 《열자(列子)》를 남긴 것으로 전하는 열어구(列禦寇)는 대개 열자로 높여 부른다. |

"주 왕실에 이런 속담이 전해 옵니다. '연못 속의 물고기를 볼 수 있는 자는 불길하며, 감춘 것을 헤아릴 수 있는 자는 재앙을 만난다.' 도적을 근절하는 가장 좋은 방법은 유능한 인재를 추천하고 기용하여 교화를 베풀어 백성들이 염치가 무엇인지 알게 하는 것입니다. 이렇게 하면 도적은 없어질 것입니다."

이에 경공은 사회(士會)라는 현자를 임용했고, 진나라는 크게 다스려졌다. 심리학에 보면 잠재의식에서 비롯되는 '표정언어'나 '신체언어'라는 것이 있다. 이런 표정언어는 본인의 의식에 통제를 받지 않고 그 사람의 마음 깊은 곳의 비밀을 왜곡해서 반영한다.

도적 잡는 능력이 귀신같았던 극옹이 바로 도적의 표정언어로 드러나는 모종의 규칙 같은 것을 파악하여 미간 사이로 비치는 미묘한 특징을 관찰함으로써 도적을 가려냈던 것이다. 하지만 극옹의 이런 신출귀몰한 도둑 잡는 능력에 대해 조문자의 생각은 달랐다. 그는 극옹이 도적을 다 잡지도 못할뿐더러 도리어 목숨을 잃을 것으로 보았다.

사회적 도덕규범을 위배하는 행위를 한 사람들의 비밀을 누군가 알아채면 비밀을 들킨 자들은 비밀을 알아챈 사람과 대립되는 자리에 자신들을 위치시킨다. 그리고 자신들에게 압박이 가해지면 바로 그 사람을 공격 목표로 삼아 공격해 댄다.

위정자가 국정과 관련한 일을 감추고 이를 알아챈 백성을 억누르는 경우가 바로 그런 것인데, 그 결과는 늘 백성과 위정자 둘 다 다치는 것으로 나타났다. 예나 지금이나 정책의 시행은 정당한 방법과 진정한 소통, 그리고 끈질긴 설득이 가장 효과적이다.

—針見血 : 백성은 속으로 생각한 다음 입으로 말하며, 충분히 생각한 다음 행동에 나선다.
- 소공(召公, 중국 주周나라의 정치가)

:: **방민지구**(防民之口), **심어방수**(甚禦防水).
백성의 입을 막는 일은 홍수를 막는 일보다 심각하다.
- 《사기》〈주본기(周本紀)〉

이해관계와 이합집산

기원전 697년, 중원의 정(鄭)나라에 내분이 일어나 여공(厲公, ? ~기원전 673) 돌(突)은 채(蔡)라고 하는 작은 나라로 도망갔다가 역(櫟)을 거점으로 재기를 노렸다. 이로써 정나라는 양분되었다.

기원전 680년, 재기를 노리던 여공 돌은 정나라를 공격하여 대부 보하(甫瑕, 또는 부하傅瑕)를 사로잡아서는 자리와 이권 따위로 유혹하여 자신의 복위를 맹세를 하게 했다. 보하는 자신의 목숨을 바쳐서라도 돌을 맞아들이겠다고 맹서했다. 보하는 약속대로 정자영(鄭子嬰)과 그 두 아들을 죽이고, 여공 돌을 맞아들여 복위시켰다. 약 20년 만에 자리를 되찾은 여공 돌은 당초 약속과는 달리 보하가 군주를 모시는 데 두 마음을 품고 있다며 그를 죽이려 했다. 보하는 스스로 목을 매어 자결했다.

진(晉)나라의 대부 이극(里克)은 헌공(獻公)이 총애하던 여희(驪姬)가 낳은 두 아들 해제(孩提)와 도자(悼子)를 잇따라 죽이고, 진(秦)나라에 망명해 있던 공자 이오(夷吾)를 맞아들여 군주로 옹립하니 이가 혜공(惠公, ?~기원전 637)이다.

혜공은 즉위 후 이극에게 "그대가 없었더라면 나는 군주가 될 수 없었을 것이다. 하지만 그대는 두 명의 진나라 군주를 죽였다. 그러니 내가 어찌 그대의 군주가 될 수 있겠는가?"라며 이극에게 죽음을 강요했다. 그때가 기원

| 이해관계가 다하자 군신들을 가차없이 숙청한 진 혜공을 그린 《동주 열국지(東周列國志)》의 삽화 |

전 650년으로 보하가 여공 돌에게 죽임을 강요받은 지 30년 만이었다.

그런데 또 한 사람 진(晉)나라 대부 순식(荀息)은 헌공이 죽기에 앞서 어린 해제와 도자를 잘 보살펴 이들을 진나라의 군주로 옹립해달라며 뒷일을 부탁하자 목숨을 걸고 이들을 지키겠다고 맹서했다. 하지만 해제와 도자에 이어 이극에게 피살되었다. 순식은 목숨으로 절개를 지켰지만, 해제와 도자를 죽음으로부터 구해 내진 못했다.

사마천은 이 두 사건을 함께 거론하고 있다. 두 사건의 성격이 서로 비슷했기 때문일 것이다. 사마천은 《사기》 〈정세가(鄭世家)〉 논

평에서 이 두 사건의 본질을 다음과 같이 갈파하고 있다.

"권세와 이익으로 뭉친 자들은 권세와 이익이 다하면 멀어지기 마련이다(이권리합자以權利合者, 권리진이교소權利盡而交疏). 보하가 그랬다. 보하는 정나라 군주를 겁박하여 여공을 맞아들였지만 여공은 끝내 그를 배신하고 죽게 했다. 이것이 진나라의 이극과 뭐가 다른가? 절개를 지킨 순식은 자신의 몸을 버리고도 해제를 지키지 못했다. 형세의 변화에는 다양한 원인이 작용하기 때문이다!"

어떤 일의 상황이 시시각각 달라지는 데는 많은 원인이 작용하기 마련이라는 사마천의 지적은 참으로 핵심을 찌른 말이 아닐 수 없다. 인간관계에 있어서 권세와 이해관계는 날이 갈수록 중요해지고 있다. 하지만 인간사 변화와 변질의 가장 강력하고도 추악한 요인 역시 사마천이 첫머리에 지적했던 권세와 이익일 것이다. 누가 이해관계에 집착하는지 눈여겨볼 일이다.

一針見血 : 이해관계 속에 인간의 본질이 고스란히 담겨 있다.

:: "이지중취대(利之中取大), 해지중취소(害之中取小)."
"이익이 맞물리면 무거운 쪽을, 손해가 맞물리면 가벼운 쪽을 택하라."
- 《묵자(墨子)》

비밀 유지와 상호 존중

다음은 《한비자(韓非子)》에 나오는 당계공(堂谿公)과 한(韓)나라 소후(昭侯, ? ~ 기원전 333)의 대화다.

당계공 : 여기 백옥으로 만든 술잔이 있는데 안타깝게 바닥이 없습니다. 그리고 여기 흙으로 만든 술잔에는 바닥이 있습니다. 술을 드실 때 어떤 잔으로 드시겠습니까?

소후 : 그야 당연히 흙으로 만든 술잔으로 마시지.

당계공 : 백옥으로 만든 술잔은 아름답기는 하지만, 그것으로 술이나 물을 마실 수 없습니다. 바닥이 없기 때문이지요.

소후 : 그렇지.

당계공 : 군주가 되어 신하들이 하는 말이 새어나가게 하는 것은 마치 바닥이 없는 술잔과 같습니다.

| 대화를 나누고 있는 당계공과 한 소후 |

　소후는 당계공의 말뜻을 알아차렸다. 이후 소후는 당계공을 만나고 나면 반드시 혼자서 잠을 잤다. 행여 꿈에서라도 당계공과 나눈 이야기를 함께 자는 처첩에게 누설할까 봐 두려워서였다.

　고대사회에서 군신관계는 특수한 관계였지만 다른 사회적 관계와 마찬가지로 이 관계도 강박에 의존해서는 성립할 수 없었고, 또 그래서도 안 되었다. 쌍방이 서로를 인정하는 기초 위에 관계가 성립되어야 했는데, 이때 군주에 대한 신하의 인정(認定)이 더욱 요구되었다. 군신관계와 관련된 이런저런 규범이 군주보다는 신하에게 많은 의무를 요구하기 때문이다. 따라서 신하가 마음으로 이런 군신관계를 인정해야만 자신에게 요구되는 적지 않은 의무를 기꺼이 받아들이게 된다. 이것이 진정한 군신관계의 실현이다.

　그런데 이런 군신관계에 대한 신하의 인정에는 군주에 대한 모종의 신뢰를 전제로 깔고 있다. 군주가 신뢰를 얻으려면 사람들로 하여금 기꺼이 즐거운 마음으로 자신의 신하가 되길 원하게 만들어야 한다. 그러기 위해서는 자신의 인품과 능력, 그리고 정감으로 신하들의 다양한 요구를 만족시켜 주는 것 외에 신하를 위해 필요한 비밀을 지켜 주는 것 또한 소홀히 할 수 없는 부분이다. 요컨대 비밀을 지켜 줄 줄 아는 군주가 반드시 신하들의 신뢰를 얻는 것은 아니지만, 신하들이 신뢰하는 군주는 분명 신하들이 원하는 비밀을 지켜줄 줄 아는 사람이다.

소후의 신경질적인 비밀 지키기 방식은 딱히 본받을 만한 것이 못 된다. 소후의 통치술은 불신과 거짓에 의존하는 방식이었기 때문이다. 어떤 통치도 거짓과 불신에 의존해서는 절대 성공할 수 없다. 신불해를 기용하여 정치를 개혁하려 했던 소후의 통치가 실패한 것도 이런 사이비 '권술(權術)'에 의존했기 때문이다.

다만 소후가 보여준 행동에서 관계, 특히 상하관계의 본질과 속성과 관련하여 꽤 의미심장한 교훈을 찾고 계발을 얻을 수 있다.

一針見血 : 무릇 일은 비밀을 유지함으로써 성사되고, 말은 누설됨으로써 실패하게 된다.

- 한비자(韓非子)

:: **범세지난**(凡說之難), **재지소세지심**(在知所說之心), **가이오설당지**(可以吾說當之).
유세의 어려움이란 상대방(군주)의 마음을 잘 알아, 나의 말을 거기에 들어맞게 하는 데 있는 것이다.
- 《사기》〈한비자열전(韓非子列傳)〉

중용(重用)의 의미

춘추 말기, 진(晉)나라의 실권자 조간자(趙簡子, ? ~기원전 476)가 마차를 타고 산길을 따라 사냥에 나섰다. 길이 하도 험하다 보니 급기야 사냥에 따라온 신하들까지 나서 마차를 밀어야만 하는 심각한 상황에 이르렀다. 그런데 유독 한 사람, 호회(虎會)라는 대신은 마차를 밀기는커녕 긴 창을 어깨에 둘러맨 채 휘파람까지 불어 가며 유유자적 마차 옆을 거닐었다.

조간자가 그를 노려보았지만 호회는 아랑곳하지 않았다. 조간자는 기분이 나빠져 거친 목소리로 "내 마차가 힘든 산길을 오르지 못해 신하들까지 나서 힘을 보태고 있는데, 호회 당신 혼자만 힘을 보태기는커녕 노래까지 불러 가며 사람들을 놀리다니 이게 신하가 군주를 기만하는 것이 아니면 무엇인가? 신하가 군주를 기만하는 것은 어떤 죄에 해당하는가!"라며 호회를 나무랐다.

호회는 황망히 "신하가 군주를 기만하면 그 죄는 죽고 또 죽어야 합니다."라고 대답했다. 조간자가 "죽고 또 죽어야 한다는 것이 무슨 말인가?"라고 물었다.

"자신도 죽고 처자식도 죽어야 한다는 말입니다."

호회는 전혀 겁먹지 않고 대답한 다음 때를 놓치지 않고 화제를 돌려 이렇게 말했다.

"지금 주군께서는 신하가 군주를 기만하면 어떤 벌을 받는지 아셨지요. 그렇다면 군주가 신하를 우습게 여기고 업신여기는 행동은 어떤 죄에 해당할지 생각해 보셨습니까?"

순간 조간자는 당황해하며 "군주가 신하를 업신여기면 어떻게 된단 말인가?"라고 물었다. 이에 호회는 다음과 같이 말했다.

"군주가 되어 자신의 신하들을 경멸하는 일이 계속되면 결국은 이렇게 됩니다. 지혜를 가진 신하는 입을 다물어 버리고, 다른 신하들은 자기 몸보신에 급급해집니다. 앞날을 내다보지 못하니 가까운 곳에서 근심이 발생하고, 나라는 멸망의 위기에 처하게 됩니다. 말 잘하는 신하는 사신으로 나서려 하지 않을 테니 이웃 나라와의 외교는 불통이 되어 대외적으로 고립될 것입니다. 장수와 병사들은 적과 싸우려 하지 않을 테니 군대는 약해지고, 변경은 적의 침략으로 하루도 편할 날이 없을 겁니다. 군주가 신하를 경멸하면 내정과 외교, 그리고 국방 모든 방면에서 힘을 쓰려 하지 않을 테니 나라 꼴이 아니겠지요. 그런 나라의 주인이 주인 노릇을 할 수 있겠습니까?"

| 인재에 대한 인식은 매우 심각하다. 크게는 나라의 흥망과 직결되기 때문이다. 이 문제를 깊이 깨달은 조간자의 석상이다. |

호회의 말에 조간자는 깜짝 놀랐다. 그러고는 서둘러 마차를 몰던 신하들을 불러 정중히 사과하는 한편 술자리를 베풀어 위로했다. 호회는 상석에 모셔 그의 조언을 구했다.

인재는 중용해야 한다. 이때의 중용이란 높은 자리나 많은 녹봉이 아닌 소중하게 대우하는 것을 말한다. 사람을 함부로 대하고 부리는 리더는 빵점이다.

一針見血 : (연왕이 인재를 우대하자) 인재들이 앞을 다투어 연나라로 달려왔다.

- 《사기》〈연소공세가(燕召公世家)〉

:: 치국지난(治國之難), 재우지현(在于知賢), 이부재자현(而不在自賢).
나라를 다스리는 어려움은 유능한 인재를 알아보는 데 있지 자신이 유능해지는 데 있지 않다.
-《열자(列子)》〈설부(說符)〉 편

'정명(正名)'과 통치의 기본

공자(孔子)의 제자 자로(子路)가 스승 공자에게 "선생님께서 정치를 하신다면 어떤 일부터 시작하겠습니까?"라는 질문을 던졌다. 이에 공자는 '정명(正名)'이라고 답한다. 자로가 겨우 그거냐고 깎아내리자 공자는 이렇게 깨우쳐 준다.

"이름을 바로 세우지 않으면 말[言]이 서지 않고, 말이 서지 않는다면, 모든 일이 이루어지지 않는다."

이것이 유명한 공자의 '정명론'인데 그 의미를 두고 역대로 해석이 분분했다. 그런데 전국시대 각국의 역사를 정리한 《전국책(戰國策)》에는 이 문제에 대해 비교적 명쾌한 해답을 주는 일화가 전한다.

사신으로 온 한(韓)나라 사질(史疾)의 식견을 테스트하기 위해

초(楚)나라 왕은 "당신이 소중하게 생각하는 것이 있다면 무엇이오?"라는 질문을 던졌다. 이에 사질은 "저는 '정명'을 소중하게 생각합니다."라고 답했다.

| '정명'의 중요성을 낮추어 보았다가 스승 공자의 훈계를 들은 자로 |

초왕 : '정명'으로 나라를 다스릴 수도 있소?

사질 : 있습니다.

초왕 : 지금 우리 초나라에 도둑이 너무 많아서 걱정인데 당신이 말하는 '정명'으로 도둑을 근절할 수도 있소?

사질 : 있습니다.

초왕 : 정명으로 어떻게 도둑을 근절할단 말이오?

대화 도중 까치 한 마리가 지붕으로 날아와 앉았다. 사질은 까치를 손가락으로 가리키며 "초나라에서는 저 새를 무엇이라 부릅니까?"라고 물었다.

초왕 : 까치라고 부르지.

사질 : 까마귀라고 부를 수도 있습니까?

초왕 : 그건 안 되지.

사질 : 지금 왕께서 다스리시는 이 초나라에는 영윤(令尹)이며, 사마(司馬)며, 전령(典令) 같은 관직들이 있습니다. 이 관직들은 관리들

이 청렴하게 자신의 직무에 충실하라고 그런 이름을 붙인 것 아닙니까. 그런데 초나라에 공공연히 도둑들이 들끓는데도 이를 근절하지 못한다는 것은 이자들이 직무를 다하지 않기 때문입니다. 까마귀는 까마귀이지, 까치가 될 수 없습니다. 이름과 실질이 서로 부합하지 않기 때문이지요.

사질의 설명에 초왕은 깊이 느끼는 바가 있었다. 이름을 바르게 한다는 '정명'은 그 이름에 걸맞은 실질적 행위가 따라야 한다는 의미를 함축하고 있다.

관직은 물론 모든 사물에 이름을 붙이는 것도 마찬가지다. 그래서 이름답지 않을 때, 그 이름에 걸맞게 행동하지 못할 때 이름값을 못한다고 하는 것이다. 통치에 있어서 '정명'은 그래서 더 무겁고 중요하게 다가온다.

一針見血 : 군자는 자신의 말을 허투루 하지 않는다.
- 공자(孔子, 중국 춘추 시대의 사상가 · 학자)

:: **명부정**(名不正), **즉언불순**(則言不順). **언불순**(言不順), **즉사불성**(則事不成).
이름을 바로 세우지 않으면 말[言]이 서지 않고, 말이 서지 않는다면, 모든 일이 이루어지지 않는다.
- 《논어(論語)》〈자로(子路)〉 편

사마천이 그리는 이상적 리더의 모습

《사기》에는 많은 리더가 등장한다. 제왕만 90여 명에 제후들은 약 200명에 이른다. 참모들 수는 헤아리기 힘들 정도로 많다. 그렇다면 사마천은 수많은 리더들 중에서 어떤 리더를 이상적 리더로 그렸을까?

제왕으로는 요(堯) 임금과 순(舜) 임금, 그리고 한나라 문제(文帝)를 꼽았고, 참모로는 장량(張良) 스타일을 높이 평가했다. 그리고 무장으로는 사마천보다 한 세대 정도 앞의 이광(李廣, ? ~기원전 119)을 꼽았는데, 이례적으로 이광의 열전 곳곳에서 이광의 인품을 칭찬하고 있다.

사마천이 그리고 있는 이광은 "청렴하여 상을 받으면 번번이 부하들에게 나눠 주었고, 음식도 군사들과 함께 먹는" 모습이었다. 청렴으로 말하자면 "죽을 때까지 40년 넘게 2천 석 녹봉을 받는 관직에 있었으나 집에는 남아 있는 재물이 없었으며, 끝까지 집안 재산에 대해 말하는 일이 없을" 정도로 깨끗했다.

또 부하들을 "식량과 물이 부족한 곳에서 물을 보아도 병졸들이 물을 다 마시기 전에는 물을 가까이 하지 않았으며, 병졸들이 음식을 다 먹고 난 뒤에야 비로소 음식을 먹을" 만큼 아꼈다.

또 리더십은 "사람들에게 관대하면서 까다롭지 않아 병졸들은 그의 지휘를 받고 싶어 했다." 심지어 적장조차 그를 존경하여 혹시나 그를 "잡거든 반드시 산 채로 데려오라"는 명령을 내렸으며, 그가 죽자 적군 전체가 조의를 표했다.

하지만 이광의 인생은 기구했다. 자기 밑에 있던 부하 장수들은 승승장구 제후로 봉해질 때도 그는 늘 그 자리였고, 세 황제를 섬겼지만 그를 중용한 황제는 없었다. 무제 때는 황제 주변의 새파란 정치군인들의 박해를 받아 그 치욕을 견디다 못해 끝내 스스로 목을 그어 자결할 수밖에 없었다.

이광은 전쟁터에서는 늘 앞장섰고, 후방에서는 부하 병사들에게 자율권을 주며 편하게 대했다. 사마천은 이런 이광의 리더십을 두고 "전하는 말에 '자기 몸이 바르면 명령하지 않아도 시행되고, 자기 몸이 바르지 못하면 명령을 내려도 따르지 않는다'고 했는데, 아마 이광 장군을 두고 한 말일 것이다."라고 평가하면서,

| 오늘날 이상적 리더의 모델로 손색 없는 이광 |

"그가 죽던 날 그를 알든 모르든 모두가 슬퍼했으니 그의 충심이 사람들의 믿음을 얻은 것 아니겠는가!"라고 애도했다.

그런 다음 마지막으로 속담을 인용하여 "복숭아나무와 오얏나무는 말이 없지만, 그 아래로 절로 길이 난다고 했으니 말은 사소하지만 그 이치는 참으로 크다."는 찬사를 보냈다.

이제 우리 사회는 모순덩이의 권위와 독단으로 똘똘 뭉친 리더가 아닌 이광과 같은 리더를 원한다. 말없이 자기 몸으로 실천하여 그 진정성으로 대중의 믿음을 얻고, 힘든 일에는 앞장서고, 대부 분의 일은 위임하고, 함께 일하는 사람들을 제 몸보다 더 아끼는 이광 스타일의 리더를 말이다.

一針見血 : 위정자는 자신의 몸을 바로잡는 것으로부터 시작한다.

:: **기신정**(其身正), **불령이행**(不令而行) ; **기신부정**(其身不正), **수령부종**(雖令不從).
자신의 몸가짐이 바르면 명령을 내리지 않아도 시행되며, 자신의 몸가짐이 바르지 않으면 명령을 내려도 따르지 않는다.
-《논어(論語)》〈자로(子路)〉 편

언격言格이
인격人格이다

지난 2020년 4월 15일 총선거의 승부를 가른
여러 요인들 중 하나를 꼽으라면 '말'이다.
말은 그 사람의 내면의 세계, 정신세계를 비추는 거울과 같다.
이런 점에서 말은 글보다 그 사람을 더 잘 나타낸다.
따라서 모든 말실수는 실수가 아니라 평소 소신의 표출이다.
실수로 포장하고 변명할 뿐이다.
지난 몇 년 동안 우리 사회는 이 '말의 격',
즉 '언격(言格)'이 곧 '인격(人格)'이라는 사실을 뼈저리게 목격하고 체험했다.
'언격'은 인문학 소양에서 나온다.
인문학의 기본은 문사철이며, 역사는 인문학의 핵심이다.
역사 공부를 하지 않는다는 말이다.
또 하나, 자신보다 지적으로 도덕적으로 뛰어난 사람에 대한
막말과 비난의 본질도 새삼 확인하게 되었는데,
그것은 다름 아닌 시기와 질투였고, 그 뒤에는 탐욕이 웅크리고 있었다.
시기와 질투는 인간의 본성에 가깝지만 그것이 지나치면 남을 해치게 된다.
시기와 질투를 극복하는 길은 끊임없는
자기수양과 자아성찰, 그리고 공부다.
삐뚤어진 지식인들과 갈 데까지 간 언론들을 염두에 둔 글들이 있다.

풍자와 유머가 뒤틀리는 정치와 언론

한때 정치판을 달구었던 '머리 자르기' 논란과 평창올림픽을 둘러싼 '평양올림픽', '김일성 얼굴' 논란 등을 보면서 우리의 낡고 병든 수구와 그와 별반 다를 바 없는 언론 때문에 심경이 몹시 착잡해진 사람들이 많았을 것이다.

말의 머리와 꼬리를 자른 채 시빗거리(?)가 될 만한 특정 단어, 다시 말해 자신들이 원하거나 구미에 맞는 대목만을 떼 내어서 견강부회(牽强附會)하고 곡학아세(曲學阿世)하는 현상이 비일비재하기 때문이다. 상대가 한 말이나 글의 진의(眞意)나 의중(意中)은 아랑곳하지 않는다. 알고도 이러는 것인지, 정말 상대의 진의와 의중을 모르는 것인지 종잡을 수 없다. 문제는 정치판만 이런 것이 아니라는 사실이다. 언론과 방송도 대동소이하다. 정말이지 이를 '신(新)문맹(文盲) 현상'이라 불러도 무방할 정도다.

가짜 뉴스와 관음병적 보도 행태는 더더욱 심각하다. 이른바 배웠다는 자들도 버젓이 이에 동조하며 이런 병리 현상을 부추긴다. 우리 국민의 문맹률은 거의 제로에 가깝다고 한다. 그러나 상대의 말이나 글이 전달하고자 하는 진의와 의중을 제대로 파악하지 못하는 새로운 문맹률은 대단히 높다.

다시 말해 말과 글을 이해하는 문해력(文解力)은 꼴찌에 가깝다는 것이고, 이는 OECD 국가를 대상으로 한 통계에서도 확인된다. 이런 현상은 말과 글을 왜곡하거나 멋대로 해석하여 사사로운 정치적 의도와 욕망을 강조하고, 이를 매체를 통해 전달하려는 삐뚤어진 의식이 사회 전반에 만연해 있기 때문이다. 여기에 이들과 이해관계를 같이 하는 사이비 언론까지 합세하다 보니 의외로 심각한 새로운 문맹 현상이 국민의 눈과 귀를 가리고 어지럽히는 것이다.

이러한 현상 이면에는 풍자와 유머를 이해 못하여 이를 받아들이지 못하거나 받아들이려 하지 않는 우리의 문화 수준도 한몫하고 있다. 일찍이 사마천은 이런 현상을 인식하고는 "말이 미묘하게 들어맞으면 분쟁을 해결할 수 있다(담언미중역가이해분談言微中亦可以解紛)."는 명언을 남긴 바 있다. 서로가 의중과 진의를 잘 헤아려 수준 높은 대화를 나누면 어떤 다툼도 풀 수 있다는 의미이다. 사마천은 인간의 삶과 이해관계에 있어서 풍자와 유머가 차지하는 역할을 정확하게 간파했던 것이다.

《희극론》이란 명문을 남긴 바 있는 영국의 소설가이자 시인인 조지 메러디스(George Meredith, 1828~1909)는 "한 나라의 문화를 저울질하는 가장 좋은 방법은, 그 나라 사람들의 '희극(comedy)'과 '희극적 개념(comic idea)'의 발달을 보는 것이며, 그리고 희극의 진정한 표준은 사상을 함축(含蓄)하고 있는 웃음을 자아낼 수 있느냐를 보는 것이다."라고 했다. 메러디스는 말하자면 웃음을 자아내는 수준 높은 유머를 문화 수준과 연결시킨 것이다.

| 희극(유머)의 발달을 한 사회의 문화 수준과 연계 지었던 조지 메러디스 (사진 출처 : 구글 위키백과) |

수준 높은 유머를 구사하기는커녕 상대의 풍자와 유머를 마구 뒤틀어 견강부회하고 나아가 이것으로 상대를 공격하는 '신문맹 현상'의 심각성을 바로 인식해야 할 필요가 있다. 유머는 그 사회와 나라의 문화 의식과 수준을 가늠하는 중요한 지표가 되기에 충분하다.

유머와 풍자는 또 지난 10년 가까이 우리가 잃어버렸거나 강제로 빼앗긴 부분이기도 했다. 빨리 되찾고 회복해야 한다. 그래야 문화와 예술 방면이 활기를 띨 수 있기 때문이다.

─針見血 : 유머를 구사할 줄 모르면 영혼에 병이 든 것이다.

:: 유머의 인생관은 진실하고 너그러우며 동정적인 인생관이다.
 - 임어당(林語堂, 중국의 작가이자 문명 비평가, 1895~1976)

'천금매소(千金買笑)'와 수구 언론의 봉화 놀이

기원전 8세기 초 주(周)나라를 다스렸던 유왕(幽王)은 젊은 후궁 포사(襃姒)의 웃는 모습 보기를 그렇게 좋아했다. 포사가 평소 잘 웃지 않았기 때문에 유왕은 그녀의 웃음에 더 집착했다.

야사에 따르면 포사가 하도 웃질 않자 유왕은 포사를 웃게 하는 사람에게 천금이란 거금을 현상금으로 내걸고 아이디어를 공모하기까지 했다. 여기서 저 유명한 천금매소(千金買笑)라는 사자성어가 탄생했다. '천금으로 웃음을 산다'는 뜻이다(나아가 이 사자성어에서 '일소천금一笑千金', 즉 한 번 웃음에 천금을 대가로 치렀다는 성어 등이 파생되었다).

이런저런 방법이 동원되었지만 포사는 좀처럼 웃지 않았다. 급기야 어떤 자가 봉화 놀이를 제안했다. 유왕은 봉수와 큰북을 마련하여 적이 쳐들어와 봉화를 올리는 것처럼 한바탕 쇼를 벌였다. 제후들이 놀라서 군대를 이끌고 서둘러 달려왔으나 적은 보이지 않았다. 모두들 허탈해 하지 않을 수 없었다.

그런데 포사가 이 모습을 보고는 크게 웃었다. 유왕은 너무 좋아했다. 이후 유왕은 틈만 나며 봉화를 올려 포사를 웃게 했다. 모르긴 해도 포사는 하도 어이가 없어 웃었을 것이다. 자기 하나 웃기려고 긴급할 때나 피우는 봉화까지 피우며 법석을 떠니 말이다.

유왕은 간사하고 아부를 잘하며 이익만 밝히는 괵석보(虢石父)를 요직에 앉혀 백성들을 착취했다. 그리고 급기야 황후 신씨(申氏)를 폐하고 태자를 내쳤다. 왕후의 아버지 신후(申侯)가 이민족인 견융(犬戎)과 결탁하여 유왕을 공격했다.

다급한 유왕이 봉화를 올려 제후의 군대를 불렀으나 여러 차례 속았던 제후들은 오지 않았다. 신후와 견융은 유왕을 여산(驪山) 아래에서 잡아서 죽이고, 포사는 포로로 잡아갔다(일설에는 포사도 붙잡혀 목이 잘렸다고 한다). 그해가 기원전 771년이었고, 늑대와 양치기 이야기 중국판이라 할 수 있는 포사와 봉화 놀이는 이렇게 비극으로 끝났다.

역사에서는 유왕이 내친 태자 평왕(平王)이 동쪽 낙읍(洛邑, 지금의 낙양)으로 천도한 기원전 770년을 기점으로 그전을 서주(西周), 그 이후를 동주(東周)라 부르며 시대를 구분한다.

또 기원전 722년부터 시작되는

| 주 유왕이 시도 때도 없이 피워 올린 봉화는 나라를 망하게 했다. 사진은 유왕이 봉화를 올렸던 여산 봉수대를 재현한 지금 모습이다. |

동주 시대 노나라의 역사책인 《춘추(春秋)》의 이름을 빌려 춘추시대의 시작이라고도 한다. 유왕의 유치한 봉화 놀이의 결과가 주나라의 역사를 바꾸었고, 중국 역사를 바꾸었던 셈이다.

지난 정권 때 북한과 미국 간에는 전쟁을 불사하겠다는 살벌한 설전(舌戰)이 한동안 계속되었다. 정권이 바뀌고 나서도 한동안 분위기는 공갈포의 포연이 자욱했었다. 당시 수구 사이비 언론들은 전쟁이 터질지도 모르는데 국민들이 너무 태평하다며 야단을 쳤고, 남북관계와 북미관계가 180도 바뀐 지금도 여전히 전쟁 가능성에 군불을 때며 연신 봉화를 올려 댄다.

그런데 잠깐 가만히 되짚어 보자. 지난 수십 년 동안 전쟁 발발설을 시도 때도 없이 게거품을 물고 외친 자들이 누구였던가? 이러니 국민들이 안 믿고, 못 믿는 것 아닌가? 국민들은 그런 언론들을 늑대가 온다며 거짓말을 친 '양치기'나 포사를 웃기려고 봉화를 올린 유왕과 그 일당으로 보고 있기 때문이다. 수구 적폐 언론은 갈 데까지 갔다.

一針見血 : 언론의 자유를 부르짖는 자는 그 자유를 남용하려는 자다.
- 괴테(Goethe, 독일의 시인·소설가·극작가, 1749~1832)

:: **광양자자**(洸洋自恣).
말이 황당하고 제멋대로다.
- 《장자(莊子)》

간신이란 역사 현상과 한국 '언간(言奸)'들의 민낯

중국 역사 5천 년을 통해 가장 악명 높은 거물급 간신 하면 많은 사람들이 명나라 말기 희종(熹宗) 때의 위충현(魏忠賢, ? ~1627)을 든다. 위충현은 특히 자신의 권력 유지를 위해 지식인들을 농락하여 자신의 앞잡이로 만든 다음 이들로 하여금 자신을 찬양하게 만드는 여론 조작에 아주 능숙했던 간신이었다.

내각을 장악하는 자리인 내각 수보였던 고병겸(顧秉謙)이란 자는 위충현을 위해 각종 공안 사건을 날조하여 충신들을 많이 해쳤다. 당시 이자가 위충현을 찾아왔을 때 자식들까지 데리고 와서 위충현 발아래에 무릎을 꿇고 인사를 올렸다고 한다. 그러고는 후안무치하게 "이 몸이 원래는 어르신의 양아들이 되고 싶었는데 어르신께서 허옇게 수염 난 아들을 싫어하실까 봐 제 아들을 손자로 삼으셨으면 합니다!"라며 소름끼치는 아양을 떨었다.

기록에 따르면 고병겸은 위충현을 대리하여 충직한 대신들을 해치고, 황제의 명령을 앞세워 천하 사람들의 입에다 재갈을 물렸으며, 조정의 동정을 낱낱이 위충현에게 보고하니 위충현의 입에서 칭찬이 마를 날이 없었다.

지식인으로서 위충현에게 가장 충성을 다한 우두머리는 최정수(崔呈秀)가 단연 으뜸이었다. 최정수는 병부상서(법무장관) 자리를 꿰차고 위충현의 공안정국을 주도했다. 이 과정에서 최정수는 위

| '언간'들에 의해 '구천세'로 추앙받으며 황제 못지않은 권세를 누렸던 중국 역사상 최고 최악의 간신 위충현(사진은 드라마 속 위충현의 모습)|

충현에 반대하는 블랙리스트인 〈동림동지록(東林同知錄)〉을 작성하는 등 위충현의 간행을 앞장서서 도왔다.

위충현에 빌붙어 더러운 부귀를 누린 지식인들은 위충현을 '구천세(九千歲)'로 부르며 알랑거렸다. '만세(萬歲)'로 불리는 황제 다음이었다. 차기 황제 자리를 이을 황태자를 '천세'로 부른 것과 비교하면 위충현의 위세가 어느 정도였는지 충분히 알 것이다.

통치자가 무능하고 정치가 부패하면 반드시 나타나는 현상이 다름 아닌 '간신(奸臣)'이다. 간신들은 예외 없이 우두머리 간신, 즉 대간(大奸)을 중심으로 철저하게 사리사욕을 채우기 위해 패거리를 짓는다. 새끼 간신, 즉 소간(小奸)들은 '대간'의 권력 유지를 위해 온갖 패악(悖惡)질을 다 저지르는데 가장 대표적인 것이 여론을 조작

하여 '대간'을 어마무시한 인물로 만드는 것이다.

이런 '소간'들 무리에서 가장 많은 비중을 차지한 자들이 이른 바 배운 자들인데 굳이 부르자면 '학간(學奸)'이라 할 수 있다. 이 '학간'들은 배운 지식을 온갖 수단으로 왜곡하여 '대간'에게 아부하고, '대간'을 침이 마르도록 칭송한다. 이를 위해 여론을 왜곡 호도하는 것은 물론 심지어 여론을 조작한다.

이런 '학간'의 역할을 보노라면 지금 우리 언론의 민낯이 자연스럽게 떠오른다. 이 언론 쪽의 간신들은 '언간(言奸)'이라 할 수 있겠는데, 최근 우리 상황을 보면 정말이지 낯 뜨거운 간행을 아무렇지 않게 저지르고 있다. 부정한 자본에 굴복하여 최소한의 자존심마저 내팽개치는 것은 물론 심지어 정부와 국민을 이간질한다. 기레기라는 사상 유례가 없는 호칭으로 경멸당하고 있는 이런 '언간'들을 통해 우리는 간신 현상이 얼마나 무서운 역사 현상인가를 침통하게 실감한다. 막강한 영향력을 가진 전파와 지면을 가진 '언간'이야말로 적폐청산의 으뜸가는 대상이다.

一針見血 : 입은 쇠도 녹인다.

:: **중구삭금**(衆口鑠金), **적훼소골**(積毀銷骨).
여러 사람의 입은 쇠도 녹이고, 여러 사람의 헐뜯음은 뼈도 깎는다.
－《사기》〈장의열전(張儀列傳)〉

단장취의(斷章取義)가 안 통하는 세상

'단장취의'는 '문장이나 뜻을 멋대로 잘라서 취한다'는 뜻의 성어이다. 자신의 생각이나 주장을 나타내기 위해 글쓴이의 원래 의도와는 상관없이 남의 문장 중 일부를 잘라내는 행위를 가리키는 표현이다. 또 그렇게 상대의 말이나 문장 일부만을 잘라서 원래 뜻이나 의도를 왜곡하는 것 또한 '단장취의'라 할 수 있다.

춘추시대 여러 제후국이 외교 활동을 벌일 때 사신들은 《시경(詩經)》 등에서 문장을 따와 자기 의사를 나타내는 수단으로 삼았다. 하지만 말하는 쪽이나 듣는 쪽 모두 본래 의미는 상관하지 않고 자신이 이해한 쪽으로 유리하게만 해석했다고 한다. 여기서 '단장취의'가 유래되었다.

또 '단장취의'는 제(齊)나라 정변에서도 인용된 바 있다. 춘추시대 제나라에서 정변이 일어나 대부 최저(崔杼)가 경봉(慶封)과 함께 장공(莊公)을 시해하고, 경공(景公)을 앉히는 사건이 있었다.

장공에게는 충성스러운 호위 무사 노포규(盧蒲癸)란 인물이 있었다. 노포규는 장공이 시해 당하자 동생 노포별(盧蒲嫳)에게 최저와 경봉에게 신임을 얻어놓으라고 당부한 뒤 도망쳐 몸을 숨겼다.

노포별은 경봉의 가신이 되어 기회를 엿보았고, 결국은 최저와 아들들 사이의 갈등을 이용하여 최저 일가를 몰살했다. 최저도 자살했다. 권력을 독점한 경봉은 노포별을 완전 신뢰하게 되었고, 노포별은 경봉에게 형 노포규를 귀국시키자고 권했다.

노포규는 귀국했고, 경봉의 아들 경사(慶舍)의 딸 강경(慶姜)을 아내로 얻기까지 했다. 기회를 엿보던 노포규는 경봉이 사냥을 나간 틈에 경사를 죽였다. 이 과정에서 아내 강경은 아버지 경사가 아닌 남편의 편을 들어 도왔다. 사냥에서 돌아온 경봉이 노포규를 공격했으나 이기지 못하고 노나라로 도망갔다.

일이 마무리된 다음 누군가 노포규에게 그의 거사를 도운 노씨도 경씨도 모두 강씨 성의 후손인데 경사의 딸을 아내로 취한 까닭이 무엇이냐고 물었다. 그러자 노포규는 "경사가 동성동본을 무시하고 딸을 내게 시집보냈는데 내가 그것을 왜 피하겠는가? 이는 마치 사람들이 《시경》의 문장과 뜻을 자르고 취하여 자기 생각을 나타내는 것과 같다."라고 대답했다.

얼마 전 트럼프의 별 볼일 없는 트윗(tweet) 문장을 엉뚱하게(?) 해석하여 자칫 외교 문제로까지 비화될 뻔한 어처구니없는 오역(?) 사건이 발생했다. 공신력(?) 있는 한 언론사 특파원의 보도에서 비롯된 이 사건에 청와대가 직접 나서 강력하게 지적하면서 바로 이

'단장취의'를 언급했다.

| 경봉의 축출을 나타낸 《동주 열국지》 삽화 |

그리고 한 방송 진행자가 '미투 운동'과 관련하여 공작의 위험성을 지적했다가 국회의원과 논쟁이 붙었는데, 이때다 싶은 자들이 이 문제를 엉뚱한 방향으로 몰아갔다. 당초 이 국회의원은 상대의 말을 꼼꼼히 따져보지 않고 '단장취의'하여 자기 멋대로 해석한 것은 물론, 나아가 이 방송 진행자의 자질 문제까지 거론했다.

개인감정이나 옳지 않은 정치적 의도를 갖고 이런 식으로 '단장취의'하는 짓은 이제 통하지 않는다. 트럼프의 트윗을 오역한 특파원의 못난 짓거리와 국회의원의 '단장취의'를 다름 아닌 보통 시민들이 잡아내서 지적했다는 사실을 무겁게 받아들여야 할 것이다. 집단지성의 시대, 벌써 한참 전에 와 있다.

一針見血 : 홍두깨로 소를 몬다. - 속담

:: 견강부회(牽强附會).
억지로 갖다 끌어다 자기주장을 합리화하려 하다.
- 증박(曾朴, 중국의 소설가·정치가, 1872~1935), 《얼해화(孽海花)》

226

만절필동(萬折必東) 해프닝과 삐딱한 지식인

2017년 대통령의 방중(2017.12.13.~12.16)과 관련하여 많은 기사가 쏟아졌지만 대부분 본질에서 벗어난 한심한 기사들이 대부분이었다. 한심 정도를 벗어나 악의적인 기사들도 많았다. 그런데 이 와중에 나름 흥미로운(?) 기사들이 포착되었다. '만절필동(萬折必東)' 해프닝이라고나 할까.

경위는 이렇다. 야당의 모 국회의원이 주중대사를 즉각 경질하라고 열을 올리면서 들이댄 근거가 다름 아닌 '만절필동'이었다. 그는 주중대사가 신임장 제정식에서 방명록에 쓴 '만절필동(萬折必東), 공창미래(共創未來)'를 언급하며 "만절필동이란 천자를 향한 제후들의 충성을 말한다. 이 뜻은 대한민국이 중국의 종속국인 제후국이고, 문 대통령이 시진핑 천자를 모시는 제후라는 것."이라고 포문을 열었다. 그러자 수구 매체들도 너나 할 것 없이 이를 받아 썼다.

국회의원의 인문학적 소양을 따질 생각은 전혀 없다. 이런 무지한 주장을 펼친 배경이 문제였다. 그가 큰소리로 이런 주장을 내세운 데는 직전인 12월 16일자 〈동아일보〉에 실린 모 지식인의 글에서 힘을 받은 것으로 보인다.

동양철학 분야에서 명망이 높고 중국에 대해서도 잘 아는 모씨는 경기도 가평에 있는 이른바 '소중화(小中華)의 성지(?)'라는 조종암(朝宗巖)에 새겨져 있는 조선시대 최악의 임금들 중 한 명인 선조(宣祖)의 '만절필동(萬折必東)'이란 글씨를 거론하면서 이렇게 핏대를 올렸다.

"만절필동은 황허 강의 강물이 수없이 꺾여도 결국은 동쪽으로 흐르는 것을 묘사하며 충신의 절개를 뜻한다. 의미가 확대되어 천자를 향한 제후들의 충성을 말한다. 남이나 서로 흐르는 강물을 가진 민족이 동쪽으로 흐르려 했다. 우리나라를 대표하는 대사가 시진핑 중국 국가주석에게 신임장을 제정하는 날 방명록에 '만절필동'이라는 글을 남겼다. 이게 도대체 무슨 일인가."

우선 첫 구절부터 무슨 말인지 이해가 안 간다. 황하의 물길이 수없이 꺾여도 결국은 동쪽으로 흐른다는 사실이 충신의 절개와 무슨 관계가 있나? 또 "남이나 서로 흐르는 강물을 가진 민족이 동쪽으로 흐르려 했다."는 대목은 대체 무슨 말인지, 무슨 의미인지 도무지 알 수 없었다.

조종암과 선조의 글씨가 임진왜란 때 구원병을 보낸 명나라에 대한 보은의 차원에서 나온 것은 틀림없어 보인다. 그렇다고 그 네 글자를 주중대사가 방명록에 남긴 '만절필동'과 동일시할 수 있을까?

'만절필동'은 유가 사상을 집대성한 《순자(荀子)》에 인용된 공자(孔子)의 말로서 사물의 필연적 이치를 비유하는 것이다. 모든 사물은 어떤 곡절이 있어도 그 나름의 발전 규칙에 따라 흘러간다는 뜻이다. 그리고 대부분 이런 뜻으로 써 왔다.

주중대사도 《순자(荀子)》의 뜻에 충실하여 이 구절을 앞에 두고, 뒤에다 '공창미래'를 덧붙인 것으로 보인다. 한중 관계가 사드 문제로 곡절을 겪었지만 순리대로 일은 풀려 갈 것이니 함께 미래

| '만절필동'이라고 서명한 저서를 선물하는 주중대사는 모르긴 해도 '공창미래'에 방점을 찍은 것 아닐까? - 출처 〈바이두, 百度, Baidu〉 |

를 창조하자는 뜻으로 풀이하는 것이 말 그대로 순리 아니겠는가?

그런데 이런 원래의 뜻은 고의로 감추고 그 언론의 논조에 맞추어 무조건 헐뜯기 위해 자신의 얄팍한 지식(?)을 동원한 것이라면 참으로 개탄스럽다 하겠다. '곡학아세(曲學阿世)'에 찌든 지식인, 그리고 이를 악용하고 이에 부화뇌동하는 언론과 정치인이야말로 적폐가 아닐 수 없다.

─針見血 : 아첨은 악덕의 시녀이다.

― 키케로(Cicero, 로마의 정치가·학자·작가)

:: **구합취용**(苟合取容).
구차한 변명으로 제 몸 지키기에만 급급하다.
― 사마천, 〈보임안서(報任安書)〉

봉건적 마녀사냥의 고리를 끊어라

한 나라가 망할 때는 여러 가지 징조가 나타나기 마련이다. 이를 '망조가 든다'고 한다. 사마천은 이 문제를 국가의 정책과 인재에 연계시키는 다음과 같은 깊은 통찰력을 보여준바 있다.

> "안정과 위기는 어떤 정책을 내느냐에 달려 있고(안위재출령安危在出令), 존망은 어떤 사람을 기용하느냐에 달려 있다(존망재소용存亡在所用)."

그러나 전제 왕권에 무조건 봉사했던 수구 지배층은 나라의 멸망 책임을 일쑤 여성에다 전가시켜 비난을 자초했다. 더욱이 의식 있는 사람들의 비판에도 불구하고 멸망의 책임을 여성에게 돌리는 이런 말도 안 되는 논리가 무려 2천 년 동안 큰 위력을 발휘해 왔고, 지금도 세상 곳곳에 그 망령이 출몰하고 있을 정도다.

은(殷)나라의 마지막 임금 주(紂)는 하(夏)나라의 마지막 임금인 걸(桀)과 함께 소위 '걸주'라 하여 망국 군주의 대명사로 각인되어 있다. 이 두 임금의 곁에는 각각 말희(妹喜)와 달기(妲己)라는 경국지색(傾國之色)이 있었다. 하나라와 은나라가 망한 책임 중 상당 부분을 이 두 여인이 졌음은 물론이다. 정작 '주지육림(酒池肉林)'에 빠진 당사자들은 놓아두고 말이다.

주(周)나라 유왕(幽王)은 자신이 아끼는 포사(褒姒)라는 여인을 웃겨 보려고 오늘날 공습경보에 해당하는 봉화를 시도 때도 없이 올렸다가 정작 외적이 쳐들어왔을 때는 아무도 달려오지 않아 망국을 자초했다. 유왕도 포사도 처참하게 죽임을 당했다. 망국의 책임 상당 부분을 포사가 짊어졌다.

| 망국의 책임을 뒤집어쓰고 자결을 강요받은 양귀비의 최후를 그린 마외파 양귀비 무덤 내의 기록화|

당나라 현종(玄宗)은 '개원지치(開元之治)'라는 전성기를 구가했던 명군이었다. 격무에 시달려 살이 빠진 모습을 보고 신하들이 안타까워하자 "나는 말랐지만 천하가 살찌지 않았느냐?"고 반문할 정도로 깨어 있는 군주였다. 하지만 말년에 판단력이 흐려지고 간신배와 양귀비(楊貴妃)에 빠져 나라를 그르쳤다.

안록산(安祿山)의 난이 터지자 현종은 양귀비를 데리고 수도 장안(長安)을 버리고 달아났다. 마외파(馬嵬坡)란 곳에서 병사들이 더 이상 현종을 호위하지 못하겠다며 양귀비와 그 오라비 양국충(楊國忠)을 죽이라고 하자 현종은 악어의 눈물을 흘리며 양귀비를 자살하게 만들었다. 그리고 이런 망국의 화를 자초한 책임의 상당 부분을 양귀비가 짊어져야만 했다.

고대사회의 마녀사냥은 권력자에 대한 비판의 글을 쓴 지식인들과 권력자들의 노리개였던 여성들에게 집중되었다. 지식인들에 대한 마녀사냥은 권력자에게 아부하는 부패한 간신 모리배들이 앞장섰고, 여성에 대한 마녀사냥은 수구 관념에 찌든 지식인들이 앞장섰다.

우리 사회 곳곳에서 이런 봉건적 마녀사냥보다 못한 구역질나는 사냥질이 횡행하고 있다. 검찰과 사법부, 그리고 언론이 그 악행에 앞장서고 있다. 폭행을 가한 자들이 반성과 처벌은커녕 피해자를 다시 폭행하는 어처구니없는 현상도 비일비재하다.

지금 우리는 거대한 변화와 변혁의 문턱에 서 있다. 모두들 각성과 각오로 이 문턱을 용감하게 넘어야 한다. 오랫동안 우리를 짓

눌러 왔던 온갖 부당한 억압과 강박에서 탈출하는 절호의 기회가 기다리고 있기 때문이다.

一針見血 : 자신의 무능을 감추기 위한 각종 혐오자들이 역사를 후퇴시킨다.

:: **시일하시상**(是日何時喪), **여여여개망**(予與汝皆亡)!
   저 태양(폭군 하걸)은 언제나 죽나? 내가 저놈과 함께 죽으리라!
   - 《사기》〈하본기(夏本紀)〉

리더의 유머 감각

춘추시대 주(周) 왕실의 권위가 추락하자 실력 있는 제후국이 왕실을 보호하면서 천하를 호령하는 현상이 나타났다. 이런 제후국의 통치자를 패주(霸主)라 불렀다. 저마다 패주가 되기 위해 서로 경쟁했고, 전후 다섯 패주가 등장하여 시대를 풍미하니 이들을 '춘추 5패'라 부른다(다소의 차이는 있지만 대체로 제齊 환공桓公, 진晉 문공文公, 진秦 목공穆公, 초楚 장왕莊王, 월越 구천句踐이나 오吳 부차夫差를 꼽는다).

'춘추 5패'는 당시 저마다 개성 넘치는 리더십을 보여주었는데, 오늘날 각계각층의 리더들이 보아도 배울 만한 점이 적지 않다.

이들 중 두 번째 패주 진(晉)나라의 문공 중이(重耳)는 장장 19년 망명 끝에 통치자 자리에 올라 패권을 이룩한 인간 승리의 표본이었다. 그가 귀국하여 보좌에 앉았을 때 나이가 환갑이었다. 그러니 19년 동안 8개국을 전전하며 불굴의 의지로 대업을 성취한 문공의 리더십은 관심의 대상이 되기에 충분했다.

문공의 리더십 중 매우 흥미로운 부분은 그의 유머 감각이다. 사실 타국에서의 19년 망명이 말이 19년이지 보통 사람 같았으면 견디기 불가능한 시간이다. 문공은 이 지난한 세월을 낙관적인 가치관과 거기에서 나온 유머 감각으로 이겨냈다. 그가 본격적인 망명길을 떠나기에 앞서 아내와 나눈 대화를 한번 보자.

문공은 아무래도 자신의 망명길이 험난하고 많은 시간이 걸릴 것 같았다. 그런데 아내를 앞에 앉혀 놓고 한 말이 "내가 25년을 기다려도 돌아오지 않거든 팔자(재가) 고치라."는 농 같은 유머였다. 얼핏 듣기에 썰렁한 유머 같지만 비장하고 무거운 순간을 이런 유머로 유화시키는 문공의 감각이 돋보인다.

제나라에서는 환공으로부터 종실 여자를 아내로 얻는 등 융숭한 대접을 받고는 마음이 풀어져 그만 눌러앉았다. 제나라에 정쟁이 터졌는데도 제나라 아내 때문에 한사코 떠나길 거부했다. 보

| 유머 감각을 갖춘 낙천적인 성품이 문공 중이의 19년 망명을 가능케 했을 것이다. |

다 못한 제나라 아내가 문공에게 술을 먹여 취하게 한 다음 문공을 수행한 사람들에게 들쳐 업고 제나라를 빠져나가게 했다.

술에서 깬 문공은 크게 성을 내며 창을 들어서는 외삼촌인 구범(咎犯)을 죽이려 했다. 구범은 "신을 죽여 주군이 뜻을 이룬다면 그건 제가 바라는 바입니다."라 했다. 중이가 "일이 성사되지 않으면 내가 외삼촌을 씹어 먹을 것입니다!"라고 했다. 구범은 "일이 성사되지 않더라도 이 구범의 고기는 비려서 어찌 드시렵니까?"라 했다. 이에 문공은 피식 웃으며 길을 떠났다.

제대로 된 유머 감각을 갖춘 사람은 거의 예외 없이 경청할 줄 안다. 그리고 꿈과 이상을 버리지 않는다. 진 문공을 비롯한 춘추 시대 패주들에게서 나타나는 공통점이기도 하다.

이제 우리도 일방적이고 고압적인 유머 같지도 않은 으스스한 유머가 아닌 경청과 상호 소통을 기본으로 한 고감도 유머를 구사할 줄 아는 리더를 가질 때가 되지 않았을까?

一針見血 : 유머에도 차원이 있고 격이 있다. 다 같은 유머가 아니다.

:: **담언미중역가이해분**(談言微中亦可以解紛).
　말이 적절하면 다툼도 해결할 수 있다.
　- 《사기》〈골계열전(滑稽列傳)〉

말과 글은 강력한 소프트파워

날로 커지고 있는 중국의 위상에 걸맞게 중국어를 배우는 인구가 날로 늘고 있다. 미국 정가에서는 고사성어 열풍이 불고, 미국과 유럽에서는 자식들에게 중국어를 가르치려는 가정이 급증하고 있다. 한자권이 아닌 나라에서 중국어를 배우는 사람이 1억을 넘어섰다고 하니 중국의 위력이 실감난다.

중국 황하(黃河) 문명은 고대 문명들 중 소멸되지 않고 살아남은 문명으로 그 의미가 남다르다. 문명의 연속성을 담보하고 있기 때문에 특히 그렇다. 그리고 이 문명에서 중국의 문자가 태생했다. 중국의 문자를 흔히들 한자(漢字)라 한다(진시황秦始皇의 진나라가 중국 통일 이후 15년 만에 망하고 중국을 재통일한 한漢 왕조가 통일된 중국 문화를 지속적으로 발전시키면서 오늘날 중국 문화와 중국인의 원형질을 형성했다고 보기 때문에 중국 사람을 한족漢族, 중국 문자를 한자라 부르는 것이다).

그리고 이 한자만큼 중국 문명과 문화를 잘 대변하는 것도 없다. 중국 수천 년의 역사를 담고 있을 뿐만 아니라 오늘날까지 소통의 중요한 수단으로 작용하고 있기 때문이다. 또한 한자에서 파생되어 나온 서예는 중국 문화에 있어서 보배와 같은 역할을 하고 있다.

고문헌에 중국 문자 발명의 주인공은 창힐(倉頡)로 그는 '조자성인(造字聖人)'으로 추앙받고 있다. 창힐은 자연과 사물의 형상을 면밀히 관찰한 끝에 그것을 그린 다음 다시 서로 다른 부호로 만들어냈다. 그러고는 부호마다에 그것이 나타내는 뜻을 부여했다. 이 부호를 '자(字)'라 불렀다. 거북 등의 문양을 뜻하는 문(文, 또는 문紋)과 이 '자(字)'가 합쳐져 '문자'가 된 것이다.

그런데 창힐이 글자 발명에 성공한 날 대낮에 갑자기 밤송이만한 비가 내리고 밤에는 귀신의 곡소리가 들렸다고 한다. 대개는 하늘이 내린 축하의 의미로 해석하지만, 혹자는 문자가 생김으로써 사람들의 지혜는 밝아졌지만 덕은 쇠하여 속이고 죽이는 일이 갈수록 많아질 것을 염려한 귀신의 통곡이라고 한다. 훗날 어떤 사람은 한자가 평생 배워도 못 배울 만큼 그 수량이 많아질 것을 예견하고 통곡한 것이 아니겠느냐는 재미있는 해석을 내놓기도 했다.

오늘날 언어는 각국의 강력한 소프트파워로 자리잡고 있다. 중국의 한자는 불과 얼마 전까지만 해도 그 엄청난 수량 때문에 중국의 발전을 저해할 것이라는 전망이 지배적이었다. 하지만 지금은 한자가 그림글자 내지 그래픽으로 인식됨으로써 그러한 우려는 말끔히 사라졌다.

| 한글의 원래 이름인 《훈민정음》언해본 |

우리의 글인 한글은 '말과 문자의 완벽한 일치'라는 찬사를 들을 정도로 뛰어나다. 한국 영화와 음악이 미국을 비롯한 서구 문화의 침투에도 확고하게 제자리를 잡고 있는 것도 이런 말과 글이 있기 때문이다. 국가 경쟁력 제고를 위해서도 한글에 대한 인식을 새롭게 하는 한편, 국가 공휴일인 한글날의 행사를 보다 다양하고 의미 있게 치르는 등과 같은 정책적 뒷받침과 홍보로 우리글의 우수성을 적극 알릴 필요가 있다(한글날은 한때 국가 공휴일에서 제외되었다가 2013년 재지정되었다).

一針見血 : 진실하면 바른말이 나오고, 진실하지 못하면 바르지 못한 말이 나온다.

:: **언위심성**(言爲心聲), **서심화야**(書心畵也). **성화형**(聲畵形), **군자소인현의**(君子小人見矣).
말은 마음의 소리이고, 글은 마음의 그림이다. 소리와 그림이 모습을 갖추면 군자와 소인이 드러난다.
– 양웅(揚雄, 楊雄, 기원전 53년 ~ 기원후 18년, 중국 서한 말기의 사상가이며 문장가), 《법언(法言)》〈문신(問神)〉

미남자 추기(鄒忌)의 군주 설득

전국시대 제(齊)나라의 위왕(威王, 기원전 378~기원전 320)은 즉위 후 무려 9년 동안 정무를 돌보지 않은 군주로 유명했다(여기서 '구년불언九年不言'이란 고사성어가 나왔는데, 같은 의미의 '삼년불언三年不言'이나 '삼년무언三年無言'이란 성어가 더 잘 알려져 있다). 살벌한 경쟁이 대세였던 전국시대의 상황을 고려한다면 위왕의 직무 유기는 제나라의 안위에 결정적인 영향을 미칠 수 있었다.

위왕의 이런 모습이 안쓰럽고 답답했던지 추기라는 자가 거문고를 들고 위왕을 찾아왔다. 위왕이 워낙 음악을 좋아했기 때문에 추기는 악기를 가지고 자신의 생각을 설명할 참이었다. 위왕도 호기심을 느끼며 연주를 부탁했다. 하지만 추기는 거문고를 안고 뜯는 흉내만 낼 뿐 연주를 하지 않았다. 위왕은 왜 연주를 시작하지 않냐며 재촉했다. 추기는 자세를 잡아야 한다며 뜸을 들였다.

답답한 위왕이 또 재촉하자 추기는 음악을 사랑하는 사람이라면 음악을 좀 알아야 한다면서 장황설을 늘어놓았다. 위왕은 짜증을 냈다. 그제야 추기는 거문고를 내려놓고는 "그런 왕께서는 어째서 제나라라는 거문고를 9년 동안이나 연주하지 않고 뜯만 들이고 계십니까?"라고 반문했다. 위왕은 추기의 말뜻을 알아챘다. 위왕은

| 추기의 충고에 따라 소통의 정치를 구현한 제 위왕|

마침내 마음이 맞는 사람을 만났다면서 추기를 재상으로 발탁하여 개혁 정치에 시동을 걸었다.

추기는 알아주는 미남자였는데 일쑤 거울을 보며 자신의 잘생긴 용모에 스스로 감탄을 했다고 한다. 추기는 아내에게 도성 북쪽의 서공(徐公)과 비교할 때 누가 더 미남이냐고 물었다. 아내는 "당연히 당신이 더 잘생겼지요."라 대답했다. 첩에게 물어도, 자신을 찾아온 손님에게 물어도 답은 마찬가지였다. 하지만 서공의 실물을 보니 아무리 봐도 자기보다 서공이 더 잘생겼다. 추기는 '이들은 왜 내가 더 잘생겼다고 할까'하는 고민에 빠졌다.

얼마 뒤 추기는 위왕에게 이 이야기를 들려주며 "아내는 저를 사랑하기에, 첩은 총애를 잃을까 겁이 나서, 손님은 제게 바라는 것이 있기 때문에 그렇게 말한 것입니다."라고 분석했다. 그러면서 추기는 왕의 곁에도 이런 부류들이 넘쳐 나니 정작 바른 소리를

들을 수 없다고 충고했다. 이에 위왕은 전국에 다음과 같은 포고령을 내렸다.

첫째, 왕 앞에서 대놓고 충고하는 사람에게는 1등상을 준다.

둘째, 글을 올려 왕의 잘못을 바로잡는 사람에게는 2등상을 준다.

셋째, 사석에서라도 왕의 잘못을 지적하여 그 이야기가 왕의 귀에 들리면 3등상을 준다.

그로부터 1년 뒤, 위왕의 잘못을 지적하는 말들이 완전히 사라졌다. 위왕은 자신을 비판하는 목소리에 충실히 귀를 기울여 잘못을 바로잡았고, 그로써 지적할 잘못이 없어졌기 때문이다.

불통의 리더십이란 말이 오랫동안 우리 사회를 맴돌며 많은 문제를 일으켰다. 역사는 그 불통의 결말이 언제나 불행했음을 냉정하게 보여주고 있다.

一針見血 : 교화의 방법이 좋지 못하여 어리석은 백성이 죄에 빠지는 것이다.
- 문제(文帝, 중국 서한西漢의 제5대 황제, 기원전 202~기원전 203)

:: 진선지정(進善之旌), 비방지목(誹謗之木).
올바른 진언을 위한 깃발, 즉 비평을 위한 나무 팻말.
- 《사기》 〈효문본기(孝文本紀)〉

명분을 뒷받침하는 실질

'명실상부(名實相符)'라는 말을 흔히들 쉽게 입에 올리지만 정작 '명실이 상부하는(들어맞는)' 사람을 만나기란 쉽지 않다. 그만큼 이름(명성)과 실질이 맞아떨어지기가 어렵다는 말이다.

전국시대 조(趙)나라의 최고 통치자 무령왕(武靈王)은 복장을 비롯한 조나라의 풍속 전반을 개혁한 개혁군주로 역사에 이름을 남기고 있다. 기원전 381년 조나라를 제외한 동방의 여섯 개 나라 중 다섯 개, 즉 한(韓), 위(魏), 초(楚), 제(齊), 연(燕)이 앞서거니 뒤서거니 '왕(王)'이란 호칭을 사용하기 시작했다.

하지만 조나라 무령왕은 여전히 '군(君)'이란 호칭을 고집했다. 무령왕은 조나라가 아직 왕을 자칭할 만큼 국력이 갖추어지지 않았다고 판단한 것이다. 그러면서 무령왕은 "무기실(無其實), 감처기명야(敢處其名也)?", 즉 "그만한 실질이 없이 어찌 그만한 명분이 있을 수 있단 말인가?"라고 했다.

《장자(莊子)》〈소요유(逍遙遊)〉
편에 보면 "명성(이름 또는 명분)
은 실질의 손님이다(명자실지빈야
名者實之賓也)."라는 대목이 나온
다. 무슨 일을 하든, 사람 노릇
을 하든 이름(명성)과 실질이 부
합해야 한다는 뜻이다.

그래서 '칭찬만 들리는 사람
은 일단 의심해보라'는 말도 나
왔는데, 사마천은 '명성이 실제
(실질)를 앞지르는' 사람들을 두
고 '명성과실(名聲過實)'이라 했다.
이 말의 속뜻에는 명성이란 것

| '명성이 실제를 앞지른다'는 '명성과실'이란 말로 명성과 실제의 상대성을 날카롭게 지적한 사마천 |

이 흔히 실제보다 부풀려지기 때문에 그 명성만으로 사람을 쉽사리 판단하지 말라는 경고성 메시지가 담겨 있다. 사마천은 한나라 초기 반란을 일으켰던 진희(陳豨)란 인물을 평가하는 자리에서 다음과 같이 실제를 따르지 못하는 명성의 허구를 꼬집고 있다.

"진희는 양(梁)나라 사람이었다. 그는 젊었을 때 자주 위공자(魏公子) 신릉군(信陵君)을 칭찬하면서 그를 사모했다. 군대를 거느리고 변경을 지킬 때도 빈객을 불러 모으고 몸을 낮추어 선비들을 대접하니 명성이 실제를 앞질렀다. 그러나 주창(周昌)은 이 점을 의심하였다. 그래서 보니 결점이 매우 많이 드러났다. 진희는 화가 자신에게 미칠 것을 두려워하던 차에 간사한 무리들의 말을 받아들여 급기야는 대역무도한 행동에 빠지고 말았다. 아아, 서글프다! 무릇 어떤 계책이 성숙한가 설익었는가 하는 점이 사람의 성패에 이다지도 깊게 작용하는구나!" -《사기》〈한신노관열전(韓信盧綰列傳)〉

우리 주위를 둘러봐도 명성이 실제를 앞지르는 사람이 너무 많다. 이런 자들은 마치 양파 같아 벗기고 나면 아무것도 남는 것이 없다. 실속 없는 화려한 겉모습, 사실과 진실을 왜곡하는 현란한 언변, 확인할 길 없는 자질구레한 스펙(spec) 따위에 현혹되어 이들에게 너무 많은, 지나친 명성을 우리가 갖다 바친 것은 아닌지 냉정하게 평가하고 되돌아볼 때다.

一針見血 : 명성이란 결국 새로운 이름 주위에 모여든 오해의 총합에 지나지 않는다.
- 릴케(Rilke, 보헤미아 태생의 독일 시인, 1875~1926)

:: 백인예지불가밀(百人譽之不可密).
백 사람이 칭찬하더라도 지나치게 가까워지려 해서는 안 된다.
- 소순(蘇洵, 중국 북송의 문인, 1009~1066), 〈형론(衡論)〉

과도한 명분과 명분의 상대성

춘추시대 남방 초나라의 장왕(莊王, 재위 기원전 613~기원전 591)은 소국 진(陳)나라의 내분에 개입하여 사태를 단숨에 수습했다. 장왕은 높다란 보좌에 앉아 문무대신들 한 사람 한 사람 축하의 인사말을 듣고 있었다. 장왕은 도취되었다. 그러다 한순간 불쾌한 기분이 들었다. 남방 속국의 군주와 여러 작은 부족의 수령들까지 모두 와서 축하를 올리는데 어째 대부 신숙시(申叔時)가 안 보이는 것이었다.

이때 마침 신숙시가 들어왔다. 제(齊)나라에 사신으로 갔다가 이제 막 돌아온 것이었다. 신숙시는 제나라에 다녀온 일을 보고했다. 그러나 신숙시는 축하의 말은 한마디도 꺼내지 않았다.

장왕은 은근히 부아가 치밀어 "진나라의 하징서(夏徵舒)가 자기 국군인 영공(靈公)을 죽이는 천인공노할 죄를 저질렀다. 중원의 제후들 누구도 나서지 않길래 내가 정의의 기치를 들고 하징서를 죽였다. 우리 땅도 훨씬 넓어졌다. 대신들은 물론 이웃 나라들 우두머리들이 다 와서 축하를 올렸다. 그런데 그대는 그에 대해 입도 뻥긋하지 않으니 내가 뭐 잘못이라도 했단 말인가?"라고 다그쳤다.

신숙시는 황망히 절을 하며 "아닙니다, 아닙니다. 신이 풀지 못하는 문제가 있어 마침 그 생각을 하던 참이라서 그렇습니다."라고 했다. 화를 누그러뜨린 장왕은 호기심어린 표정을 지으며 "무슨 문제이길래?"라고 물었다. 신숙시는 이렇게 말했다.

"어떤 사람이 남의 밭에 들어간 소를 끌고 나왔습니다. 그런데 소가 밭을 밟아 곡식이 제법 쓰러졌습니다. 밭 주인은 화가 나서 소를 끌고 가서는 소 주인에게 돌려주려 하질 않았습니다. 대왕께서라면 이 문제를 어떻게 처리하시렵니까?"

잠시 생각하던 장왕은 "당연히 소 주인에게 돌려줘야지."라고 했다. 신숙시는 왜 그렇게 생각하냐고 물었고, 장왕은 다음과 같이 답했다.

| 남방의 초나라를 강대국으로 약진시켰던 장왕 |

"소가 남의 밭으로 들어가 곡식을 밟은 일은 물론 잘못된 일이다. 하지만 그렇다고 소를 빼앗아 돌려주지 않겠다는 것은 너무 지나친 것 아닌가?"

이렇게 말하던 장왕은 순간 무엇인가를 느꼈는지 신숙시를 물끄러미 쳐다보다가 "어허, 뭔가 했더니 돌려서 내게 전하고 싶은 말이 있었던 게로군. 내가 그 소를 주인에게 돌려주도록 하겠소."라고 말했다. 장왕은 멸망한 진나라를 다시 회복시켰고, 진나라는 새로운 군주 성공(成公)이 즉위했다.

무슨 행동을 하든 행동의 당위성을 뒷받침하는 명분은 필요하고 또 중요하다. 명분은 최소한의 도덕적 범주를 담보하고 있기 때문이다. 하지만 명분을 과도하게 내세우거나 명분을 관철시키는 과정이 지나치면 명분의 정당성마저 훼손당한다. 더욱이 명분에 대한 지나친 집착이나 과정에서의 지나침은 일쑤 사사로운 욕심으로 변질될 수밖에 없다.

一針見血 : 못된 의도를 감추고 있는 명분일수록 소리가 요란하다.

:: **명자실지빈야**(名者實之賓也).
명성(이름 또는 명분)은 실질의 손님이다.
– 《장자(莊子)》〈소요유(逍遙遊)〉 편

옛사람들의 언격(言格)

춘추 5패의 한 사람이었던 진(晉)나라 문공(文公, 기원전 697~기원전 628)이 요리사에게 불고기 요리를 준비하도록 했다. 신선로에 담긴 먹음직한 불고기 요리가 올라왔고, 서둘러 젓가락을 갖다 대는 순간 긴 머리카락 한 올을 발견했다. 화가 난 문공은 즉시 요리사를 잡아들이게 했다. 머리카락을 확인한 요리사는 황급히 "신의 죄는 죽어 마땅합니다. 신이 세 가지 죄를 지었습니다."라며 알아서 자신의 죄를 고했다.

요리사가 순순히 자신의 죄를 인정한 것은 물론 세 가지 죄를 지었다고 하자 문공은 그 이유가 궁금해졌다. 요리사는 "주방에서 칼을 마치 보검처럼 놀리며 고기를 자르면서도 머리카락 한 올을 자르지 못했으니 이것이 첫 번째 죄입니다. 고기를 굽기 전에 고기덩이 여기저기를 쇠꼬챙이로 찔러 양념이 고루 배게 하는데, 이때도 이렇게 긴 머리카락을 발견하지 못한 것이 두 번째 죄입니다. 타오르는 불에 신선로를 얹어 놓고 고기를 구울 때까지 머리카락을 발견하지 못한 것이 세 번째 죄입니다."라고 자신의 죄를 하나하나 꼽았다.

요리사의 이야기를 듣고 난 문공은 문득 깨달은 바가 있어 마지막으로 신선로를 올린 시종을 잡아다 심문을 했다. 알고 봤더니 요리사를 해치려는 자가 고의로 고기 위에다 긴 머리카락을 올려놓았던 것이다.

| 임금 앞에서 근거 없이 자신을 헐뜯는 등도자를 멋진 비유로 되친 송옥 |

전국시대 초(楚)나라의 명사 송옥(宋玉, 기원전 298~기원전 222)은 총명하고 잘생기기로 이름났다. 대부 등도자(登徒子)는 이런 송옥을 질투하여 경양왕(頃襄王) 앞에서 송옥이 '색을 밝힌다'고 흠을 잡았다. 양왕이 송옥을 불러 물었더니 송옥은 "색을 밝히는 사람은 제가 아니라 등도자 자신입니다."라고 말했다. 뜻밖의 대답에 양왕은 근거가 있냐고 물었고, 송옥은 이렇게 말했다.

"천하의 절세가인이라면 우리 초나라가 단연 최고이고, 그중에서도 제 고향이 단연코 으뜸입니다. 제 고향에 미모가 뛰어난 미녀가 이웃에 살고 있습니다. 몸매는 절묘한 비례를 자랑합니다. 얼굴은 화장을 하지 않아도 충분할 정도로 곱습니다. 눈썹은 물총새의 털 같고, 피부는 백설처럼 희고, 허리는 흰 명주를 묶은 것 같으며, 치아는 조개를 머금은 듯합니다. 미소는 바람둥이들이 정신이 나갈 정도입니다. 하지만 이 여자는 다른 남자한테는 눈길도 주지 않고 3년 동안 담장 넘어 저만 훔쳐봅니다. 하지만 저는 그녀의 구애를 받아들이지 않았습니다.

반면 등도자는 저와는 전혀 다릅니다. 그의 아내는 산발한 머리카락에 입꼬리는 찢어져 치켜올라 가 있습니다. 치아도 고르지 않고 두 허벅지에는 살이 잔뜩 붙어 있습니다. 그런데도 등도자 대부는 그녀를 좋아해서 자식을 다섯이나 낳았습니다. 대체 누가 더 색을 밝힙니까?"

언론의 근거 없는 헐뜯기가 도를 넘어선 지 오래다. 심지어 검찰과 결탁하여 온갖 가짜 뉴스와 조작 뉴스를 내놓는다. 정권 흔들기는 기본이고, 한 집안을 쑥대밭으로 만든다. 그 언어도 저질이고 천박하기 이를 데 없다. 저질 유튜버들은 한술 더 뜬다. 모두가 사리사욕 때문이다.

언어의 격이 곧 인격이다. 언론인과 정치가, 그리고 새로운 매체로 떠오른 유튜버들은 하루빨리 입과 말만으로도 자신의 인격이 판단 당한다는 사실을 심각하게 인식해야 할 것이다.

一針見血 : 언어에는 자의와 타의의 경계가 있다. 이를 찾아내면 언어의 진정성이 드러난다.

:: 무문교저(舞文巧詆).
글을 교묘하게 꾸며 죄에 빠뜨리다. -《사기》〈혹리열전(酷吏列傳)〉

언격(言格)이 인격(人格)

사마천의 《사기》는 130권 52만 6,500자로 이루어진 방대한 통사이다. 더욱이 사마천은 52만 자 한 글자 한 글자를 마치 바닷물을 길어다 소금을 걸러내듯 심혈을 기울였다. 주옥같은 고사성어가 헤아릴 수 없이 탄생한 것도 이 때문이다.

사마천은 《사기》 곳곳에서 말의 중요성을 강조하고 있는데, 이는 말이 개인뿐만 아니라 사회, 나아가서는 통치 행위에서도 절대적인 영향을 미칠 수 있기 때문이다. 사마천은 "말 한마디가 가마솥 아홉 개 무게보다 더 무거워야 한다(일언구정─言九鼎)."고 일갈한다. 또 "한 번 내뱉은 약속의 값어치는 100금(일낙백금─諾百金)." 이상 값어치가 있어야 한다고 강조했다.

우리가 아무렇지 않게 입에 올리는 믿음이란 글자만 해도 그렇다. 믿을 신(信)이란 글자는 그 자체로 '사람(人)의 말(言)'이다. 믿음이 사람의 말에서 비롯된다는 의미를 함축하고 있다. 믿음을 얻는

다는 것은 그 사람의 말을 얻는
다는 뜻이다. 그 말을 얻는다는
것은 그 말이 다른 사람에게 전
달된다는 뜻이고, 이것이 결국
은 많은 사람의 마음을 얻기에
이르는 것이다. 따라서 '그 말',
즉 '믿음'을 잃게 되면 마음도 잃
게 된다. 이렇게 보면 누구든 글
자의 뜻에 대한 정확한 인식만
있어도 함부로 말하지 않을 것
같다는 생각이다.

언어의 품격이란 문제를 잘 지적하고 있는
《사기(史記)》〈골계열전〉의 첫 부분이다.

　　말은 또 인간관계에서 발생하는 모순과 갈등을 조정하고 해결
하는 둘도 없는 수단이 되기도 한다. 다른 글에서 인용한 바 있지
만 사마천은 이와 관련하여 다음과 같은 천하의 명언을 남겼다.

"담언미중역가이해분(談言微中亦可以解紛)."

("말이 적절하게 들어맞으면 다툼조차 해결할 수 있다.")

- 《사기》〈골계열전(滑稽列傳)〉

　　중국 역사상 최고의 개혁가 상앙(商鞅)은 변법(變法)을 통한 개
혁정책을 밀고 나가기에 앞서 백성들의 믿음을 얻는 것이 중요하
다는 사실을 깨달았다. 그래서 성문 앞에다 나무 기둥을 세워 놓

고는 이를 다른 문으로 옮기는 사람에게는 거액의 상금을 준다고 약속했다. 반신반의하던 백성들 중 누군가 기둥을 옮겼고, 상앙은 약속대로 거금을 상금으로 주었다. 이것이 이른바 '입목득신(立木得信)'의 고사이다.

　말이나 글(법)이 실천으로 이행되기 위해서는 그 말이나 글에 믿음이 있어야 한다. 이렇게 본다면 '언행일치(言行一致)'와 '지행합일(知行合一)'의 전제 조건 또한 '말(글)의 격' 즉, '언격(言格)'이 될 것이다.

　'말은 마음의 소리(언위심성言爲心聲)'이다. 마음의 소리는 인격(人格)을 나타낸다. 그렇다면 '말의 격', 즉 '언격'이 '인격'이 되는 셈이다. 나라와 국민들을 위한 지도자가 되고 싶어 하는 사람들에게 거창한 구호나 공약보다 먼저 '언격(言格)'을 요구하는 것도 이 때문이다(이번 총선에서 막말과 천박한 말을 일삼던 자들이 특정 지역을 제외하고 모조리 떨어진 결과는 말의 격이 얼마나 중요한가를 잘 보여주었다).

一針見血 : 세 치의 혀가 칼보다 날카롭다.

:: **이식지담**(耳食之談).
　귀로 음식 맛을 보듯 하는 말.
　-《사기》〈육국연표서(六國年表序)〉

좀 알자,
중국

여기에는 주로 중국 지도자들의 언행과 인문학적 소양 및
리더십을 다룬 글들이 포함되어 있다.
바람직한 한중관계를 정립하고,
한 단계 더 진전된 관계를 이루기 위해서는
중국 지도자들에 대한 공부가 필요하다는 생각에서
몇 꼭지 다루어 보았다.
이와 함께 중국의 우주 프로젝트에 대한 글도 있다.
우주굴기, 우주강국으로 떠오른 중국 우주 프로젝트에서
잘 다루어지지 않는 부분을 짚어 보았다.
진시황을 다른 측면에서 조명한 글도 한 편 있다.

중국 지도자들과 인문학 소양
- 인문 정신과 중국 정치

1990년대 중국에서 유행한 인문 정신은 정치에서 은유와 상징으로 자신의 입장과 견해를 암시하는 것으로 널리 활용되고 있다. 이는 비판 유보와 같은 작용을 부수적으로 동반하기 때문에 정치인들 입장에서는 마다할 리 없는 인문 자산으로 단단히 정착했다고 볼 수 있다.

권위 있는 고전과 명인들을 끌어다 자신의 의도와 견해를 간접적으로 표출함으로써 듣는 사람들을 은유와 상징 등 메타포가 깃든 사유의 세계로 이끄는 언행은 크게 잘못 활용하지 않는 한 상당한 호소력을 갖는다.

이런 인문학적 상상력 발휘는 나아가 갈등과 경쟁이라는 즉자적 대립과 반발을 누그러뜨리는 작용을 하기 때문에 왕왕 정치적 곤경을 타개하기 위한 수단으로도 활용된다. 또 개인적으로는 품격 있는 언어를 사용하는 정치가, 인간적 매력을 갖춘 지도자 등과 같은 이미지 제고에도 큰 도움이 된다.

어쨌거나 정치 지도자들의 언어는 결국은 정치적으로 해석되는 것을 전제로 하기 때문에 은유적 표현, 즉 두 가지 이상의 의미를 내포한 표현으로 해석의 여지를 남김으로써 갈등의 공간에서 완충의 역할을 한다. 이것이 제대로 작용할 경우, 특히 인문 자산을 공유할 수 있는 사람들에게는 통합의 아이콘으로까지 작동할 수 있는 힘이 된다.

현실 정치의 공간을 권력의 공간만이 아닌 인문 정신이 깊게 가라앉아 있는 공간으로 활용한다는 점에서 중국의 인문 자산이 현실 정치와 깊은 보완관계를 가지는 것은 자연스러운 현상이 아닐 수 없다. 이를 동양화에 비유하자면 '여백(餘白)의 정치'라 할 것이다.

문제는 중국 지도자들의 이 같은 성향을 외국인의 입장에서

| 중국 정치 지도자들 중 가장 넓고 깊은 인문 소양을 갖추었다는 평가를 듣고 있는 모택동(毛澤東)은 특히 역사서를 즐겨 읽었다. 사진은 공산당 혁명의 성지로 불리는 연안(延安)의 전시관에 전시되어 있는 장정 시절 모택동이 읽고 썼던 책들이다. |

해석하고 이해하려고 할 때 발생한다. 자칫 아전인수(我田引水) 식으로 해석하고 이해하기 십상이기 때문이다. 인용된 고전의 명구, 전통적인 속담과 격언에 침전되어 있는 역사와 그것을 뒷받침하고 있는 실질적인 스토리텔링, 즉 고사에 대한 깊은 이해도가 전제되어야 한다는 뜻이다. 요컨대 한중관계가 심화되어 가고 있는 현실에서 그들이 구사하는 언술의 맥락을 찾고 그 행간을 읽어 내야 하는 새로운 도전과 공부의 필요성에 직면했다는 것이다.

이런 점에서 중국 최고 국가 지도자인 시진핑(習近平) 주석을 비롯한 고위 지도층의 고전에 대한 소양을 살펴보는 작업은 그 나름 일정한 의미가 있을 것이다.

전국 각지를 다니면서 행한 각종 연설(중국은 이를 강화講話라 한다)에 인용된 고전 구절들을 찾아내서 그 어원과 그와 관련된 고사 등을 짚어 보고, 나아가 함축되고 침전되어 있는 그 속뜻을 드러내다 보면 지도자들의 국정 철학은 물론 그 자신의 인생관 등을 끌어낼 수 있다.

이런 작업은 앞으로 한중 관계를 이끄는 관련 부서나 지도층이 참고할 수 있는 자료가 될 수 있을 것이며, 또 우리 정치 지도자들의 인문학적 소양을 확인하는 기회도 될 것이다.

한 가지 분명한 사실은 중국은 현재의 문제를 해결하기 위한 하나의 방편으로 과거의 역사적, 문화적 자산을 충분히 활용한다는 것이다. 단절되지 않고 이어져 내려온 5천 역사의 축적이 갖는 현재적 의미는 결코 만만치 않다. 그것에 자부심을 가지고 충분히 제대로 활용하느냐가 결국은 통치와 정치가의 질을 결정하기 때문이다.

一針見血 : 인문 소양은 모두에게 필요하지만 지도자들에게 특히 필요하다.

:: 일일부독서(一日不讀書), **흉억무가상**(胸臆無佳想) ; **일월부독서**(一月不讀書), **이목실청상**(耳目失淸爽).
하루 책을 읽지 않으면 마음에서 좋은 생각이 없어지고, 한 달 책을 읽지 않으면 눈과 귀의 맑음이 사라진다.
- 소륜위(蕭掄謂, 생몰 미상), 〈독서유소견작(讀書有所見作)〉

중국 지도자들과 인문학 소양
- 역사서를 손에서 놓지 않았던 모택동

중국 정치 지도자들의 인문학 소양과 그것이 정치력에 미치는 영향에 관해서는 적지 않은 언급이 있었다. 특히 역사를 중시하는 중국인의 특성에 맞추어 지도자들의 역사와 역사서에 대한 관심은 대단히 넓고 깊었다. 이런 점에서 중국 역사서의 출발이자 진보적 역사관을 대표하는 사마천의 《사기》에 대한 관심은 지도자들의 인문학 소양과 역사관 등을 가늠하는 하나의 지표로 삼을 수도 있다.

정치 지도자들 중 역사와 역사서에 대한 관심으로 말하자면 중화인민공화국의 초대 주석이었던 모택동(毛澤東, 1893~1976)을 따를 사람은 아직 없는 것 같다. 천하가 알아주는 독서광이었던 그는 대장정이라는 고난의 행군 중에도 역사서를 손에서 놓지 않았다. 특히 사마천의 《사기》와 사마광(司馬光)의 《자치통감(資治通鑑)》은 그의 애독서이자 필독서였다. 전하는 말에 따르면 이 두 역사서를

│글을 쓰고 있는 모택동의 모습│

여러 차례 반복해서 읽었다고 하며, 1949년 장개석(蔣介石)을 대륙에서 내몰고 북경에 입성했을 때 그의 낡은 가죽 가방에 이 두 역사서가 들어 있었다고 한다.

모택동은 어릴 때부터 역사에 관심이 많아서 아동기에 이미 당숙 모종초(毛鍾楚)에게 《사기》를 배웠고, 열 살이 지나면서는 각국의 역사서와 지리를 섭렵했다. 그의 독서 편력은 넓고 깊었는데 역사에 대한 관심과 독서가 단연 으뜸이었다. 공부라는 면에서 보자면, 모택동과 장개석의 성공과 실패를 가른 중요한 요인 중 하나가 다름 아닌 역사에 대한 관심과 공부가 아니었을까?

모택동은 위대한 역사가 사마천을 몹시 존경하여 "사마천은 호남성(湖南省, 모택동의 출신지)을 유람했고, 서호(西湖)에서 배도 탔으며, 곤륜산(崑崙山)에 오르기까지 했다. 그는 명산대천을 두루 돌며 자신의 가슴을 더욱 넓혔다."고 했다. 또 '인민을 위한 복무'라는 글에서는 사마천과 《사기》의 가치를 이렇게 말했다.

"사람은 언젠가는 죽는다. 그러나 죽음의 의미는 다 다르다. 중국 고대의 문학가 사마천은 '사람은 누구나 한 번은 죽기 마련이다. 어떤 죽음은 태산보다 무겁고, 어떤 죽음은 새털보다 가볍다. 죽음을 사용하는 방향이 다르기 때문이다'고 했다. 인민의 이익을 위해 죽는다면 태산보다 무거운 죽음에 비할 수 있고, 파시스트에 몸을 팔고 인민을 착취하고 인민을 박해하는 사람의 죽음은 새털만도 못하다 할 것이다."

모택동은 정치가이자 혁명가였다. 인민과 함께 공산혁명을 이끈 투사였다. 그는 중국 인민을 바른길로 이끌고 계몽하기 위해서는 무엇보다 자기의식을 철저히 개혁해야 하고, 그 바탕은 독서와 공부라고 확신했다. 어릴 적부터 거르지 않고 이어진 그의 독서 습관과 역사에 대한 공부는 이런 자각으로 더욱 굳어져 죽는 순간까지 계속되었다. 장장 70여 년에 걸친 그의 독서 편력과 역사의식은 끝내 공산혁명을 이루어 냈다. 말년의 오점에도 불구하고 그가 중국인에게 가장 존경받는 지도자로 남아 있는 것은 혁명가도 끊임없는 공부와 노력을 통해 인민의 힘과 역사의 규칙을 자각해야만 한다는 것을 몸으로 보여주었기 때문이다.

一針見血 : 당대의 인물이 곧 역사의 주인이다.(모택동)

:: **부지즉문**(不知則問), **불능즉학**(不能則學).
  모르면 묻고, 못하면 배워라.
  -《순자(荀子)》〈비십이자(非十二子)〉

중국 지도자들과 인문학 소양
- 시인을 방불케 한 원자바오

중국 지도자 중에서 인문학 소양 하면 원자바오(溫家寶) 전 총리를 빼놓을 수 없다. 이와 관련한 일화 중 가장 유명한 것이 2006년 중남해(中南海)에서 있었던 유럽 기자들과의 질의응답이었다. 당시 핀란드 헬싱키에서 열리는 아시아·유럽정상회의(ASEM)에 참석하기에 앞서 원자바오는 유럽 언론인들과 만난 자리에서 당나라 시인 두보(杜甫, 중국 당나라 때의 시인, 712~770)의 시 〈객지(客至)〉를 인용하면서 인사말을 시작했다.

그는 영국 〈더 타임스〉 기자가 "잠자기 전에 주로 읽는 책은 무엇인가? 책을 덮은 뒤 잠 못 이루게 하는 고민거리는 무엇인가?"라는 질문에 "내가 좋아하는 작품을 인용해 답변하겠다."며 중국 고전 명구들을 내리 인용했다.

그는 특히 청나라 때 시인이던 정판교(鄭板橋, 1693~1765)가 쓴

시 〈무제(無題)〉의 일부인 "관아에 누우니 들려오는 바람에 흔들리는 대나무 잎 소리, 백성들 신음 소리 같구나(아재와청청소소죽衙齋臥聽蕭蕭竹, 의시민간질고성疑是民間疾苦

| 깊은 인문학 소양으로 정평이 나 있는 원자바오 전 총리 |

聲)."라는 대목을 인용할 때는 눈물을 글썽거리기까지 했다. 자나 깨나 인민들을 생각한다는 자신의 마음을 정판교의 시를 빌려 전한 것인데, 기자들이 크게 감동 받았다는 후문이다.

중국의 정치 지도자들은 이렇듯 역사, 고전의 명구나 명인들의 어록을 이용하여 자신의 정치적 견해나 입장 등을 간접적으로 전달하는 것이 일상화되어 있다. 그 행간에 내포된 진짜 의도나 비유 등을 제대로 이해하지 못하면 일쑤 낭패를 볼 수 있다.

우리 정치인들의 고사성어나 고전 인용도 갈수록 보편화되고 있다. 하지만 대부분이 즉자적이고 직설적이며, 공격적인 것을 선호하는 편이다. 이는 한국의 정치 상황에 따른 것이겠지만, 고전에 대한 이해도와 고사성어가 갖는 의미심장한 요소를 제대로 활용하기에는 지적 수준이 충분치 않기 때문이기도 하다. 결국 공부 탓이란 말이다.

중국에서는 보편화되어 있는 인문 정신은 각계의 지도자들이 은유와 상징으로 자신의 입장과 견해를 암시하는 수단과 방법으로 널리 활용되고 있다. 이는 비판 유보와 같은 작용을 부수적으로 동반하기 때문에 지도층 인사들의 입장에서는 마다할 리 없는 인문적 자산으로 단단히 정착했다고 볼 수 있다. 권위 있는 고전과 명인들을 끌어다 자신의 의도와 견해를 간접적으로 표출함으로써 듣는 사람들을 은유와 상징 등 메타포가 깃든 사유의 세계로 이끄는 언행은 크게 잘못 활용하지 않는 한 상당한 호소력을 갖는다.

언어의 격이 그 사람의 격이다. 사회적으로 지도층에 있는 사람들은 이 점에 특히 유의해야 할 것이다. 그들의 입에서 나오는 그 말이 그들의 자질을 스스로 검증시키기 때문이다. 이제 중국 역사와 고전을 통해 나 자신의 인문학적 소양을 함양함과 아울러, 한 사회의 책임 있는 일원으로서 언어의 격을 끌어올려 사회 구성원과의 관계를 보다 격조 높은 차원으로 끌어올리는 공부에 나서 보자.

역사와 고전은 그 자체로 이를 가능케 할 충분한 힘을 갖고 있다는 사실에 격려를 받으면서 말이다. 중국에 좀 더 깊은 지식과 이해는 덤으로 따라올 것으로 기대한다.

一針見血 : 지식 없는 열정은 무미하고, 열정 없는 지식은 무모하다.

:: **박학이독지**(博學而篤志), **절문이근사**(切問而近思).
두루 배우되 뜻을 도타이 하고, 절실히 묻되 내 자신에 견주어 생각하라.
- 《논어(論語)》〈자장(子張)〉 편

중국 지도자들과 인문학 소양
- 시진핑 주석과 고전

박근혜 정권 당시인 2014년 시진핑 중국 국가 주석이 한국을 방문하여 정상회담을 가졌다. 그 일성으로 시진핑 주석은 한중 관계를 '동주상제(同舟相濟)'라는 사자성어로 언급했다. '동주공제(同舟共濟)'로 더 많이 쓰는 이 사자성어는《손자병법(孫子兵法)》이 출전이다. 그 관련 대목을 보면 다음과 같다.

> "오나라 사람과 월나라 사람은 서로 미워해 왔다. 그러나 같은 배를 타고 건너다가 바람을 만나면 왼손과 오른손처럼 서로를 구한다." - 《손자병법(孫子兵法)》〈구지(九地)〉

같은 배를 탄 관계이므로 서로를 도와야 한다는 뜻이다. 언론들은 대서특필했다. 북한보다 우리를 먼저 찾았고, 둘의 관계를 같은 배

| 시진핑 주석은 다양한 고전 구절을 인용하여 자신의 정치적 입장과 견해를 전달한다. |

를 탄 관계로 비유했으니 우리를 그만큼 우대한다는 것 아니냐는 것이었다(사실 이 네 글자는 중국 정치 지도자들이 외교 무대에서 자주 입에 올리는 단골 메뉴다. 2009년 원자바오 총리가 미국과의 회담에서 인용한 바 있다).

하지만 시진핑 주석의 말에는 뼈가 있었다. 같은 배를 탔으면 어려운 상황에서는 서로를 도와서 힘차게 노를 저어야 목표를 향해 빠르게 제대로 갈 수 있는데, 지금 상황은 중국만 열심히 노를 젓고 한국은 손을 놓고 있는 것 아니냐는 뉘앙스가 내포되어 있는 것이다. 경제를 비롯하여 여러 방면에서 깊어지고 있는 한중관계의 현재 상황에 비해 한국 정부의 대미 의존도나 중국에 대한 인식과 태도에는 문제가 있다는 지적이 바로 그 네 글자 안에 은근히 내포되어 있음을 우리는 간취하지 못했다.

아니나 다를까? 정상회담 결과를 발표하는 공동성명은 그야말로 속빈 강정이었다. 북한에 대해 강력한 메시지 같은 것을 기대했던 정부 당국은 당황(또는 황당?)스러웠을 것이다. 부랴부랴 막후 접촉이 진행된 것 같았지만 그렇게 해서 나온 남북관계에 대한 시진핑 주석의 메시지는 또 하나의 고전 속 명구였다.

270

"빙동삼척비일일지한(氷凍三尺非一日之寒)."

("얼음이 석 자씩 얼려면 하루 이틀 추워서는 안 된다.")

이 대목은《금병매(金瓶梅)》등에 나오는 속담 같은 구절이지만 그 원전은 한나라 때의 학자 왕충(王充)의 대표적인 저서《논형(論衡)》에 나오는 '빙후삼척(氷厚三尺), 비일일지한(非一日之寒)'이란 대목이다. 왕충은 이 말에 이어서 "흙이 쌓여 산이 되려면 지금 시작해서는 안 된다."고 말한다. 세상사 이치가 그렇다. 무슨 일이든 상당한 시간의 축적과 그 시간을 관통하는 경험의 축적이 전제되어야만 제대로 할 수 있다.

시진핑 주석은 남북관계를 이런 고전 속 대목을 인용하고 거기에다 자신과 중국의 입장을 슬그머니 담아서 간접적으로 전한 것이다. 남북관계는 시간이 필요하다는 뜻이다. 사물의 형성이나 사람의 관계는 오랜 시간 익고 쌓이는 과정이 필요하다는 것을 세련되게 비유한 셈이다. 하지만 우리의 기대치와는 완전 거리가 먼 메시지였다.

시진핑 주석은 집단 자위권 행사 등 일본 군사적 도발에 대해서는 사마천이 남긴 '전사지불망(前事之不忘), 후사지사야(後事之師也)'라는 명언을 인용하여 경고하기도 했다. '지난 일을 잊지 않는 것은 뒷일의 스승이 될 수 있다'는 뜻이다. 과거사를 망각하고 또 다시 군사적 야욕을 드러내는 일본에 대한 심각한 경고의 메시지였다. 이 명언은 남경의 남경대도살기념관에도 걸려 있다.

시진핑은 물론 중국의 정치 지도자들은 거의 예외 없이 고전의 명구나 명인들의 어록을 이용하여 자신들의 정치적 견해나 입장 등을 간접적으로 전달하는 것이 일상화되어 있다. 그 행간에 내포된 진짜 의도나 비유 등을 제대로 이해하지 못하면 낭패를 볼 수 있다.

一針見血 : 역사는 잊지 않고 오래 기억하는 자의 몫이다.

:: **박학이불궁**(博學而不窮), **독행이불권**(篤行而不倦).
널리 배우되 끝이 없어야 하고, 진실하게 행동하되 피곤해하지 않는다.
－《예기(禮記)》〈유행(儒行)〉 편

시진핑 주석과 사마천의 《사기》

2017년 7월 6일 한중 정상회담이 독일에서 이루어졌다. 사드 사태로 경색되었던 양국 관계가 개선될 계기가 마련된 것이다. 이 자리에서 시진핑 주석은 '장강의 뒷 물결이 앞 물결을 밀어낸다(장강후랑추전랑長江後浪推前浪)'이라는 명언을 인용했다. 이 구절이 우리 대통령의 자서전에 인용되어 있는 것에 주목하여 이를 언급하며 회담의 분위기를 화기애애하게 이끌었다(이 명언은 송나라 때 사람 유부劉斧의 〈청쇄고의靑瑣高議〉란 글에 나왔고, 그 뒤 많은 사람이 시와 문장에 인용했다).

비교적 잘 알려져 있다시피 시 주석은 공식 강연은 물론 일상 대화에서도 고전과 한시를 즐겨 인용한다. 독서량이 그만큼 많다는 뜻이다. 이런 점에서 우리 대통령의 독서량 역시 만만치 않다. 지난 회담들도 그랬듯이 앞으로 두 정상이 나눌 대화의 수준과 품격이 기대되는 것도 이 때문이다(이후 12월 14일 북경에서 이루어진 정상회담에서도 다양한 고사성어가 오갔고, 회담은 성공적으로 마무리되었다).

앞으로의 한중 양국 관계의 정상화와 정상회담을 우호적, 성공적으로 이끌려면 많은 공부와 안배가 필요하다. 여러 정상회담에서 보여준 준비와 과정을 보면 크게 걱정할 것은 없어 보인다. 하지만 자리 배치는 물론 소소한 선물, 특히 말 한마디 한마디와 상대에 대한 정보 파악에 각별한 주의를 기울이는 중국 지도층의 특성을 고려한다면 향후 양국 관계를 위해서는 좀 더 세심한 배려가 필수적이다.

시진핑 주석이 국가 주석으로 확정된 시기는 2010년 무렵이다 (참고로 시 주석은 2013년 주석으로 취임했다). 이해 세계적으로 위대한 역사가이자 중국이 가장 자랑스럽게 내세우는 위인 사마천의 제사가 국가 제사로 승격되었다. 그리고 우연인지는 몰라도 취임 이후 시 주석이 사마천과 《사기》를 언급하는 경우가 자주 있었다. 역대 다른 지도자에 비해서는 단연 압도적이다.

이 같은 변화의 배경을 살펴본 결과 시 주석의 고향인 부평(富平)

| 섬서성 한성시 사마천 고향에 조성된 사마천 광장에서 거행된 사마천 제사(2015년) |

과 사마천의 고향인 한성(韓城)은 같은 섬서성에 있고, 거리는 불과 100여 ㎞였다. 뿐만 아니라 사마천 사당과 무덤 아래로 광장이 조성되었고, 국가가 나서 무려 750만 평 규모의 사마천과 《사기》를 테마로 하는 '국가 문사(文史) 공원'이 조성되기 시작했다. 사마천과 《사기》에 대한 시 주석과 중국 당국의 관심이 사실로 확인된 것이다.

시 주석은 취임 이후 세 차례 걸쳐 《사기》에 나오는 명언의 하나인 '전사지불망(前事之不忘), 후사지사야(後事之師也)', 즉 '지난 일을 잊지 않는 것은 뒷일의 스승이 된다'는 구절을 인용하며 과거사를 반성하지 않고 있는 일본을 겨냥했다. 과거 역사의 중요성과 교훈을 잊지 말라는 경고성 메시지라 할 수 있다(이 명구는 일본의 만행을 고발하기 위해 세운 남경대도살기념관 중앙 홀에도 걸려 있다).

시 주석은 다양한 고전을 인용하는 걸로 정평이 나 있는데, 특히 사마천과 《사기》에 대한 관심은 역대 어느 지도자들과는 격을 달리 한다. 이런 점에서 시 주석에 대한 꼼꼼한 공부, 특히 그의 사마천과 《사기》에 대한 관심에 주목할 필요가 있다.

一針見血 : 호랑이도 잡아야 하지만 모기도 잡아야 한다.(비리 공직자들을 근절하겠다는 시진핑의 의지)

:: 법지불행(法之不行), 자어귀척(自於貴戚).
법이 잘 시행되지 않는 것은 귀하신 몸들께서 지키지 않기 때문이다.
– 《사기》 〈진본기(秦本紀)〉

진시황의 다른 모습

중국 최초의 통일 제국을 건설한 진시황(秦始皇, 기원전 259~기원전 210)하면 흔히들 '분서갱유(焚書坑儒)' 아니면 '아방궁(阿房宮)'을 떠올린다. 이 두 단어는 2천 년 넘는 시간을 거치면서 전자는 지식인과 사상에 대한 무자비한 탄압을, 후자는 호화방탕한 생활을 상징하는 용어로 정착했다. 이에 따라 진시황에 대한 평가도 잔혹한 독재자이자 도에 넘치는 사치스러운 삶을 산 인물로 낙인 찍혔다. 게다가 말년에 불로장생(不老長生)에 집착한 사실까지 겹쳐 그야말로 극악무도한 폭군의 아이콘이 되어 버렸다.

진시황이 무리한 토목사업을 벌인 것도 사실이고, 그것이 제국의 멸망을 앞당기는 요소로 작용했다. 하지만 이게 다가 아니다. 진시황이 호화방탕하게 살았다는 증거는 아방궁에 대한 규모를 기술한 기록 외에는 어디에도 없다. 아방궁이 밤낮 할 것 없이 술자리를 베푸는 연회장이었다는 기록도 없다. 사상 탄압의 정도도

| 독재와 폭군의 상징으로 2천 년 넘게 각인된 진시황의 이미지는 말 그대로 과장과 왜곡으로 얼룩져 있다. |

다른 황제들에 비해 그리 심한 편이 아니었다. 훗날 역대 정권에 주류 이데올로기를 제공한 수구 보수적인 유학자들의 과장이 보태어지고 보태어져 심하게 왜곡된 결과일 뿐이다.

진시황은 일반인들이 잘 모르고 있거나 덜 알려진 또 다른 모습을 가지고 있다. 우선 그는 책을 좋아하고 공부를 많이 한 꽤 식견 있는 통치자였다. 법가 사상을 집대성한 한비자(韓非子)의 글을 읽고는 이런 사람과 단 한 번이라도 만나 이야기를 나눌 수 있다면 죽어도 여한이 없겠다고 했다. 또 하루에 검토해야 할 문서의 양을 저울로 달아 놓고 그것을 다 해내지 못하면 쉬지도 않을 정도였다.

진시황은 13세 때 왕이 되었다. 타국에서 태어나 세 살 때 아버지와 헤어져 아홉 살 때까지 어머니와 둘이서 살았다. 천신만고 끝에 고국으로 돌아와 가족이 재회했으나 그 행복도 잠깐, 13세 때 아버지가 세상을 떠나고 어린 나이에 왕이 되었다. 어머니는 사생활이 대단히 문란한 여성이었다. 아들이 왕이 되자 진시황의 생부로 알려진 여불위(呂不韋)를 침실로 끌어들였고, 정력 좋은 노애(嫪毐)라는 자와 음탕한 짓을 서슴지 않았다. 그사이에서 아들이 둘씩이나 태어나기도 했다.

게다가 진시황은 세 차례나 암살 위기를 겪는 참 기구한 운명의 소유자였다. 그가 평생 정식 황후를 두지 않은 것도 이런 콤플렉스와 노이로제의 결과였을 것이다. 불로장생에 대한 집착도 마흔 이후 건강에 이상이 생긴 것과 무관하지 않다.

최근 우리 사회에 횡행하고 있는 무지막지하고 무자비한 한 개인에 대한 '신상 털기' 현상은 한 사람에 대한 정확한 평가를 위한 기본적 사실을 제공하는 것이 아니라, 개인의 사적 영역과 정신적 영역까지 침해하고 공격하는 저질스러운 테러 행위에 가깝다는 생각을 떨칠 수 없다. 2천 수백 년 동안 공평치 못한 공격을 비난을 받아 온 진시황의 또 다른 면모를 소개하는 까닭도 이런 삐뚤어진 우리 사회의 풍조 때문이다.

지금 우리는 정보의 사실 여부는 물론 그 안에 담겨 있는 진실을 얼마든지 확인할 수 있다. 겉으로 드러나는 현상 이면을 통찰하는, 그리고 얼마든지 통찰할 수 있는 시대를 우리는 살고 있다. 세상이 이미 집단지성의 시대이기 때문이다.

一針見血 : 못난 사람은 자신이 보고 싶은 것만 본다.

:: **득견차인여지유**(得見此人與之遊), **사불한의**(死不恨矣)!
이 사람을 만나 함께 교류할 수 있다면 죽어도 여한이 없겠다.
- 《사기》〈노자한비열전(老子韓非列傳)〉

중국의 우주탐사 프로젝트와 항아(嫦娥) 신화

2004년 중국은 우주탐사 프로젝트의 출발인 달나라 탐사 프로젝트인 '탐월공정(探月工程, 일명 '항아공정')'을 정식으로 시작했다. 이 프로젝트에 따라 2007년 10월 24일 항아 1호 우주선 발사를 성공적으로 수행했고, 이후 순조롭게 달 탐사 활동이 진행되고 있다(중국은 무인 우주선은 물론 유인 우주선 발사와 귀환도 순조롭게 마쳐 우주과학의 강국으로 급부상하고 있다).

이 프로젝트는 사실 1994년부터 10년에 걸친 준비 과정을 거쳤다. 중국의 모든 국가 프로젝트가 철저한 사전 준비를 거친다는 사실을 여기서도 확인할 수 있다. 그런데 이 달 탐사 프로젝트의 또 다른 이름이자 탐사 우주선의 이름인 '항아'에 얽힌 사연이 흥미롭다.

항아는 여신의 이름으로 '항아가 달로 도망갔다'는 '항아분월(嫦娥奔月)' 신화의 주인공이다. 이 신화는 아주 오랜 옛날부터 민간에 널리 퍼져 전해오던 신화인데 《회남자(淮南子)》란 약 2천 년 전의 문헌에 처음 보인다.

신화에 따르면 그 내용은 이렇다. 예(羿, 항아의 남편으로 알려진 신)가 머나 먼 서방의 천산(天山) 천지(天池)에 사는 여신 서왕모(西王母)에게 불사약을 부탁해서 얻어가지고 집으로 돌아왔다. 예가 나가고 없는 사이에 항아가 불사약을 훔쳐 먹어버렸다. 그랬더니 자신도 모르는 사이에 몸이 가벼워져 지상을 날아 달나라 월궁(月宮)까지 달아나게 되었다.

'항아분월' 신화는 전설 속의 역서(易書)로 알려진 《귀장(歸藏)》에도 보이는데, 여기에는 내용이 간략하다. 즉, 항아가 서왕모의 불사약을 먹고 월궁으로 가서 월정(月精, 달의 요정)이 되었다고만 해서 예와 관계가 없는 것으로 되어 있다.

| '항아분월' 신화를 그린 약 2천 년 전의 벽돌 그림 |

그런가 하면 옛날 판본 《회남자(淮南子)》에는 항아가 월궁으로 가서 두꺼비로 변했다는 기록이 보이는데, 지금 판본에는 그 내용이 없다. 이는 항아에 대한 사람들의 감정이 질책에서 동정으로 변한 과정을 반영하는

것 같다. 위진 남북조에서 당나라에 이르는 시기에 사람들은 항아에 대한 동정심을 더욱 발전시키면서 두꺼비로 변했다는 등의 전설은 점점 잊혀졌다. 일부 학자들은 항아를 고대 신화 지리서인 《산해경(山海經)》에 나오는 상희(常羲)로 보기도 한다.

중국이 우주탐사 프로젝트에 항아란 이름을 붙인 의도는 어렵지 않게 짐작할 수 있다. 신화이긴 하지만 중국은 이미 수천 년 전에 이미 달나라에 발을 디뎠다는 것이다. 달나라에 대한 중국의 관심이 그만큼 오래라는 뜻이 담겨 있는 것이다.

그런데 '항아 프로젝트'와 관련해서는 이보다 더 흥미로운 이야기가 전한다. 1972년 중국과 미국은 그동안의 적대 관계를 청산하고 관계를 정상화한다는 놀라운 공동성명을 발표했다. 이로써 중미 관계가 정상화되었고, 세계는 냉전시대를 끝내기 시작했다. 이 세계사적 사건을 연출한 주인공은 중국의 주은래(周恩來)와 미국의 키신저였다. 두 사람은 1971년 극비리에 만나 관계정상을 합의했는데, 이 자리에서 키신저는 1969년 아폴로 11호의 달 착륙 성공을 이야기하며 달에서 가져온 월석을 선물로 내놓았다고 한다. 미국의 달 정복을 자랑한 것이다. 이에 주은래는 우리 중국은 이미 수천 년 전에 달을 정복했다고 응수하며 바로 이 항아 신화를 언급했다는 것이다.

이후 중국은 우주탐사에 관심을 가졌고, 1994년 본격적인 준비 과정을 거치면서 달 탐사 공정의 이름을 '항아공정'으로 지었던 것이다. 중국인은 이렇게 세상 만물의 이름에 심상치 않은 관심을 갖는다. 깊은 생각 없이 아무렇게나 이름을 짓지 않는다. 국가 정책이라면 더더욱 그렇다. 역사적 배경과 그에 얽힌 고사를 찾고 음미한 다음 신중에 신중을 기해 이름을 짓는다. 과거 역사와 문화를 중시하는 중국인의 특성을 미래를 향한 우주탐사 프로젝트의 이름에서도 새삼 확인하게 된다.

一針見血 : 중국의 우주 강국 건설에 새롭게 기여하길 바란다.
　　　　　　　　　　　　　　　　- 시진핑((習近平, 중국 국가주석, 1953~)

:: **묵돌불검**(墨突不黔), **공석불난**(孔席不暖).
　묵자의 굴뚝에 검댕이가 끼지 않고, 공자의 자리는 따뜻할 날이 없다.
　- 반고(班固, 중국 후한 초기의 역사가·문학가, 32~92) 〈답빈희(答賓戱)〉

왜 '묵자호(墨子號)'일까?

〈The Science Times〉 2018년 1월 26일자 기사는 중국이 세계 최초로 양자(量子) 과학 실험위성을 성공적으로 발사했다는 놀라운 뉴스와 그 내용 및 의미 등을 비교적 상세히 소개하고 있다. 중국이 이 위성을 발사한 때는 2016년 8월 16일 01시 40분이었다. 이후 세계는 다시 한 번 중국의 우주탐사와 인공위성 관련 기술에 주목하지 않을 수 없었다. 중국은 2004년 이후 달 탐사 프로젝트 '항아공정'을 수행하면서 각종 우주탐사를 위한 유무인 위성 발사와 우주정거장 설치를 성공적으로 수행함으로써 미국이나 러시아에 버금가는 우주탐사 기술과 능력을 인정받고 있다.

양자과학 실험위성은 현대 물리학의 기초로 불리는 '양자역학(Quantum Mechanics)'의 상용화에 신기원을 이룰 것이라는 기대를 모으고 있다. '양자역학'은 현대 물리학의 기초로서 컴퓨터의 주요 부품인 반도체의 원리를 비롯하여 수많은 과학기술의 이론적 바탕으로서 현대인의 삶에 지대한 영향을 미치는 분야다.

양자역학은 양자와 역학이 합쳐진 단어로 양(量)을 의미하는 quantity에서 나왔고, 역학은 힘과 운동을 말한다. 간략히 말하자면 띄엄띄엄 떨어져 있으면서 일정한 양으로 존재하는 어떤 것(입자)이 모종의 힘을 받으면 어떻게 운동하는가를 밝히는 이론이라 할 수 있다.

이번 중국이 발사하고 실험에 성공한 양자과학 실험위성은 이 이론에 근거하여 무종의 정보(물체)를 훨씬 빠르게 먼 곳까지 전송할 수 있는 가능성을 확인한 것이다. 전송 속도는 지상 광케이블을 통한 전송보다 무려 1조 배나 빠르며, 전송 거리도 기존 200km에서 1,200km까지 획기적으로 늘어났다. 또 정보(암호)가 입자 상태라 해킹이나 복제가 불가능하다고도 한다. 나아가 이 같은 기술이 성공적으로 정착된다면 우리가 영화에서나 볼 수 있는 공간 이동도 가능하다고 할 정도니 이 실험위성이 갖는 의미가 어느 정도인지 짐작할 것이다.

중국은 달 탐사 프로젝트에 '항아'라는 신화 속 여신 이름을 붙였듯이 이번에도 이 위성에 아주 특별한 이름을 붙였다. 이름하여 '묵자호(墨子號)'이다. 묵자(墨子, 기원전 480~기원전 390)는 춘추시대 말기에서 전국시대 초기에 활동한 사상가로서 흔히 전쟁을 반대한 평화주의자로 잘 알려져 있다(본래 성명은 묵적墨翟인데, 흔히들 그 존칭의 의미가 담긴 묵자로 부른다). 이 때문에 묵자호를 묵자의 평화 사상과 연결하는 기사가 보인다. 하지만 이건 번지수를 잘못 짚은 해석이다.

묵자는 사상가였지만 그와 동시에 과학자이자 발명가였다. 목수로 보기도 한다. 이 때문에 중국 사람들은 그는 '과학(科)의 성인'이란 뜻으로 '과성(科聖)'으로 추앙한다. 묵자가 남긴 저서 《묵자》는 신학, 정치, 경제, 교육, 윤리, 철학, 군사, 논리 등 거의 모든 학문 분야를 섭렵하고 있는 백과전서에 가까운데, 특히 물리학과 수학 이론도 적지 않게 기록되어 있다.

양자역학과 관련하여 묵자는 최초로 광선이 직선으로 진행하는 성질을 인식하여 작은 구멍을 통하면 물체의 상이 거꾸로 맺힌다는 놀라운 이론을 남겼다(이 이론은 뉴튼이나 갈릴레이에 비하면 무려 1,800년 가까이 앞선다). 《묵자》의 이 같은 과학 이론은 양자역학의 이론과 많이 닮아 있고, 그래서 중국은 양자과학 실험위성의 이름을

| 지금으로부터 약 2,500년 전 춘추전국시대의 위대한 사상가이자 과학자로서 중국은 물론 향후 세계적으로 깊은 통찰력을 선사할 것으로 보이는 묵자의 상이다. |

'묵자호'로 부른 것이다.

중국과 중국인은 자부심의 원천을 역사와 문화, 특히 문자로 남겨진 어마어마한 기록에서 찾는다. 5천 년 가까이 사용되고 있는 지구상의 유일한 상형문자인 한자에는 오랜 세월을 통해 축적된 각종 지혜와 정보가 한 글자 한 글자에 압축 저장되어 있다.

제자백가 사상에서 남다른 위치를 차지하고 있는 평화주의자 묵자는 그 사상은 말할 것 없고, 무려 2,500년 전에 지금 보아도 놀라운 과학 이론을 대량 제시하고 있다는 점에서 중국의 위상과 중국인의 자부심을 한껏 높이고 있다고 하겠다. '묵자호'란 이름 하나가 그것을 여실히 보여주고 있다.

一針見血 : 묵자는 과학계의 성인 '과성(科聖)'이다.

:: **백토도약추부춘**(白兎搗藥秋復春), **항아고서여수린**(姮娥孤栖與誰隣)?
흰 토끼는 봄가을로 약을 찧는데, 항아는 홀로 사니 누구와 벗할꼬?
– 이백(李白, 중국 당나라의 시인, 701~762), 〈파주문월(把酒問月)〉

07

지식이 해방된 시대

마지막 범주와 주제는
지식이 해방된 집단지성의 시대를
과거 역사 속의 번득이는 지혜들과
견주어 보기 위해 마련했다.
인간과 사물의 관계를 옛사람들은
어떻게 보고 통찰했는지,
또 그런 통찰력을 가능하게 하는 힘은
무엇인지를 생각해 보았다.
이밖에 흥미로운 사회적 주제들이
함께 마련되었다.

떠오른 금기어, 성 소수자

한나라 애제(哀帝, 기원전 25~기원전 1년) 때 동현(董賢)이란 미모가 뛰어난 미소년이 있었다. 황제인 애제가 그를 사랑하여 침식을 함께했다. 어느 날 아침, 애제가 잠에서 깨 몸을 일으키려는데 동현의 몸이 애제의 옷소매 자락을 누르고 있었다. 애제는 동현이 깰까 봐 자신의 '소매 자락을 자르고' 침대에서 빠져나왔다. -《한서(漢書)》〈동현전(董賢傳)〉

여기서 '소매를 자른다'는 뜻의 '단수(斷袖)'라는 단어가 나왔고, 이후 단수는 남자를 좋아하는 남자를 비유하는 단어가 되었다. 그리고 그런 취향을 '단수벽(斷袖癖)'이라 했다. 요컨대 동성애(同性愛)나 그런 취향을 가리키는 말이다. 또 제왕의 특별한 은총을 묘사할 때 쓰이기도 했다.

동성애는 주로 권력자들의 취향으로 기록이 적지 않게 남아 있다. 남조 시대 권력자 유신(庾信)은 어린 남자 소소(蕭韶)를 사랑하

| 애제와 동현의 '단수' 고사를 그린 그림 |

여 '단수의 기쁨'(단수환斷袖歡)을 누렸는데, 소소의 입고 먹는 것은 모두 유신이 대주었다고 한다. 봉건사회에서 '단수 취향'은 워낙 특이한 것이라서 다양한 단어를 파생시켰다. '단수지호(斷袖之好)', '단수지계(斷袖之契, 단수의 인연)'와 같은 사자성어로부터 '전수(剪袖, 소매를 자르다)'와 같은 글자만 바뀐 단어 등이 기록에 보인다.

문학작품에도 심심찮게 보인다. 청나라 때 소설가 포송령(蒲松齡)이 창작한 괴기 소설집 《요재지이(聊齋志異)》에도 하생(何生)이란 남색가가 등장하는데, 그의 취향을 코를 막게 하는 추한 것으로 묘사하고 있다. 그런데 포송령은 '단수'와 함께 '분도(分桃)'를 거론하고 있다. '복숭아를 나누다'는 뜻인데, 《사기(史記)》〈노자한비열전(老子韓非列傳)〉에 위(衛)나라 영공(靈公)이 미소년 미자하(彌子瑕)를 사랑하여 미자하가 먹다 남은 복숭아를 주어도 자신을 사랑해서 그런 것이라며 좋아했다는 고사에서 나온 것이다. 이것이 저 유명한 '먹다 남은 복숭아', 즉 '식여도(食餘桃)'가 나왔고, '분도'는 그 파생어다.

춘추시대 '식여도'의 고사는 동성애를 암시하는 가장 오랜 기록이다. 이 이야기를 기록한 한비자(韓非子)는 인간의 애정은 언제든 변질될 수 있다며 권력자의 심기를 헤아리는 어려움이라는 민감한 문제를 끌어냈다. 하지만 한비자의 의도와는 또 다르게 '식여도'는 '단수'와 함께 동성애를 가리키는 대표적인 단어가 되었다.

동성애가 오늘날만의 문제가 아니라 수천 년 전부터 있었다는 기록은 동서양을 막론하고 적지 않다. 그러나 어느 시대가 되었건 사회문제의 하나로 정면 취급된 적은 없었다.

지금 우리도 동성애 문제가 사회 이슈로 불거졌다. 동성애뿐만 아니라 거의 모든 분야에 만연한 성추행과 성폭력도 심각한 사회문제로 본격적으로 떠오르고 있다. 이런 문제들에 대한 찬반 여부나 개인의 견해를 떠나 소수이자 사회적으로 약자의 위치에 처한 이들에 대한 그릇된 비난과 차별만큼은 이참에 확실하게 근절되어야 할 것이다.

一針見血 : 인간의 감정을 무엇으로 막는단 말인가?

:: **색쇠이애이**(色衰而愛弛)
미모가 시드니 사랑도 시든다.
－《사기》〈한비자열전(韓非子列傳)〉, 〈여불위열전(呂不韋列傳)〉

한비자(韓非子)의 경고

중국사 전문가인 존 킹 페어뱅크(John King Fairbank, 1907~1991)는 《신중국사, China a New History》라는 저서에서 봉건 왕조 아래에서 최고 통치자인 군주와 신하 사이에 나타나는 정치적 특성의 하나를 '음모(陰謀)'라는 측면에서 아래와 같이 설명한 바 있다.

"역사적으로 보면 음모는 주요한 행동 방식이자 기본적인 두려움의 원천이었다. 서양처럼 국가권력과 정책 사이의 명확한 구분에 기초한 '충성스러운 반대'가 결여되어 있는 점이 중국사의 특성을 이루어 왔던 것이다. 지배자의 정통성은 그의 적절한 행동이 지배자와 피지배자 사이의 조화를 가져왔을 때에만 보장되기 때문에 음모라는 것은 조화를 거부하는 것이었고, 따라서 찬성하지 않는 사람은 자신을 보호하기 위해서 충성을 가장했다."

페어뱅크의 지적에 토를 달 생각은 없다. 그보다 2,200여 년 전, 음모는 물론 인간의 본질까지 섬뜩하게 간파하면서 이를 정치 체제 내지 군신 관계에 적용시킨 인물이 있었다는 사실을 말하고 싶을 뿐이다.

진시황(秦始皇)은 그 사람의 글을 읽고는 "이 사람과 이야기를 나눌 수 있다면 죽어도 여한이 없겠다!"며 감탄 내지 탄식하기까지 했다. 진시황은 전쟁까지 일으키며 그를 만났으나 그를 신임하지 않았고, 결국 당시 진나라의 실권자이자 동문이었던 이사(李斯)에 의해 독살 당했다. 인간의 본질을 냉철하게 간파한 그의 이론은 받아들여졌지만, 정작 그 자신은 받아들여지지 않았다. 그가 바로 한비(韓非, 기원전 약 280~기원전 223)였고, 그가 남긴 섬뜩한 이론서가 《한비자》다.

《한비자》는 전편에 살기가 흐르는데 〈팔간(八姦)〉이란 편은 나라를 망국으로 이끄는 간신의 행위를 여덟 유형으로 나누고 그 특징을 분석한 글이다. 그중 여덟 번째를 '사방(四方)'이라 하는데 간신들이 주위 이웃 국가들의 세력을 이용한다는 뜻이다. 그 한 대목을 보자.

| 통치자와 나라를 멸망으로 이끄는 간신들의 행태를 적나라하게 분석하여 침통한 경고를 남긴 한비자 |

"어떠한 방법으로 하는가? 군주가 자신의 국가가 작으면 큰 나라

를 섬기고, 자신의 군사력이 약할 경우에 강한 군사를 두려워해야 하는 것은 당연하다. 대국이 무엇을 요구하면 소국은 들어주지 않을 수 없으며, 대국의 군대가 출병할 때에는 약한 나라는 복종해야 한다. 간사한 신하는 백성들에게서 세금을 걷고, 창고의 재물을 가져다가 대국을 섬기는 데에 쓰며, 대국의 위세를 이용하여 자신의 군주를 협박한다. 심하게는 대국의 군대를 변경에까지 끌고 와 민심을 공포에 몰아넣기도 하고, 작게는 대국의 사신을 자주 불러들임으로써 군주를 떨게 하여 복종시킨다. 이것이 사방이다."

지난 2018년 5월 한미 정상회담을 앞두고 가짜 뉴스까지 만들어내며 통치자를 흔들어 댄 사대주의자들이 보인 행태는 한비자가 위 대목을 떠올리게 하기에 충분했다. 그리고 이번 반갑게 날아온 북미회담을 포함한 남북정상회담을 앞두고도 똑같은 행태를 반복하고 있다. 미국을 상전으로 떠받드는 사이비 보수들의 이적 행위가 도를 넘고 있는 것이다. 우리의 자주외교가 중대한 기로에 놓여 있는 지금이다. 말을 보탤 것이 아니라 힘을 보태야 할 때다.

一針見血 : 나라 망치는 데는 간신 하나면 충분하다.

:: **국지장망**(國之將亡), **현인은**(賢人隱), **난신귀**(亂臣貴).
나라가 망하려면 유능한 인재는 숨고, 나라를 어지럽히는 난신이 귀하신 몸이 된다.
-《사기》〈초원왕세가(楚元王世家)〉

이해관계에 대한 묵자(墨子)의 통찰

춘추 말기의 평화 사상가 묵적(墨翟, 기원전 약 468~기원전 376, 약 93세)은 인간관계에서 발생하는 가장 중요한 요소의 하나로 '이해(利害)'를 들었다. 그러면서 다음과 같이 말했다.

"이지중취대(利之中取大), 해지중취소(害之中取小)."

("이익이 맞물리면 무거운 쪽을, 손해가 맞물리면 가벼운 쪽을 택하라.")

묵적의 저서 《묵자(墨子)》의 관련 대목을 함께 인용하면 다음과 같다.

"손가락을 잘라 팔을 보존하듯 이익을 두고는 큰 쪽을 취하고, 손해를 두고는 작은 쪽을 취하라. 손해를 두고 작은 쪽을 취하는 것은 손해를 취하는 것이 아니라 이익을 취하는 것이다."

| 묵자는 인간이 집착하는 이해관계를 잘 통찰해야 전체 국면을 주도할 수 있다고 지적한다. |

경쟁 상황에 있는 쌍방이라면 어느 쪽이든 이익을 위해 싸우고, 이익을 위해 빼앗지 않을 수 없다. 정치에서 틈을 타서 이익을 취하고 전기를 포착하는 것은 모든 리더들이 공유하는 주관적 희망이라 할 수 있다.

그런데 이익은 그 대척점에 있는 손해와 긴밀하게 연관을 맺고 있다. '새옹지마(塞翁之馬)'라는 유명한 고사에 나오는 그 '새옹'이 말을 잃은 것이 어찌 복이 될 줄 알았겠는가? 그래서 손자가 말한 "따라서 지혜 있는 자가 일을 생각할 때는 반드시 이로운 점과 해로운 점을 아울러 참작한다."(《손자병법孫子兵法》〈구변九變〉편)는 대목은 모든 행동에 있어서 이익과 손해 두 방면을 아울러 참작해야 한다는 지적이 아닐 수 없다. 이로울 때 손해를 생각하고, 손해라고 판단될 때 이익을 고려해야 비로소 맹목성에서 벗어날 수 있다.

현명한 리더는 전체 국면을 가슴에 품고 여러 경우를 고려하여 이해를 잘 저울질하면서 이익은 좇고 손해는 피함으로써, 작은 이익 때문에 큰 해를 입지 않도록 하고, 한 숟갈 먹자고 밥그릇 전체를 뒤엎는 어리석음을 범하지 않는다. 또 한편으로는 주도권을 장악한 상황에서 일부러 파탄을 노출하여 상대를 끌어들일 줄 알아야 한다.

반면에 아둔한 리더들은 공리(功利)에만 눈이 어둡고 전략적 두뇌는 결핍되어 있어, 승리만 따지고 패배는 생각지 않으며, 이익만 알고 손해는 모르며, 얻는 것만 보고 잃는 것은 보지 않으며, 작은 것만 보고 큰 것은 보지 못하며, 현재에만 밝고 장래에는 어둡고, 눈에 보이는 것만 좇고 무형의 것은 보지 못한다.

촛불혁명으로 정권 교체를 한 뒤 우리 외교부는 망가질 대로 망가진 외교를 재정비하고 바야흐로 본격적인 시험대에 올랐다. 남북관계, 북미관계, 북방외교, 한일관계, 남방정책, 한미 FTA 재협상 등을 비롯하여 나라의 이해관계가 걸린 중요한 사안들이 밀려오고 있다. 이해관계에 대한 정확한 통찰을 바탕으로 한 디테일한 전략과 전술이 기본적으로 요구되는 시점이다.

一針見血 : 모든 관계에는 이해가 한데 섞여 있다.

:: **잡우이해**(雜于利害)
　이익과 손해는 한데 섞여 있는 관계다.

'양지(良知)'와 도덕의 자율

명나라 때 사람 홍응명(洪應明)이 지었다고 하는 《채근담(菜根譚)》은 책 제목 그대로 나무의 뿌리를 캐듯 삶의 지혜와 현명한 처세를 위한 명구들을 캐낼 수 있는 좋은 수양서다. 청나라 사람 김영(金纓)의 《격언연벽(格言聯壁)》도 비슷한 처세서인데, 이런 대목이 있다.

> "개세공로(蓋世功勞), 당부득일개'긍'자(當不得一個'矜'字); 미천죄악(彌天罪惡), 최난득일개'회'자(最難得一個'悔'字)."
>
> ("세상에 둘도 없는 공을 세웠어도 '잘난 척'하지 않아야 하며, 천하에 큰 죄를 지었으면 '뉘우치는' 마음이 있어야 한다.")

또 그 책 〈지궁(持躬)〉편에 보면 "잘못을 미루고 공을 가로채는 짓은 소인배들이 하는 짓이고, 죄를 덮고 공을 떠벌리는 것은 보통 사람이 하는 일이며, 양보의 미덕으로 공을 다른 사람에게 돌리는 것은 군자의 일이다."라고 했다.

좋지 않은 일을 저질러 타인에게 미안한 결과를 초래했다면 뉘우쳐야 마땅하다. 이는 양심의 발견이자 '양지(良知)'를 잃지 않았다는 것이다. 이를 '도덕의 자율'이라 할 수 있다. '양지(conscience)'란 타고난 본연으로 배우지 않아도 얻는 지혜나 생각하지 않아도 아는 것을 말한다. 《맹자》(〈진심〉 상편)에

| 청나라 때 학자 김영이 편찬한 《격언연벽》은 현자들의 처세에 관한 격언과 명구들을 모아 놓은 책이다. |

보면 "사람이 배우지 않아도 할 수 있는 것을 '양능(良能)'이라 하고, 생각하지 않아도 알 수 있는 것을 '양지'라 한다"고 했다.

김영은 그래서 자신의 잘못을 알고 부끄러워할 줄 알면 타인의 잘못(실수), 특히 자신과 관련된 타인의 잘못을 끌어안는 '남과(攬過)'의 미덕을 발휘하게 되고, 이것이 그를 더 큰 사람으로 성장하게 만든다고 했다.

그런데 '양지'의 실천에서 중요한 것은 '지(知)'다. '부끄러움을 아는 용기' '지치지용(知恥之勇)'에서 '안다' 즉, '지(知)'가 얼마나 어렵고 중요한가? 부끄러움을 안다는 전제는 자신의 언행에 잘못이 있음을 아는 '지과(知過)'이다.

이 두 단계가 전제되어야 개과(改過)하고 나아가 천선(遷善)할 수 있지 않겠는가? 물론 인격과 존엄이 모욕당했을 때 느끼는 수치나

치욕과 자신의 잘못으로 인한 부끄러움은 엄연히 구분되어야 한다.

문제는 사람도 보고 세상도 볼 줄 알면서 한때를 보지 못하는 경우가 적지 않다는 것이다. 이 때문에 심하면 지금까지 쌓아 올린 모든 것을 한순간에 허무는 일이 발생한다. 다른 것들은 다 보았으면서 자신을 제대로 보지 못했기 때문이다.

왜곡되고 변질된 '미투'로 우리 사회에 새로운 적폐가 드러나고 있다. 이들은 오로지 한쪽으로만 치우친 극단적 사고방식에 사로잡혀 애꿎은 사람을 옭아매어 해치는 일도 서슴지 않는다. 자칭 피해자와 그 피해자를 대변한다는 자들의 음흉하고 나쁜 정치적 의도가 빤히 보이는데도 불구하고 파렴치한 자들의 작태와 수작은 도를 넘고 있다. 약자를 지키기 위한 운동이 불순한 의도와 정치적 목적을 가진 자들에 의해 악용되어 심각하게 변질되고 있다. 새로운 적폐들이 커밍아웃하고 있는 현실이다. 거짓은 진실의 벽을 결코 넘지 못한다. 자신들의 모습을 되돌아보라. 부끄럽지 않은가?

一針見血 : 뉘우침 없는 잘못은 용서해서는 안 된다.

:: **과이불개**(過而不改), **시위과의**(是謂過矣).
   잘못을 하고도 고치지 않는 것을 잘못이라 한다.
   -《논어(論語)》〈위령공(衛靈公)〉 편

보복과 복수의 경계선에서

위대한 역사가 사마천은 억울하게 사형선고를 받았다. 그는 수없이 자결을 생각했지만 《사기》의 완성을 위해 죽음보다 치욕스럽다는 성기를 자르는 궁형(宮刑)을 자청하고 살아남아 《사기》를 마무리했다. 이를 발분저술(發憤著述)이라 한다. '울분을 저술로 표출했다'는 뜻이다. 사마천의 이런 정신적 경지를 '문화복수(文化復讐)'라 한다. 사마천은 역사서로 부당한 권력과 나쁜 권력자들에게 복수했다.

사마천은 《사기》 곳곳에서 원한과 복수의 드라마를 아로새기고 있다. 춘추시대, 아버지와 형님을 무고하게 살해한 초나라 평왕(平王)에게 복수하기 위해 오자서(伍子胥)는 깊은 한을 품고 오나라로 망명했다. 그러고는 오나라 군대를 이끌고 조국 초나라로 쳐들어가 평왕의 무덤을 파헤쳐 시체에다 채찍질을 가했다. 이것이 저 유명한 '굴묘편시(堀墓鞭尸)'라는 고사다.

| 원한과 복수의 대명사로 《사기》의 내용을 보다 의미
심장하게 만든 오자서 |

　복수는 원한을 전제로 한다. 원한은 누군가에게 이런저런 해를 입었을 경우 생기는 자연스러운 심리 현상이다. 정치권력끼리의 정쟁과 박해, 그리고 복수(또는 보복)는 저들끼리의 권력 다툼이 낳는 결과이기 때문에 보편적 의미의 복수나 보복과는 별개의 문제로 볼 수 있다.

　그런데 복수와 보복의 문제에 있어서 백성을 상대로 한 온갖 악정과 폐단이 개입하고 있다면 이야기는 달라진다. 그 피해가 백성들의 삶 곳곳에 스며들어 오래도록 아주 나쁜 영향을 주기 때문이다. 확실하게 청산해야 할 필요가 있다.

　자존심을 지키기 위해 스스로 목숨을 버린 전직 대통령을 두고 적폐 세력들은 지금도 툭하면 모욕적인 언사와 가짜 뉴스를 동원한 헐뜯기를 일삼고 있다. 그러면서 촛불 시민들의 적폐청산 요구라는 준엄한 시대적 요구를 정치 보복이라고 강변한다. '도둑이

제 발 저리다'는 속담이 있다. '도적이 도리어 몽둥이를 든다'는 '적
반하장(賊反荷杖)'이란 고사성어도 있다. 지난 정권에서 무엇인가 크
게 찔리는 짓을 하지 않고서야 사람으로서 어떻게 저런 차마 할
수 없는 언행을 서슴지 않을 수 있을까?

촛불 혁명은 역사와 시대의 준엄한 요구다. 특히 지난 정권들
의 악정과 적폐에 대한 청산 요구는 우리의 미래와 직결되기 때문
에 더욱 더 심각하다. 촛불 시민들은 복수를 원한다. 시민들의 삶
을 황폐하게 만든 적폐 세력들에 대한 처절한 복수를 원한다. 이
소원이 하나로 모이면 다름 아닌 역사의 요구이자 명령이 되는 것
이다. 역사의 법정에는 공소시효가 없다.

사마천은 '술왕사(述往事), 지래자(知來者)'라고 했다. '지난 일을
기술하여 다가올 일을 안다'고 했다. 또 '전사불망(前事不忘), 후사사
야(後事師也)'라고도 했다. '앞일을 잊지 않는 것은 뒷일의 스승이 된
다'는 것이다.

역사는 그 자체로 뒤끝이다. 역사의 복수 앞에 누가 감히 저항
할 수 있단 말인가? 부끄러움을 알고 역사 앞에 사죄하는 길만이
살길임을 경고하고 싶다.

一針見血 : 사나이 복수 10년 뒤라도 늦지 않다.

:: **애자필보(睚眥必報).**
지나가다 노려보기만 해도 반드시 보복한다.
－《사기》〈범수채택열전(范雎蔡澤列傳)〉

지인논세(知人論世),
과거를 알아야 사람과 세상을 논할 수 있다

《맹자(孟子)》〈만장(萬章)〉 편은 전국시대 유가 사상가를 대표하는 맹자(기원전 372~기원전 289)와 제자 만장의 대화록이다. 〈만장〉 하편에 맹자가 만장에게 이렇게 말한 대목이 있다.

> "한 마을의 좋은 인재가 다른 한 마을의 좋은 인재를 벗 삼고, 한 나라의 좋은 인재는 한 나라의 다른 좋은 인재를 벗 삼으며, 천하의 좋은 인재는 천하의 또 다른 좋은 인재를 벗 삼는다. 천하의 좋은 인재를 벗 삼아도 오히려 부족하다면 위로 옛사람을 논의해야 하니, 그 시를 감상하고 책을 읽으면서 그들을 모른다면 되겠는가? 그러므로 그 시대를 논하는 것인데, 이는 시대를 거슬러 올라가 벗을 사귀는 것이다."

맹자는 시대를 초월하여 과거의 인물과 그들이 남긴 좋은 글을 벗 삼으라고 권하고 있는데, 여기서 '사람을 알고 시대(세상)을 논한다'는 '지인논세(知人論世)'라는 유명한 고사성어가 탄생했다.

맹자의 말은 다분히 복고적이다. 현재의 문제를 해결할 방법을 과거에서 찾으라는 지적이기 때문이다. 과거를 중시하는 유가의 이런 복고적 사고방식은 훗날 많은 비판에 직면했고, 한 걸음 더 나아가 이것이 마치

| 맹자는 '지인논세'하려면 시대를 뛰어넘어 과거의 인물과 그들이 남긴 책을 읽으라고 했다. |

중국인의 부정적 특성인 것처럼 오해를 받게 만들었다.

중국인은 과거를 중시한다. 그러나 그들에게 과거는 지나간 시간이 아니라 축적된 경험의 결과이며, 오래된 미래이다. 중국인들은 현재의 문제를 해결할 수 있는 실마리와 지혜를 과거에서 찾는다. 수천 년 시간 속에 축적된 엄청난 경험에 수없는 지혜와 문제 해결의 방법들이 깃들어 있다고 확신하기 때문이다.

쉽게 비유하자면 이렇다. 미국이 잘 만드는 영화 장르는 공상과학, 즉 SF 영화다. 반면 중국이 잘 만드는 장르는 무협이 가미된 사극이다. 이 차이를 놓고 많은 사람들이 미국의 모험 정신과 진취성을 칭찬하고, 중국의 과거 퇴행을 비판했다. 하지만 이는 번지수를 잘못 짚었다. 미국은 아직 과거로 돌아가 유의미한 대안과 지혜를 제시할 만한 시간이 축적되어 있지 않다. 5천 년과 300년의 차

이일 뿐이다.

과거에 대한 중국인의 이와 같은 인식은 단절되지 않고 이어진 5천 년 가까운 역사를 통해 축적된 어마어마한 문화유산에 대한 자부심에서 비롯된다. 양을 헤아릴 수 없는 서적과 유적, 유물 그리고 중국인의 DNA에 각인된 다양한 경험이란 인자 등은 그 자체로 빅데이터(Big data)라 할 수 있다. 바야흐로 중국은 이 빅데이터를 현실에 활용해 가며 최강대국으로 발돋움하고 있다.

우리 입장에서 한중 관계가 실질적으로 한 단계 깊어지기 위해서는 이와 같은 중국인의 보편적 특성을 인정하고 이해하고, 나아가 배워야 할 필요가 있다. 바로 옆에 있는 14억 시장을 그냥 아무런 노력도 공부도 없이 공략할 수는 없는 노릇 아닌가? 사드 문제로 혹독한 갈등을 치르고 난 지금이 어쩌면 제대로 '중국을 알고 중국인을 논하기', '지중논인(知中論人)'을 위한 절호의 기회가 아닌가 하는 생각을 해본다.

一針見血 : 사람이란 어려운 일을 당했을 때 참된 절개와 의리가 드러나는 것이다.

:: **간담상조**(肝膽相照).
  서로 간과 쓸개를 내놓고 비추어 보다.
  – 한유(韓愈, 중국 당나라의 문인·정치가, 768~824), 〈유자후묘지명(柳子厚墓誌銘)〉

호학심사(好學深思)

2016년 3월 9일부터 15일까지 구글 딥마인드(Deep Mind)가 개발한 인공지능 바둑 프로그램인 알파고와 이세돌 사이에 벌어진 세기의 바둑 대결은 전 세계의 이목을 끈 것은 물론 세계적으로 큰 충격을 던진 그야말로 사건이었다. 이세돌의 유일한 한 판 승리에 모두가 환호했지만 알파고가 봐줬다는 잘 알려지지 않은 분석도 있었다. 하긴 이 분석이 훨씬 설득력 있게 들린다.

정작 필자의 관심은 승패가 아니었다. 이 과정에서 등장한 '딥러닝(Deep Learning)'이란 단어가 나의 마음을 사로잡았기 때문이다. 번역하자면 '심화학습(深化學習)' 정도가 될 것 같은데, 인공 지능, 즉 컴퓨터가 엄청난 데이터를 바탕으로 스스로 학습하고 분석하는 것을 말한다. 이 세기의 대결과 그와 관련한 정보들을 접하면서 미래 인간의 학습이 어떤 방향으로 가야할지를 심사숙고(深思熟考)하지 않을 수 없었다. 그러다 문득 '심사(深思)'라는 단어에 생각이

멈추었다.

사마천은 위대한 역사서 《사기》 첫 권에서 '호학심사(好學深思),
심지기의(心知其意)'란 명언을 남긴 바 있다. '배우길 좋아하고 깊게
생각하면 마음으로 그 의미를 알게 된다'는 뜻이다. 사마천은 인간
과 사물에 내재된 깊은 의미와 이치를 알고 깨치려면 배우는 것을
즐거워하고 생각을 깊이 하라고 말한다. 그러면 마음으로 그 의미
와 이치를 알게 된다는 것이다.

이 여덟 자는 음미할수록 절묘하다. 필자는 늘 '심사(深思)'에 방
점을 찍으면서 모든 의문과 의심, 의혹과 질문이 바로 여기서 비롯
된다고 말해 왔다. 그리고 이 여덟 글자를 가만히 잘 살펴보면 사
마천의 절묘한 글자 배치와 의도를 눈치 챌 수 있다. 생각 '思'라는
글자 아래에 있는 마음 '心'은 바로 다음 글자 마음 '心'자로 이어지
고, 끝 글자인 뜻 '意' 자 아래의 마음 '心'으로 마무리된다. 그리고

전반부 끝 글자인 '思'와 후반부 끝 글자인 '意'는 마음 '心'을 공통 분모로 대구를 이룬다. 또한 '學'과 '知'도 어울린다.

깊은 생각 '심사(深思)'는 '문(問)'을 불러온다. '학문(學問)'이란 단어에도 배움과 물음이 같이 들어 있지 않은가? 배웠으면 물어야 한다. 그래서 선각들은 학문에 있어서 물음을 통한 의문 품기와 의문 제기가 얼마나 중요한가를 끊임없이 지적해 왔던 것이다.

지금까지 우리 교육은 배움과 그에 따른 지식의 양만 강조했지 지식의 이면에 잠겨 있는 질과 거기에서 파생될 수 있는 지혜와 통찰력은 외면해 왔다. 그런데 인공 지능의 학습 능력을 '딥 러닝'으로 표현하는 것을 보면서 우리 교육이 전면적으로 바뀌지 않으면 안 되겠다는 확신이 들었고, 그 첫 단계로서 사마천이 말한 '깊은 생각', 즉 '심사(深思)'가 떠올랐던 것이다. 깊은 생각에서 비롯되는 물음과 의문, 나아가 의심이야말로 모든 창조의 근원이란 생각을 새삼 해본다.

一針見血 : 생각 없는 지식은 위험하다.

:: **학이불사즉망**(學而不思則罔), **사이불학즉태**(思而不學則殆).
배우고 생각하지 않으면 어둡고, 생각만 하고 배우지 않으면 위태하다.
 - 《논어(論語)》〈위정(爲政)〉 편

어린 봉황이 우는 소리가
늙은 봉황의 소리보다 한결 맑다

당나라 때의 천재 시인이자 만당(晚唐) 시대 시문학계를 대표한 이상은(李商隱, 813~약 858)이 한동랑(韓冬郞)을 위해 즉석에서 시를 한 수 지어 준 일이 있었는데, 그중 다음 구절은 두고두고 사람들의 입에 오르내리고 있다.

추봉청어노봉성(雛鳳淸於老鳳聲).

'어린 봉황의 울음소리가 늙은 봉황의 소리보다 한결 청아하다'는 뜻이다. '장강후랑추전랑(長江後浪推前浪)', 장강의 뒷 물결이 앞 물결을 밀어내듯이 세대를 거듭할수록 젊은이들이 발전하고 강해지는 것을 비유한 구절이자 세대교체의 당위성과 필요성을 비유하고 있다.

일찍이 순자(荀子)는 이와 같은 의미에서 '청출어람(靑出於藍)'이

당나라 말기를 대표하는 시인 이상은은 불우한 삶을 살았다. 그래서 그런지 그의 시에는 당시 세태를 반영하는 대목이 적지 않다.

란 유명한 말을 남겼는데, 그 후 뒤 세대가 앞 세대보다 더 나아야 한다는 뜻을 가진 명언명구들이 속출했다. 얼음과 물은 다 같은 물이지만 물보다 훨씬 차다는 뜻을 가진 '빙한어수(冰寒於水)', 후배가 선배보다 더 뛰어나다는 의미의 '후생가외(後生可畏)' 등이 대표적이다.

맹자는 군자의 세 가지 기쁜 일, 즉 '군자삼락(君子三樂)'을 거론하면서 세 번째로 "천하의 영재를 얻어서 교육하는 것이 세 번째 즐거움이다(득천하영재이교육지得天下英才而敎育之, 삼락야三樂也)."라고 했다.

모두가 후생의 실력을 인정하고, 또 그런 실력을 기를 수 있게 뒷받침해야 한다는 당위성과 필요성을 강조하고 있다. 문제는 후생이 그런 실력을 발휘할 수 있게 기회를 줄 수 있는 길이 얼마나 열려 있느냐 하는 것이다. 아울러 길을 터주고자 하는 선배들의 노력과 때가 되어 스스로 기꺼이 물러나는 양보 정신은 더더욱 필요하다. 노욕 때문에 후배들이 앉아 있어야 할 자리를 염치없이 차지하고 있지는 않은지 돌아봐야 한다. 이런 점에서 중국 제19차 인민대표회의에서 시진핑 주석이 연설문 마지막을 젊은 인재의 중요성으로 강조한 대목은 많은 생각을 하게 한다.

예로부터 영웅의 업적은 청소년 시기에 그 기틀을 닦는 경우가 많다. 그러므로 그런 웅지를 기르고 키울 수 있는 사회적 지적 기반이 튼튼해야 한다. 이런 기반을 갖춘 조직과 나라만이 세계사의 선두에 서서 역사를 이끈다. 반면 참신한 인재를 무시하고 심지어 억압한 나라나 조직은 역사의 무대에서 도태된다. 세상사 당연한 이치이자 역사의 법칙이다.

미래가 젊은이에게 달려 있다고 말로만 격려하지 말고 미래를 짊어질 물질적, 정신적 토대를 만들어 주어야 하지 않겠는가? 말로만 인재를 외치고 뒤에서는 인재를 억누르는 이중적이고 위선적인 기성세대들은 하루빨리 도태되어야 한다. 어린 봉황의 울음소리를 기쁜 심정으로 받아들일 수 있어야 한다.

一針見血 : 인재는 데려와 쓰는 존재가 아니라 존중하고 그 말을 따라야 하는 존재다.

:: **종신지계**(終身之計), **막여수인**(莫如樹人).
평생 계획으로 사람을 심는 일만 한 것이 없다.
-《관자(管子)》〈권수(權修)〉 편

'격장술(激將術)'의 경지

'격장술'은 전형적인 군사 모략의 하나이다. 심한 말이나 비정상적 행동을 통해 상대나 자기편 장병들의 자존심을 건드리고 상하게 해서, 그들의 분노와 원한 또는 격정을 불러일으킨 다음 다시 그것을 전투의 정열로 승화시키고, 이어서 자신의 의지와 이미 짜 놓은 계획으로 유도하여 작전상 목적을 달성하는 모략이다.

이 모략은 인간 특유의 자존심(自尊心)을 활용한다. 자존심이란 자아평가(自我評價)로부터 나오는 자애(自愛) 또는 자아존중이며 다른 사람, 집단, 사회로부터 존중을 받고자 하는 감정이자 인성의 본질적 약점이다.

《좌전(左傳)》,《한비자(韓非子)》,《사기(史記)》 등에는 이 '격장술'을 수단으로 이용하여 절묘하게 정치적 목적을 달성한 같은 사례가 있어 흥미를 끈다.

춘추시대 초(楚)나라에서 일어난 일이다. 초나라 성왕(成王, 재위 기원전 671~기원전 626)은 일찌감치 아들 상신(商臣, 훗날 목왕穆王)을 후계자로 지명해 두었다. 그런데 성왕의 재위 기간이 길어지면서 후계 구도와 정치적 상황에 변화가 나타났다. 우선 아버지 초나라 성왕이 늙어가면서 태자 상신도 나이가 들었다. 40대 중년이 다 된 것이다. 자연스

| 교묘한 '격장술'로 상대의 의중(정보)을 알아내서 왕위를 차지한 초 목왕 상신 |

럽게 태자의 측근 세력들이 형성되었고, 태자는 자기만 바라보고 있는 측근들에게 어떤 형태로든지 보상을 해 줘야만 했다. 오직 바라는 것은 아버지가 얼른 죽어 하루라도 빨리 왕위를 계승하는 것이었다.

이 무렵 태자 상신은 이상한 소문을 들었다. 아버지가 자신을 폐위시키고 젊은 첩에게서 난 자기 자식뻘밖에 안 되는 어린 서자를 태자로 앉히려고 한다는 소문이었다. 공식 후계자인 적장자(嫡長子)의 자리를 빼앗는 '탈적(奪嫡)' 문제가 불거진 것이다. 상신은 참모 반숭(潘崇)에게 사태의 진상을 어떻게 파악할 수 있겠는가 자문을 구했다.

반숭은 성왕이 총애하는 누이 강미(江芈), 즉 고모를 식사에 초대해 고의로 불손하게 대하라고 하였다. 상신이 반숭의 말대로 하자, 강미는 화가 나서 "천한 놈 같으니! 대왕이 네놈을 내쫓고 공자 직(職)을 태자로 봉하려는 것도 당연하다!"며 나중에 두고 보자는 말과 함께 술자리를 박차고 나갔다.

자신을 폐위시키려는 아버지 성왕의 의중을 확인한 상신과 반숭은 먼저 선수를 쳤다. 군대를 동원하여 쿠데타를 일으킨 것이다. 상신은 아버지 성왕을 사로잡았다. 성왕은 시간을 벌기 위해 마지막으로 곰발바닥 요리를 먹고 싶다고 했지만 의도를 알아챈 상신은 아버지의 죽음을 재촉했다.

상신이 고모 강미에게 활용한 격장술은 일반적인 격장술과는 달리 독특한 점이 있다. 우선 격장의 목적이 당사자를 자극하려는 것이 아니라, 장차 자신의 운명과 관련하여 숨겨져 있는 어떤 특수한 비밀을 탐색해 내는 데 있었다. 또 자극하려는 대상이 그 일의 집행자가 아니라 그 비밀을 알고 있는 집행자와 가까운 자였다. 말하자면 고단수의 격장술을 구사한 것이다.

'격장술'은 정치판에서 흔히 볼 수 있다. 경제 쪽에도 사업상 경쟁 상대를 향해 구사하는 경우도 종종 본다. 그러나 대부분 상대의 감정을 무작정 거칠게 긁어 대는 천박한 수가 대부분이다. 그러다 보니 상대의 의중이나 고급 정보를 얻어 내기는커녕 자기 의중과 정보를 거꾸로 상대에게 들키기 일쑤다. 고급 '격장술'은 나름대로 상당한 인문 소양이 뒷받침되어야 한다.

一針見血 : 두드리되 정확하게 두드려라.

:: **이근지원**(以近知遠), **이일지만**(以一知萬), **이미지명**(以微知明).
가까운 것으로 먼 것을 알고, 하나로 만 개를 알고, 미미한 것으로 드러날 것을 안다.
－《순자(荀子)》,〈비상(非相)〉

어리지만 날카로웠던 공융(孔融)

동한 시대의 대학자이자 당시 문단을 주름잡으면서 '건안칠자(建安七子)'의 한 사람으로 명성을 떨쳤던 공융(孔融, 153~208)은 거침없는 논변으로 어릴 때부터 두각을 나타냈다. 그는 거침없는 언사 때문에 결국 조조(曹操)의 심기를 건드려 가족과 함께 처형당하는 비참한 최후로 일생을 마감했다. 그러나 그는 권력자에 아부하지 않고 당당하게 할 말을 한 그 강직함 때문에 청사에 길이 그 이름을 남기고 있다.

공융이 열 살 무렵 아버지를 따라 경성에 왔다. 당시 하남윤으로 있던 이응(李膺)은 위인이 장중하여 아무하고나 사귀지 않는 명사였다. 그래서 당대 명망가가 아니고서는 그의 얼굴을 보기 힘들었다. 공융은 이응의 풍채를 확인하고자 일부러 그의 집을 찾아갔다. 그러고는 문지기에게 "나는 이 대인과 대대로 친분이 있는 집안의 자제이외다."라고 자신을 소개했다.

문지기가 이를 알리자 이응은 공융을 안으로 청해서는 의아하다는 듯 "네 할아버지와 내가 서로 알고 지내는 사이던가?"라고 물었다. 공융은 "그렇습니다. 제 조상인 공자(孔子)와 대인의 조상인 노자(老子, 노자의 성이 이李였다)께서는 서로를 존경하며 예를 논하시면서 친구처럼 지냈습니다. 그러니 저의

| 비극적으로 삶을 마감했지만 어릴 때부터 당당하게 권력자에 맞섰던 공융 |

공씨 집안은 대인 집안과 대대로 깊은 우의를 나눈 사이가 아닐는지요."라고 대답했다.

이응은 물론 그 자리에 있던 사람들은 모두가 공융의 당당하고 거침없는 응대에 감탄을 금치 못했다. 얼마 뒤 태중대부 진위(陳煒)가 조금 늦게 와서는 이 일을 전해 들었다. 진위는 웃으면서 "이 아이가 어린 나이에 이렇게 총명한 걸 보니 커서는 남다른 인재가 되기 어렵겠다."라고 비꼬았다.

그러자 공융은 태연하게 "보아하니 선생께서도 어려서 아주 총명하셨겠습니다."라고 응수했다. 좌중과 이응은 박장대소하여 "이 어린 친구는 커서 틀림없이 비범한 인재가 될 것이다."라고 했다.

공융은 어려서부터 총명한 사람은 커서 큰 인재가 될 수 없다는 진위의 비아냥과 편견을 보기 좋게 깨 버렸다. 지금 선생의 멍청한 모습을 보니 어렸을 때는 분명 총명했을 것이라는 논리로 진

위의 야유를 되돌려 주었다. 진위가 한 말의 모순(矛盾)을 찾아 바격한 것이다.

어른들은 똑똑한 젊은이를 원한다고 하면서 막상 자기 앞에 그런 젊은 친구가 나타나면 거부하고 배척한다. 버릇이 없다느니, 당돌하다느니, 건방지다느니 등과 같은 말도 안 되는 이유를 들이대면서 말이다. 말이 막히고 논리가 궁색해지면 흔히 나이를 들먹이고, 학교를 들추고, 출신지를 캐는 것이 우리 사회 어른들의 못난 행태이다.

공융은 어리지만 날카로운 입심과 정확한 논리로 당대 최고 명사들을 무색케 만들었다. 진위처럼 사서 치욕을 당하지 않으려면 옹색한 논리로 젊은이들을 배척해서는 안 된다.

一針見血 : 학연, 지연, 혈연, 종교연, 군대연을 따지는 사회는 깊이 병든 사회다.

:: **천하부다관중지현이다포숙능지인야**(天下不多管仲之賢而多鮑叔能知人也).
세상 사람들은 관중의 재능을 칭찬하기보다는 사람을 잘 알아본 포숙을 더욱 칭찬했다.
－《사기》〈관안열전(管晏列傳)〉

38자의 자서전에 담긴 인생의 철리(哲理)

인간의 생물학적 능력의 한계와 수명의 함수관계를 생각해 본다. 사람은 나이가 들어가면서 자신이 살아온 궤적을 회고하는 자기성찰의 기회를 자주 가져야 한다. 그래야 인간의 능력과 그 한계의 균형점을 지혜롭게 찾아 적절한 때 물러설 수 있기 때문이다.

70대 노인에게 자신의 70평생을 10년 단위로 끊어서 정리하라고 했을 때, 누가 봐도 고개가 끄덕여질 정도로 요령 있게 자신의 인생을 전달할 수 있는 사람이 몇이나 될까? 이 방면에서 가장 뛰어난 모범 답안을 제시한 사람은 아무래도 유가의 창시자이자 대사상가인 공자가 아닐까 싶다. 그는 자신의 70 평생을 단 38자의 문장으로 개괄했는데 세상에서 가장 짧은 자서전 내지 회고록이라고 할 수 있겠다.

"오십유오이지우학(吾十有五而志于學), 삼십이립(三十而立), 사십이불혹

(四十而不惑), 오십이지천명(五十而知天命), 육십이이순(六十而耳順), 칠십이종심소욕불유구(七十而從心所欲不踰矩)."

("나는 열다섯 무렵에 배움에 뜻을 두었고, 서른 무렵에 내 뜻을 세웠고, 사십 무렵에는 흔들리지 않게 되었고, 오십 무렵에는 천명을 알게 되었다. 육십에는 남의 말이 순수하게 들렸고, 칠십이 넘자 마음 가는 데로 따라가도 이치에 어긋나지 않게 되었다.") - 《논어(論語)》〈위정(爲政)〉 편

위 38자의 회고록은 공자가 70이 넘자 인생을 회고하면서 제자들에게 구술한 것이 아닌가 추측하는데, 세상을 떠나기 전 마지막으로 삶을 정리하면서 감개무량한 심경을 고백한 것이 아닐까(공자는 73세에 세상을 떠났다). 38자로 한 개인의 일생을 정리한 것은 물론, 인간의 성숙 과정과 단계를 깊게 성찰하여 압축한 한 편의 정신사(精神史)라 할 만하다.

공자는 근엄하고 고지식한 사람이 아니었다. 곤경에 처해서도 웃음과 유머를 잃지 않았다. 한번은 제자들과 길이 엇갈려 서로를 잃어버린 적이 있었다. 잠시 후 누군가가 공자를 찾고 있는 제자들에게 동문에서 공자처럼 생긴 사람을 보았다며 그 모습을 묘사한

| 만년의 공자는 자신의 삶을 깊이 성찰했고, 그것이 세상에서 가장 짧은 38자의 회고록 내지 자서전을 남기게 했다. 사진은 공자의 고향인 산동성 곡부(曲阜)에 남아 있는 공자의 무덤이다. |

다음, 그런데 행색이 영락없이 '집 잃은 개(상가지구喪家之狗)' 같더라고 했다.

이 이야기를 전해들은 공자는 "다른 건 몰라도 집 잃은 개 같다는 말은 그럴듯하구나!"며 껄껄 웃었다. 공자는 그렇게 늙어 갔다. 열정과 유머와 위트와 그리고 38자의 자기 성찰과 함께……

그런데 우리 사회를 돌아보면 곳곳에서 '노욕(老慾)'이 활개를 치는 바람직하지 못한 현상이 눈에 띈다. 이런 분들에게 공자의 38자 회고가 갖는 참된 의미가 무엇인지 한 번 새겨보라고 권하고 싶다.

대영제국의 통치자였던 빅토리아 여왕은 죽음이 임박했음을 알고는 마지막 유언으로 '나, 할 만큼 했어'라는 단 한마디를 남겼다고 한다. 그녀는 위대한 대영제국의 최고 통치자였지만 자신이 불완전한 인간임을 알고 있었다. 그래서 늘 최선을 다해 노력했던 것이다. 이런 것이 인생에 대한 겸손함이며 삶에 대한 성찰이다.

때가 되면 물러나고, 좋은 후진이 보이면 때가 아니더라도 자리를 넘길 줄 아는 허심탄회한 삶의 자세야말로 노년의 슬기가 아닐까?

一針見血 : 진퇴는 자기 삶에 대한 가장 중요한 마무리다.

:: 지지(知止)!
멈출 줄 알라!
– 장량(張良) 사당 내에 새겨진 바위글

노반(魯班)의 작은 쐐기들

노반(魯班, 기원전 507~기원전 444)은 춘추 말기에 살았던 기술자이자 과학자로 이름을 떨쳤는데, 여러 나라를 돌면서 건축에 관해 자문하길 좋아했다. 한번은 인간 세상의 천당이라는 별명을 가진 오(吳)나라의 수도 고소성(姑蘇城)을 찾았다.

노반은 고소성의 건축물에 강한 호기심이 발동하여 이거리저거리를 쏘다녔다. 그러다가 문득 시끌시끌한 소리가 들려오는 쪽

| 묵적(墨翟, 묵자)와 함께 춘추시대 과학
기술자로 큰 족적을 남긴 노반 |

으로 발길을 옮겼는데, 푸른 초원 위에 우뚝 솟은 이제 막 지은 것 같은 탑이 눈에 들어왔다.

구경꾼들을 헤치고 탑 가까이 가 보니 비단옷을 입은 노인 하나가 잔뜩 성이 난 얼굴로 무릎을 꿇고 있는 한 중년 남자를 노려보고 있었다. 노인은 이 지역의 이름난 부자였는데, 자신의 덕과 선을 만고에 길이 남기려고 높은 탑을 쌓았다. 무릎을 꿇고 있는 남자가 이 일을 맡아 3년에 걸쳐 마침내 나무로 된 멋진 목탑을 완공하기에 이르렀다. 그런데 어찌 된 일인지 완공된 이 탑이 바로 보아도 기울어져 보이고, 옆으로 보아도 기울어져 보이는 것이 아닌가.

부자 노인은 자신의 공덕에 손상이 갔다며 벼락같이 성을 내며 이 장인에게 다시 탑을 세우든지 바로잡든지 해서 제대로 탑을 세우라고 호통을 치던 중이었다. 경제력이 없는 장인으로서는 바로잡는 수밖에 없었는데, 자기 기술로는 도저히 어찌해 볼 도리가 없었다.

탑을 이리저리 살핀 노반은 장인에게 목재를 조금만 갖다 주면 한 달 안에 이 탑을 바로잡겠다고 했다. 장인은 반신반의했지만 자신의 처지가 처지인지라 서둘러 노반에게 목재를 가져다주었다. 노반은 가져온 목재를 각이 지게 깎아 여러 개의 쐐기를 만들었다. 그러고는 하나하나 기울어진 목탑 사이사이에 박았다. 이윽고 기울어졌던 목탑이 서서히 바로 서기 시작하는 것이 아닌가? 놀란 장인은 그 방법을 묻지 않을 수 없었고, 노반의 대답은 이랬다.

"나무로 짜 맞추는 이런 구조는 각 부품들이 서로 당기고 미는 힘이 센 편이고, 그 힘으로 하나의 큰 유기체를 형성하는 겁니다. 그렇기 때문에 기울어진 부분이 있으면 쐐기를 박아 바로 세울 수 있지요. 쐐기도 각이 있기에 비교적 쉽게 박을 수 있고, 이 각이 기울어진 부분에 큰 힘으로 작용하여 바로 세울 수 있는 겁니다."

인간은 완벽하지 않기에 인간이 하는 일도 완벽할 수 없다. 가정도 기업도 사회도 나라도 마찬가지다. 문제는 이 조직이 기울어졌을 때 이를 어떻게 바로 일으켜 세우느냐 하는 데 있다.

노반의 작은 쐐기들처럼 정성을 들여 조직 구석구석의 문제점들을 교정해 나간다면 애당초 완벽한 조직보다 훨씬 더 견실한 조직으로 거듭날 수 있다. 이 과정에서 내성이 생기고 문제점들을 분석하고 해결해 나가는 지혜를 함께 얻을 수 있기 때문이다.

一針見血 : 잘못을 알아 바로잡는 것이 지혜다.

:: **과이불능지**(過而不能知), **시부지야**(是不智也) ; **지이불능개**(知而不能改), **시불용야**(是不勇也).
잘못을 하고 알지 못하면 지혜롭지 못한 것이고, 알고도 고치지 못하면 용기가 없는 것이다.
- 이구(李覯, 중국 송나라 때 철학가 겸 사상가, 1009~1059) 〈역론(易論)〉

노욕을 조롱한 시골 처녀

옛날 시골 마을의 한 가난한 집 처녀가 천상의 선녀처럼 자랐다. 심성도 착하고 영리하기까지 했다. 처녀의 미모와 총명함은 발 없는 말이 천리를 가듯 급기야 황제의 귀에까지 들어갔다. 황제는 지체 없이 뚜쟁이 노파를 처녀의 집으로 보냈다. 노파는 황제의 명에 따라 원하는 것은 무엇이든 들어주겠다며 처녀의 마음을 잡기 위해 애를 썼다.

처녀가 물었다.

"황제께서는 올해 나이가 몇이며, 처첩은 몇이나 됩니까?"
"올해 일흔이시며 처첩은 헤아리기 힘들 정도로 많지."

노파는 신이라도 난 듯 의기양양 대답했다. 노파의 얼굴을 잠시 쳐다본 처녀는 당찬 목소리로 "그렇다면 저는 20마리의 이리와 30마리의 표범과 40마리의 사자와 60마리의 노새와 70근의 면화와 80장의 나무판자를 예단으로 원합니다."라고 말했다.

처녀의 황당한 요구에 노파를 입을 다물지 못했지만 별다른 수 없이 황제에게 돌아가 이 말을 전했다. 황제도 의아해하며 당시 분위기를 묻는 등 뚜쟁이 노파를 입을 주시했지만 별다른 말이 있을 리 없었다. 이때 곁에 있던 한 대신은 "그런 것들은 사냥꾼, 목동, 농부, 목수에게 준비시키면 그만입니다."라며 대수롭지 않게 말했다.

그런데 황제를 가까이서 모시는 시종 하나가 대신의 이 말에 살며시 입을 가리고 고개를 돌리면서 키득키득 웃었다. 황제는 시종을 불러 왜 웃었냐고 물었다. 시종은 머뭇거렸고, 안달이 난 황제는 다시 시종을 다그쳤다. 그러자 시종은 차분한 목소리로 이렇게 말했다.

"제가 웃은 까닭은 저분의 말씀이 틀려서입니다. 그 처녀가 요구한 예물에 담긴 뜻은 이렇습니다. 사람이 스무 살이 되면 이리처럼 용감하고 민첩해지며, 서른이 되면 표범처럼 몸과 힘이 강해지며, 마흔이 되면 사자처럼 위풍당당해집니다. 하지만 60까지 살면 나이든 노새처럼 힘이 빠지고, 70이 되면 솜처럼 물렁물렁해집니다. 그리고 여든까지 살면 다른 건 다 필요 없고 널판만 있으면 그만이란 겁니다. 곧 죽으면 들어갈 관을 짤 나무가 필요하다는 말이지요. 총명한 그 처녀의 말은즉슨 지금 폐하께 필요한 것은 처녀가 아니라 시신이 들어갈 나무판자란 것이지요. 그런 것도 모르고 정색을 하고 그 예물을 준비하려고 하시니 그래서 웃은 것입니다."

| 귀족의 생활을 나타낸 한나라 때의 벽돌 그림 |

황제는 시골 처녀의 날카로운 조롱에 그만 넋이 나가고 말았
다. 호기심과 욕심에는 나이가 없다고 한다. 인간 본연의 욕망을
적절하게 지적한 말이다.

하지만 의식으로서의 욕망과 실제 행동으로 나타나는 욕망이
일치할 수는 없다. 그랬다간 세상이 온통 난장판이 될 것이다. 다
행히 인간에는 그 욕망을 통제할 줄 아는 이성적 판단이 존재한
다. 원활한 신진대사야말로 사회를 건전하게 발전시키는 밑거름이
아닌가?

一針見血 : 늙으면 지혜로워진다는 건 거짓이다. 늙으면 뻔뻔해진다.
- 채현국(전 기업인이자 문화운동가, 효암학원 이사장, 1935~)

:: **노이불사위적**(老而不死爲賊).
늙어 죽지 않으면 남을 해치는 자이다(늙도록 덕행 없이 사는 자는 남
을 해치는 자이다).
-《논어(論語)》〈헌문(憲問)〉편

누구를 태울 것인가?

춘추 말기 제(齊)나라의 유력한 전씨(田氏) 가문의 중요 인물인 전성자(田成子)가 일이 있어 연(燕)나라로 가던 중이었다. 신표와 짐을 들고 전성자를 수행한 사람은 치이자피(鴟夷子皮)였다. 조(趙)나라 땅 망읍(望邑)이란 곳에 이르렀을 때, 자피가 주인 성자에게 이런 말을 건넸다.

"마른 호수의 뱀 이야기 들으셨습니까? 호수의 물이 마르자 그곳에 살던 뱀 두 마리가 다른 곳으로 옮길 준비를 했습니다. 작은 뱀이 큰 뱀에게 '네가 앞장서서 가고, 내가 네 뒤를 따르면 사람들은 그저 그냥 뱀이 지나가는구나 생각하여 틀림없이 너를 죽일 것이야. 그런데 네가 나를 등에다 없고 지나간다면 사람들은 틀림없이 나를 신령스러운 존재로 여겨 우리를 존경하고 두려워할 것이야'라고 했답니다. 그래서 큰 뱀은 작은 뱀을 등에 업고 큰길을 지나가게 되었는데 아니나 다를까 사람들은 '저건 신령이야'라며 멀찌감치 피해 가더란 겁니다."

이야기를 마친 자피는 "주인께서는 잘 생기셨고 저는 남루하고 못 생겼습니다. 제가 주인을 상객으로 모시면 그저 보통 귀한 몸에 지나지 않겠지만, 주인께서 저를 모신다면 분명 대단히 귀한 몸으로 우대할 것이니 차라리 주인께서

| 전씨 집안의 기록은 《사기》〈전경중완세가(田敬仲完世家)〉의 취지가 기록되어 있는 〈태사공자서(太史公自序)〉 |

저의 심부름꾼으로 분장하시는 것이 어떻는지요?"라고 제안했다.

성자는 자피의 말에 따라 신표와 짐을 든 채 자피를 수행했다. 가까운 객사에 도착하자 객사 주인은 이들의 행색을 보고는 속으로 깜짝 놀라 대단히 공경스러운 자세로 이들을 맞이했고, 아울러 고기며 요리를 알아서 내와 올렸다.

성자와 자피가 사용한 계책은 뱀 고사에서 계발을 얻었다. 사실 이 고사는 자피가 임기응변으로 지어낸 것이지만, 인간 세상사 사리에 들어맞는 것으로 우리에게 다음과 같은 이치를 알려 준다.

첫째, 신분과 지위를 따지는 사회에서는 사람들에게 신분이 고귀하다는 인상(물론 이 인상은 허구의 착각이긴 하지만)을 줄 수 있어야만 사람

들의 경외심을 불러 일으켜 자신이 하는 일에 편의를 얻을 수 있다.

둘째, 동행자 중 한 사람이라도 사람들의 경외감을 얻기만 하면 전체가 이득을 볼 수 있다.

셋째, 동행자 중 누가 되었건 큰 사람이 작은 사람을 섬기는 비상식적 방식을 취하면, 이 작은 사람의 신분에 대해 그 크기와 높이를 헤아리기 힘들게 만들고, 나아가 이 작은 사람에 대한 신비감이 더해져 숭배와 존경을 얻게 된다.

우리 사회에서 나름 신분과 지위를 누리는 사람들은 이제 자신의 등에 누구를 태울 것인가를 진짜 고민해야 할 것이다. 자신의 등에 출세욕에 눈먼 자들이 아닌 백성을 태울 수 있는 사람이 정말 귀한 사람이 될 것이기 때문이다.

一針見血 : 백성이 귀하고 군주는 가볍다.
- 맹자(孟子, 기원전 372~기원전 289)

:: **부의척당**(扶義俶儻), **불령기실시**(不令己失時), **입공명어천하**(立功名於天下), **작칠십열전**(作七十列傳).
정의롭게 행동하고 자잘한 일에 매이지 않으면서 시기를 놓치지 않고 세상에 공명을 세운 사람들을 위하여 70편의 열전을 남긴다.
-《사기》〈태사공자서(太史公自序)〉

일등을 가려야 할 때

중국 위진남북조시대 남조의 지식인 왕승건(王僧虔, 426~485)은 송(宋)과 제(齊) 두 왕조에서 고관대작을 지낸 명문 사족이자 서예가이자 음악가로 명성을 크게 떨친 인물이다. 그는 청년 시절부터 글씨로 이름을 드날렸는데, 송 문제(文帝)는 비단 부채에 쓴 왕승건의 글씨를 보고는 동진의 왕헌지(王獻之, 최고의 서예가 왕희지王羲之 아들)를 뛰어넘는 글씨라며 침이 마르도록 칭찬을 아끼지 않았다고 한다. 문제의 평가가 다소 지나친 감이 없지는 않지만 왕승건이 당시 남조에서 독보적 존재였음은 분명한 것 같다.

왕승건이 모셨던 제나라의 황제 고제(高帝)도 서예에 일가견이 있었는데, 황제 자리에 오른 뒤로는 서예에 더 깊이 빠져 하루도 거르지 않고 글씨 연습에 몰두했다. 한번은 고제가 왕승건을 불러 누가 글씨를 더 잘 쓰는지 시합을 하자고 했다.

난감했지만 왕승건은 하는 수 없이 울며 겨자 먹기로 이 시합에 응했다. 글씨 쓰기를 마친 고제가 "누가 제일인가?"라고 왕승건에 물었다. 그러자 왕승건은 "제 글씨가 제일이고, 폐하의 글씨도 제일입니다."라고 대답했다. 고제는 웃으면서 "정말이지 자신의 명성을 지켜 내는 기가 막힌 착상이로군!"라고 감탄했다.

왕승건은 서예의 대가라는 자신의 명성과 자아가치를 지킴과 동시에 황제의 자존심을 상하지 않도록 완곡하고 교묘하게 고제의 어려운 질문에 대답했다.

이런 점에서 보자면 고제는 왕승건의 명성을 시기한 송의 효무제(孝武帝)보다 훨씬 도량이 컸다. 효무제 때 왕승건은 효무제의 시기와 질투 때문에 자신의 실력을 감춘 채 나서지 않았다. 글씨도 졸필만 써냈다. 이렇게라도 해야 효무제의 눈총을 피할 수 있었기 때문이다.

왕승건은 서예에만 능통했을 뿐만 아니라 '어둠 속에서 자신의 빛을 감추는' '도광양회(韜光養晦)'에도 능했다. 요컨대, 자신을 지키는 '자위(自衛)'의 처신을 잘했던 인물이었다. 그런데 가만히 생각해 보면 왕승건의 처세에서 또 다른 점을 찾아낼 수 있다. 사실 왕승건은 고제도 효무제와 같은 사람으로 보았다. 그래서 누가 더 나으냐는

| 왕승건의 글씨인 《태자사인첩(太子舍人帖)》 |

고제의 질문을 그런 식으로 교묘하게 피해 갔고, 효무제에 대해서는 아예 회피해 버렸던 것이다. 어느 쪽이든 다소 비겁한 처신이라 할 수 있다.

한 사람만을 뽑는 일등을 선택할 경우에 우리는 왕승건의 재치와 처세술이 아니라 냉정하게 누가 더 나은지를 가려내는 결단이 필요하다는 말을 하고 싶다.

누구의 글씨가 더 나은지 지켜보고 파악한 다음이라면 일등을 가려내는 일은 어렵지 않을 것이다. 물론 왕조 체제에서 살았던 왕승건의 처지를 지금의 잣대로 평가하기란 다소 무리가 없지 않지만, 그래도 왕승건의 비겁함을 본받아서는 안 된다. 자신에게 주어진 권리이자 의무를 포기하는 비겁함은 더더욱 안 될 말이다. 그래야만 최소한 효무제가 아닌 고제와 같은 인물 정도는 우리 손으로 뽑을 수 있을 것이기 때문이다.

一針見血 : 바닷물을 다 마셔야 맛을 아나? 한 숟갈만 떠 먹어보면 되지.

:: **전차복**(前車覆), **후차감**(後車鑑).
앞의 수레가 넘어지면 뒤의 수레가 살피게 된다.
– 한영(韓嬰, 서한 전기의 제후, ? ~ 기원전 158년)《한시외전(韓詩外傳)》

하무(何武)의 판결

서한 시대 패군(沛郡)의 태수 하무(何武, ? ~3)는 유산상속과 관련한 소송 기록을 보고받았다. 원고는 뜻밖에 15세의 소년이었고, 피고는 그의 누나와 매형이었다. 배경을 조사해 보니 15세 소년의 부모 때로 거슬러 올라갔다.

소년이 세 살 때 어머니가 세상을 떠나고, 마을에서 손꼽히는 부자였던 아버지마저 병으로 자리에 누웠다. 아버지는 욕심 많은 딸과 사위를 믿을 수 없었다. 재산은 물론 하나밖에 없는 어린 아들의 목숨마저 위험해질 수 있었기 때문이다.

아버지는 친지들까지 불러 모두가 보는 앞에서 유언을 하고 유언장을 작성했다. 재산 전부를 딸에게 주되 보검 한 자루만 아들이 열다섯이 되면 넘겨주라는 것이었다. 누이와 매형의 구박에도 아들은 잘 자랐고, 열다섯이 되자 아버지의 유언에 따라 누이와 매형에게 보검을 건네 줄 것을 요구했다. 욕심 많은 누이와 매형은

이를 거부했고, 아들은 하는 수없
이 관아에 고발했다.

하무는 소년과 그 누이 부부에
게 유서와 보검을 가지고 관아로
들어오라고 통보했다. 하무는 유
서를 큰 소리로 읽은 다음 "이 유
서가 위조되었느냐?"라고 물었다.
누이 부부는 "위조가 아닙니다."라
고 대답했다.

| 명판관 하무의 상 |

하무는 "위조가 아니라면 어째서 그 보검을 아직도 동생에게
건네주지 않는 것이냐?"라고 다그쳤다. 그러나 욕심만 많은 이 부
부는 여전히 보검을 넘겨줄 마음이 없었다. 하무는 좌우 관리들에
게 이렇게 말했다.

"그 부자의 딸과 사위가 보검 한 자루조차 친형제에게 넘겨주려 하
지 않는다. 인간이 재물에 눈이 어두워지면 얼마나 탐욕스러워지
는가를 잘 보아 두거라. 이 보검은 이 사건의 결단을 의미하는 물건
이다. 아비는 이런 상황을 예견하고는 아들이 자신을 보호하고 판
단력을 어느 정도 갖추는 열다섯 살에 보검을 주라고 유언했던 것
이다. 노인의 사려가 얼마나 깊고 멀리까지 내다본 것인가."

그런 다음 하무는 다음과 같이 판결했다.

"네 아비의 고심을 충분히 고려하여 본 법정은 그가 남긴 유산 일체를 아들에게 넘겨줄 것을 판결한다!"

깜짝 놀란 딸과 사위는 무릎을 꿇고 재고를 애원했지만 하무는 "너희 두 사람의 탐욕이 이런 결과를 낳은 것이다. 지난 10년 동안 아버지의 재산을 가지고 잘 살았고, 이제 그 운이 다한 것 아니겠느냐!"라고 일축했다.

유산 다툼과 재산 싸움은 대부분 상식이나 이성으로 해결을 보지 못하고 끝내는 법정으로 간다. 재물에 대한 다툼은 인간의 탐욕이 시작되는 단계에서 나타나는 것이 아니라 대부분 탐욕의 극한에서 시작되기 때문이다.

一針見血 : 판결은 한 사건의 끝이 아니라 또 다른 사건의 시작이다.

:: **예금미연지전**(禮禁未然之前), **법시이연지후**(法施已然之後).
예의란 어떤 일이 발생하기 전에 막는 것이고, 법이란 사건이 발생한 다음에 적용하는 것이다.
- 《사기》〈태사공자서(太史公自序)〉

중국판 CSI

동한 시대 현의 관리를 지낸 주우(周紆)는 엄격하고 공정한 법 집행으로 백성들의 신임을 한 몸에 받았다(기록에는 그가 지나치게 법을 적용하여 많은 사람들을 죽였다고 나온다). 그에 관한 민간설화 한 토막이다.

어느 날 주우는 사원 문 위에 손발이 없는 시체가 걸려 있다는 보고를 받았다. 몇 년 동안 절도 사건도 거의 없었는데 이런 끔찍한 사건이 벌어지다니 주우는 적잖이 당황했다.

주우는 서둘러 사건 현장으로 달려갔다. 사원에는 벌써 많은 사람들이 웅성거리고 정말 손발이 잘린 시체가 문 위에 걸려 있었다. 주우는 사람들을 해산시키고 시체를 꼼꼼하게 살폈다. 시체의 입가나 다른 신체 부위에 혈흔이 없는 것이 죽은 다음 손발이 잘린 것 같았다.

잠시 생각에 잠겨 있던 주우는 마치 시체와 대화를 나누듯 연신 고개를 끄덕이더니 시체를 옮기게 한 다음 몇몇 병졸들에게 귓

史記卷一百二十二

漢　太　史　令　司馬遷　撰

宋　中郎外兵曹參軍　裴駰　集解

唐　國子博士弘文館學士　司馬貞　索隱

唐　諸王侍讀率府長史　張守節　正義

酷吏列傳第六十二

孔子曰導之以政齊之以刑民免而無恥
導之以德齊之以禮有恥且格
不德是以有德下德不失德是以無德法令者治之具而非制治
多有太史公曰信哉是言也法令者治之具而非制治

| 가혹하게 법을 집행했던 법관과 관리들의 행적을 기록하고 있는 《사기》 〈혹리열전(酷吏列傳)〉의 앞부분 |

속말로 뭐라 속삭였다. 병졸들은 바로 그 자리를 떴다. 관아로 돌아온 주우는 관리들을 모아 놓고 이미 해결 방안을 마련했노라 큰소리를 쳤다. 그러면서 조금 전 죽은 사람에게 물어보았으니 곧 진상이 드러날 것이라는 말도 덧붙였다.

관리들은 속으로 비웃었다. 얼마 뒤 밖에 나갔던 병졸들이 돌아와 주우에게 귓속말로 뭐라고 보고를 올렸다. 주우는 미소를 지으며 "모두들 잘 들어라. 이 사건의 진상이 드러났다. 감옥을 담당하는 책임자는 앞으로 나와라."라고 호령했다. 감옥 책임자가 황망히 주우 앞으로 나왔다.

주우는 "아주 총명한 놈이로구나. 하지만 사실대로 털어 놓거라. 왜 이런 흉측한 짓을 저질렀는지."라고 다그쳤다.

물론 감옥 책임자는 딱 잡아뗐다. 주우는 노기 띤 얼굴로 "사실대로 말하지 않으면 살인죄로 처벌하겠다."고 호통을 쳤다.

감옥 책임자는 살인죄란 말에 바로 풀이 죽어 진상을 털어 놓았다. 알고 봤더니 이자는 주우가 부임하기 전부터 이 사람 저 사람으로부터 뇌물을 받아먹다가 주우가 부임하여 이런 악습을 엄단하자 불만을 품고 이런 짓을 꾸몄던 것이다. 주우의 명성에 먹칠을 하려는 의도였다.

감옥 책임자가 하루는 퇴근을 하다가 새로 덮은 무덤 하나가 도굴을 당해 시체가 널부러져 있는 모습을 보고는 주우를 골탕 먹일 나쁜 마음을 먹었다. 이자는 시신이 너무 크고 무거워서 손발을 잘라 가마니에 넣어 사원으로 가서 문에 걸어 두었다.

시체를 본 주우는 쌀겨와 손발이 잘린 이상한 상황 등을 발견한 다음 바로 병졸들에게 어젯밤 사이 가마니 같은 부대를 지고 나간 자가 없는지 조사하게 했고, 그 결과 감옥을 책임지고 있는 자임을 확인했던 것이다.

우리 검찰과 경찰에게 주우의 청렴함과 냉철한 수사력을 동시에 요구한다면 무리한 요구일까? 하지만 그것만이 떨어진 위신과 신뢰를 회복할 길이 아니겠는가?

一針見血 : 타는 불은 그대로 둔 채 끓는 물만 식히려는 방식으로는 범죄를 막을 수 없다.

:: **법령자장**(法令滋章), **도적다유**(盜賊多有).
법령이 많아질수록 도둑은 많아진다.
— 《사기》〈혹리열전(酷吏列傳)〉의 노자(老子)의 말

맹자의 물고기와 곰발바닥

전국시대 유가 사상가를 대표하는 맹자(孟子)는 생명(生命)과 의리(義理) 중 취사선택하라면 어떻게 할 것인가 하는 질문을 스스로 던지면서 물고기와 곰발바닥을 비유로 들고 있다. 먼저 맹자의 말을 들어 보자.

> "물고기 요리, 내가 갖고(먹고) 싶다. 곰발바닥 요리, 역시 갖고(먹고) 싶다. 그러나 이 둘을 다 가질 수 없다면, 물고기를 버리고 곰발바닥을 취하리라. 생명, 내가 아끼는 것이다. 의리, 역시 내가 아끼는 것이다. 둘 다를 동시에 취할 수 없다면 생명을 버리고 의리를 취할 것이다."

맹자가 말하는 물고기와 곰발바닥은 요리를 가리키는 것 같다. 맹자는 물고기를 생명에, 곰발바닥을 의리에 비유하면서 의리가 생명보다 더 귀하다고 한 것이다. 마치 곰발바닥 요리가 물고기 요리보다 더 귀하듯이 말이다. 요컨대 맹자는 어떤 상황에서는 자기 목숨보다 의리가 더 중요하다는 것을 강조하기 위해 이런 비유를 든 것 같다.

그런데 맹자의 이 논리는 시간이 흐르면서 물고기와 곰발바닥 두 가지를 모두 가질 수 없으니 한 가지만 선택해야 한다는 '선택과 취사'의 문제로 변질되었다. 물고기 요리와 곰발바닥 요리는 모두 귀한 요리니 다 먹을 수 없다. 그러니 하나만 고르라는 식으로 말이다.

하지만 문맥을 잘 살펴보면 맹자는 결코 두 가지를 다 가질 수 없다고 말하지 않았다. '둘 다를 다 가질 수 없다면'이라는 가정을 했을 뿐이다. 맹자는 때로는 생명보다 의리가 더 중요하다는 점을 좀 더 분명하게 강조하기 위해 사람들이 잘 알고 있는 물고기 요리와 곰발바닥 요리를 비유로 들었던 것이다.

맹자는 "마음을 감독하는 것이 생각이다. 따라서 생각하면 얻을 수 있지만 생각하지 않으면 얻을 수 없다."고 했다.

| 맹자의 논리는 때로 격하지만 사유의 필요성과 힘을 끌어내고 있는 점은 새길 만하다. |

공자는 "배우고 생각하지 않으면 속이게 된다."고 했다. 생각 없는 논리와 행동의 위험을 경고하는 말이다. 공자나 맹자 모두 논리와 행동을 뒷받침하는 사유(思惟)의 필요성과 그 힘을 성찰했던 것이다.

맹자는 특수한 상황에서는 의리가 목숨보다 중요하다는 점을 강조하기 위해 물고기와 곰발바닥이란 비유를 들었지만, 거기에서 우리는 얻는 것과 주는 것, 취하는 것과 버리는 것이 서로 모순되고 대립되는 개념이 아니라 둘 다를 취할 수도 있는 '모순의 통일성'을 발견하게 된다. 사유의 틀에 대한 성찰이다.

2017년과 2020년 우리는 큰 선택을 했다. 하지만 하나를 선택했다고 해서 하나를 버린 것이 결코 아니다. 인간에게는 곰발바닥 요리와 물고기 요리 모두를 취할 수 있는 지혜가 있다. 그리고 때로는 노력보다 방법이 중요하다.

아무쪼록 모두가 지혜를 모아 새로운 정권과 선거에서 대승한 여당이 성공할 수 있는 방법을 찾아가는 새로운 나날이 되었으면 한다.

一針見血 : 시내는 바다를 갈망하여 쉼 없이 흐르기에 바다에 이를 수 있다.

:: **부등고산**(不登高山), **부지천지고**(不知天之高).
높은 산에 오르지 않으면 하늘이 높은지 모른다.
-《순자(荀子)》〈권학(勸學)〉 편

사물을 보는 눈

중국 역대 부자들에 대한 기록인 《사기》〈화식열전〉을 보면 인생 삼모작을 모두 성공적으로 이끈 범려(范蠡, 기원전 약 536~기원전 약 448)라는 인물이 나온다.

춘추 말기 그는 월(越)나라 왕 구천(句踐)을 도와 숙적 오(吳)나라를 멸망시키는 등 정치와 군사에서 큰 성공을 거둔 다음 미련 없이 자리를 버리고 장사꾼과 사업가로 변신하여 역시 엄청난 성공을 거두었다. 이 때문에 2,500년이 지난 지금 그는 상인과 부(富)의 신으로까지 추앙받고 있을 정도다.

범려가 이렇게 성공적인 삶을 거둘 수 있었던 까닭이 무엇일까? 《신서(新序)》라는 책에 기록된 다음 일화는 그의 성공 원인을 짐작케 하는 단서를 제공하고 있다(이 기록은 범려 자신이 아니라 그 후손 때의 일이긴 하지만 여전히 범려의 별칭인 도주공陶朱公을 쓰고 있다. 그래서 범려로 가정하고 글을 썼다).

| 인생 삼모작을 모두 성공으로 마무리한 범려는 사물을 보는 기존의 시각에 대해 다시 생각할 것을 권한다. |

위(魏)나라에 판단하기 어려운 사건이 하나 발생했다. 군신들 가운데 절반가량은 그 사람이 유죄라고 판정했고, 나머지 절반은 무죄라고 판정했다. 위왕도 결단을 내리기가 어려웠다.

이에 위왕은 "평민의 신분으로 거부가 된 도주공에게는 틀림없이 기가 막힌 지혜가 있을 것이다."며 사람을 보내 도주공을 불러 사안의 경위를 설명한 다음 어떻게 처리하는 것이 좋겠냐고 자문을 구했다.

범려 : 저는 일개 평민 백성에 지나지 않아 이런 형사 사건을 판결할 줄은 모릅니다. 제 집에 흰 옥이 두 개 있사온데, 색도 같고 크기도 같고 광택도 같습니다. 그런데 하나는 1천금이 나가고, 하나는 500백금이 나갑니다.

위왕 : 색도 크기도 광택도 다 같은데 어째서 값이 다르오?

범려 : 그것들을 옆에서 가만히 살펴보면 하나가 좀 더 두껍습니

다. 그래서 값이 배나 더 나가지요.

위왕 : 옳거니! 죄를 판정하기가 어려우면 사면하고 되고, 상을 줄 것인지 말 것인지 판단하기 어려우면 그냥 상을 주면 되지!

범려로부터 자극을 받아 후덕의 의미와 치국 방식에 대해 새로운 인식을 얻은 위왕은 "이렇게 보면 담이 얇으면 무너지고, 옷감이 얇으면 찢어지며, 그릇이 얇으면 깨지고, 술이 얕으면 이내 시어진다. 무릇 각박하면서 오래 버티는 자는 없다."는 말로 자신의 깨달음을 정리했다. 위왕은 적어도 말귀를 알아듣는 통치자였다.

범려가 옆에서 살피라고 한 것은 실제로는 늘 하던 관찰 방식, 즉 기존의 시각을 버리고 새로운 각도에서 사안을 다시 봄으로써 기존의 시각으로는 이해관계를 밝히거나 우열을 판단할 수 없음을 깨달으라는 지적이었다.

"눈동자는 다른 곳의 미세한 솜털은 볼 수 있어도 자신의 속눈썹은 보지 못하는 법이다." - 《사기》〈월왕구천세가(越王句踐世家)〉

一針見血 : 노력보다 중요한 것이 방법이다.

:: **무의(毋意), 무필(毋必), 무고(毋固), 무아(毋我).**
  억측하지 말고, 절대 긍정하지 말고, 고집부리지 말고, 자신만 옳다고 여기지 말라.
  - 《논어(論語)》〈자한(子罕)〉 편

적반하장(賊反荷杖)이 난무하는 세상

서한 시대 때 일이다. 갑이란 사람이 비단을 내다 팔기 위해 시장으로 가고 있었다. 반도 가지 못했는데 야속하게 하늘에서 비가 내리기 시작했다. 비를 피할 곳을 찾지 못한 갑은 하는 수 없이 비단을 펼쳐 우비처럼 걸쳐 비를 막았다.

그때 저만치에서 한 남자가 달려오는데 몽땅 젖은 채 온몸을 부들부들 떨고 있었다. 을이란 이 사내는 갑에게 자기도 함께 비를 피하게 해 달라고 사정했다. 갑은 비단 자락을 들어 올려 을을 맞아들여 피를 피하게 했다.

이윽고 비가 개자 갑은 서둘러 비단을 등에 매고 길을 재촉했다. 그런데 을이 갑의 등짐을 잡아당기며 길을 막았다. 그 비단이 자기 것이니 내놓고 가라는 것이었다. 을은 한사코 그 비단이 자기 것이라고 우겼고, 두 사람 사이에 주먹질까지 오갔다. 구경꾼들이 몰려들었고, 상황은 말로도 주먹으로도 해결이 날 기미가 보이지 않았다.

마침 군 태수 설선(薛宣)이 가마를 타고 지나가다가 두 사람이 싸우는 광경을 목격하게 되었다. 두 사람이 싸우게 된 이유를 듣고 난 설선은 "너희 두 사람 말 모두가 일리가 있다. 그럼 그 비단에 무슨 표시라도 있느냐?"라고 물었다.

두 사람 대답이 모두 같았다. 설선은 "이렇게 하자. 너희들이 모두 그 비단을 자기 것이라고 주장하면서 포기하려 하지 않으니 본관이 판결을 내리겠다. 너희 두 사람 이의 없겠지."라고 다짐을 받았다.

두 사람은 고개를 끄덕이며 동의했다. 설선은 부하에게 칼을 가지고 오게 해서는 비단을 반으로 자르게 하고는 "똑같이 반반씩 나누었으니 더 이상 싸우지 않도록 해라!"라고 엄명을 내렸다.

두 사람이 자리를 뜨자 설선은 바로 사람을 시켜 두 사람의 뒤를 미행하게 해서는 그들이 무슨 말을 하는지 듣고 오게 했다. 갑은 만나는 사람마다에게 불만이 가득 찬 얼굴로 설선을 욕했다. 반면 을은 싱글벙글 비단을 싼값에 팔았다.

염탐꾼의 보고를 들은 설선은

| 명철한 판단력과 단호한 판결로 '적반하장'한 자를 혼낸 설선 |

두 사람을 다시 불러들였다. 태수를 욕한 갑은 잔뜩 겁을 먹었다. 그러나 설선의 반응은 뜻밖이었다. 설선은 을을 향해 호통을 치며 당장 곤장을 치라고 불호령을 내렸다. 갑은 자기 비단의 절반을 억울하게 빼앗겼으니 당연히 이런 판결을 내린 설선을 욕했고, 을은 공짜로 비단이 생겼으니 기분이 좋아 비단을 팔아치운 것이었다.

물에 빠진 놈 건져줬더니 보따리 내놓으라는 속담이 있다. 이런 걸 적반하장(賊反荷杖)이라고 하는데 '도적놈이 도리어 몽둥이를 들고' 큰소리를 친다는 뜻이다. '방귀 뀐 놈이 성낸다'는 우리 속담도 같은 맥락이다.

지금 우리 사회 곳곳에 이런 '적반하장'의 추태를 보이는 자들이 많다. 새로운 시대정신을 거스르는 이런 자들은 예외 없이 역사에서 도태되거나 거대한 물결에 휩쓸려 사라졌다. 어쩌면 이것이 그런 자들의 마지막 발악이 될 것이다. 그리고 이들의 발악을 마지막 발악으로 만들기 위해서는 냉철하게 지켜보며 중심과 초심을 다잡아야 한다.

一針見血 : 듣기만 하고 보지 않으면 아무리 보더라도 실수가 있을 수밖에 없다.

:: 원수총좌재(元首叢脞哉), 고굉타재(股肱惰哉), 만사추재(萬事墮哉)!
천자가 자잘해 큰 뜻이 없으면 대신들도 나태해져서 만사가 버려지게 되리라!
-《사기》〈하본기(夏本紀)〉

새우와 고래가 함께 숨쉬는 바다

리더의 역사 공부
- 사마천, 우리에게 우리를 묻는다

지은이 | 김영수
펴낸이 | 황인원
펴낸곳 | 도서출판 창해

신고번호 | 제2019-000317호

초판 인쇄 | 2020년 10월 16일
초판 발행 | 2020년 10월 23일

우편번호 | 04037
주소 | 서울특별시 마포구 양화로 59, 601호(서교동)
전화 | (02)322-3333(代)
팩스 | (02)333-5678
E-mail | dachawon@daum.net

ISBN 978-89-7919-566-8 (03910)

값 · 18,000원

이 도서의 국립중앙도서관 출판예정도서목록(CIP)은 서지정보유통지원시스템 홈페이지(http://seoji.nl.go.kr)와 국가자료종합목록 구축시스템(http://kolis-net.nl.go.kr)에서 이용하실 수 있습니다. (CIP제어번호 : CIP2020041848)

Publishing Club Dachawon(多次元)
창해·다차원북스·나마스테